中央财政支持地方高校发展专项资金
贵州省特色重点学科建设支持项目

公共管理导引与案例系列教材

# 环境与自然资源经济学导引与案例

HUANJINGYUZIRANZIYUANJINGJIXUE
DAOYINYUANLI

焦露 主编　杨睿 副主编

中国财经出版传媒集团
经济科学出版社
Economic Science Press

图书在版编目（CIP）数据

环境与自然资源经济学导引与案例/焦露主编 . —北京：经济科学出版社，2017.3
公共管理导引与案例系列教材
ISBN 978 – 7 – 5141 – 7884 – 5

Ⅰ.①环… Ⅱ.①焦… Ⅲ.①环境经济学 – 高等学校 – 教材 ②自然资源 – 资源经济学 – 高等学校 – 教材 Ⅳ.①X196 ②F062.1

中国版本图书馆 CIP 数据核字（2017）第 060791 号

责任编辑：周秀霞
责任校对：隗立娜
版式设计：齐 杰
责任印制：潘泽新

### 环境与自然资源经济学导引与案例

焦 露 主 编
杨 睿 副主编

经济科学出版社出版、发行 新华书店经销
社址：北京市海淀区阜成路甲 28 号 邮编：100142
总编部电话：010 – 88191217 发行部电话：010 – 88191522
网址：www.esp.com.cn
电子邮件：esp@esp.com.cn
天猫网店：经济科学出版社旗舰店
网址：http：//jjkxcbs.tmall.com
北京汉德鼎印刷有限公司印刷
三河市华玉装订厂装订
787×1092 16 开 14.75 印张 300000 字
2017 年 3 月第 1 版 2017 年 3 月第 1 次印刷
ISBN 978 – 7 – 5141 – 7884 – 5 定价：44.00 元
（图书出现印装问题，本社负责调换。电话：010 – 88191510）
（版权所有 侵权必究 举报电话：010 – 88191586
电子邮箱：dbts@esp.com.cn）

# 前 言

本书共14章，内容涵盖环境与自然资源经济学的基本理论和主要内容，包括环境价值评估的原理和方法、人口问题、非再生资源、可再生资源、水资源、土地资源、污染控制经济学、环境与贸易和可持续发展等。每一章分为"导引"和"案例"两大部分："导引"简明扼要地阐述本章涉及的主要理论和知识点；"案例"部分根据该章节的内容选编4~5个案例，并指出每个案例涉及的理论参考。

本书综合了"十一五"国家重点图书规划项目《环境与自然资源经济学（第八版）》与当代经济学系列丛书《环境与自然资源经济学（第三版）》的知识构架，引入案例分析，使相关理论知识更容易联系实际应用。

为了跟上理论和实践的发展，本书结合各章知识点，尽量挑选近期的热门话题作为案例，使其跟上环境保护实践的最新发展。这包括："北京2016年共发生重污染39天"、"中国人口严重萎缩：2100年将跌至6亿"、"'新能源汽车'的推广"、"21世纪的绿色能源：'可燃冰'、'天山精灵'伊犁鼠兔"、"常州毒地事件"、"环保税将取代排污费"等。案例提示与思考中，我们提出一些有争议的挑战性的开放性问题，供读者锻炼自己的思维。

本书对象为研究生、高年级本科生、对研究有一定兴趣的政策制定者以及一切感兴趣的读者。本书可供高等院校大学生与研究生有关课程教学使用。

本书编写中参考了一些环境经济学以及自然资源学方面的教科书，如《环境经济学（第二版）》、《自然资源总论》、《环境发展与国际商务》、《土地经济学》、《农业经济学》、《区域经济学》、《环境影响评价》和《城市规划原理（第三版）》，特此说明并表示感谢！

本书在编写过程中得到了贵州财经大学公共管理学院相关领导的支持，在此表示感谢！

本书各章节的撰写分工如下：

焦露：第一章、第四章、第八章、第十章至第十四章；杨睿：第二章、第三章、第五章至第七章、第九章。

本书编写由于水平有限，难免存在不当之处，欢迎读者批评指正。

# 目 录
*Contents*

**第一章　环境与自然资源经济学导论** …………………………………… 1
 第一节　环境问题的紧迫性 ………………………………………… 1
 第二节　环境—经济大系统与环境伦理观 ………………………… 2
 第三节　经济学基础分析 …………………………………………… 2
 第四节　环境恶化的经济学原因 …………………………………… 3
 [案例1-1]　资源的配置：经济发展还是环境保护？ …………… 5
 [案例1-2]　北京2016年共发生重污染39天 …………………… 8
 [案例1-3]　内蒙古和林格尔生态恢复项目 ……………………… 10
 [案例1-4]　山西煤炭资源的整合 ………………………………… 14

**第二章　环境价值评估的原理** …………………………………………… 17
 第一节　环境资源的价值 …………………………………………… 17
 第二节　环境价值评估的意义 ……………………………………… 18
 第三节　成本—效益分析 …………………………………………… 18
 [案例2-1]　美国《清洁空气法》修正案的成本—效益分析 …… 20
 [案例2-2]　气候变化经济学中贴现率的选择 …………………… 24
 [案例2-3]　河南省信阳市秸秆焚烧污染问题的成本—效益分析 … 26
 [案例2-4]　代际共享机制——阿拉斯加州永久基金 ………… 29

**第三章　环境价值评估的方法** …………………………………………… 32
 第一节　市场价值法 ………………………………………………… 32
 第二节　替代市场价值法 …………………………………………… 34
 第三节　假想市场价值法 …………………………………………… 34
 第四节　坏境评价方法的选择 ……………………………………… 35

[案例3-1] 兰州市能源改造前后大气污染对人体健康经济损失的影响 …… 36
　　[案例3-2] 青岛滨海景观价值评估 …… 38
　　[案例3-3] 三江平原七星河湿地价值评估 …… 40
　　[案例3-4] 天目山国家级自然保护区森林游憩价值评估 …… 42

## 第四章　人口问题 …… 46
　第一节　人口增长 …… 46
　第二节　人口与环境的关系 …… 48
　第三节　人口增长对经济发展的影响 …… 48
　第四节　经济发展对人口增长的影响 …… 49
　　[案例4-1] 地球的承载力：地球到底能养活多少人？ …… 50
　　[案例4-2] 中国人口严重萎缩：2100年将跌至6亿 …… 53
　　[案例4-3] 人口增长率过快下滑造成巨大"人口坑" …… 56
　　[案例4-4] 经济社会发展与生育率变动关系 …… 59

## 第五章　自然资源总论 …… 63
　第一节　资源分类 …… 63
　第二节　非再生资源向可再生替代资源的转移 …… 64
　第三节　向另一种非再生资源的转变 …… 64
　第四节　发现新资源和技术进步 …… 64
　　[案例5-1]《增长的极限》的原初要旨 …… 65
　　[案例5-2] 日本从资源小国变大国 …… 68
　　[案例5-3] "新能源汽车"的推广 …… 72
　　[案例5-4] 微生物采油技术 …… 74

## 第六章　非再生资源 …… 78
　第一节　非再生资源分类 …… 78
　第二节　非再生资源的开采与霍特林定律 …… 79
　第三节　不可回收的可耗竭资源 …… 79
　　[案例6-1] 哈伯特石油峰值理论 …… 82
　　[案例6-2] 美国天然气政策的演变 …… 85
　　[案例6-3] 中国式"页岩气革命" …… 90
　　[案例6-4] 21世纪的绿色能源："可燃冰" …… 92

## 第七章 可再生资源 … 96
   第一节 可再生资源特征 … 96
   第二节 渔业资源 … 97
   第三节 森林资源 … 99
   第四节 生物多样性 … 100
   [案例7-1] 公地的悲剧 … 101
   [案例7-2] 挪威的海洋渔业管理 … 104
   [案例7-3] 加拿大：第三方认证的全球领导者 … 109
   [案例7-4] 物种灭绝趋势仍继续 … 111
   [案例7-5] "天山精灵"伊犁鼠兔 … 114

## 第八章 可补充但可耗竭的资源：水 … 117
   第一节 水资源短缺的潜在可能 … 117
   第二节 水资源的有效配置 … 118
   第三节 水资源的政策 … 119
   第四节 水资源定价 … 120
   [案例8-1] 中国的"水困局" … 122
   [案例8-2] 叶尔羌河灌区地表水、地下水资源配置 … 124
   [案例8-3] 南水 打开城市供水新格局 … 126
   [案例8-4] 加拿大水价管理制度 … 128

## 第九章 土地资源与土地利用变化 … 132
   第一节 土地配置的经济学分析 … 132
   第二节 土地无效利用和利用转变的原因 … 133
   第三节 基于市场的新型政策修复 … 134
   [案例9-1] 世界土地资源结构 … 135
   [案例9-2] 34年中国城市建设用地增加6.44倍 … 137
   [案例9-3] 香港地铁为何能赚钱？ … 140
   [案例9-4] 湿地补偿银行 … 142

## 第十章 污染控制经济学 … 145
   第一节 最优外部性 … 145

第二节　成本有效配置 …………………………………………………… 146
　　第三节　污染控制的思路 ………………………………………………… 147
　　第四节　责任法与产权 …………………………………………………… 148
　　[案例10-1] 纺织印染工业污染控制的经济学分析 …………………… 149
　　[案例10-2] 工业废水零排放不是神话 ………………………………… 151
　　[案例10-3] 常州毒地事件 ……………………………………………… 154
　　[案例10-4] 科斯定理与陕北故事 ……………………………………… 156

第十一章　直接控制与排污标准 ………………………………………… 160
　　第一节　直接控制的特性 ………………………………………………… 160
　　第二节　排污标准的问题 ………………………………………………… 160
　　[案例11-1] 中国大气污染防治标准的立法演变 ……………………… 161
　　[案例11-2] "合格污水"引众怒 ………………………………………… 164
　　[案例11-3] "天价罚单"背后的环保较量 ……………………………… 167
　　[案例11-4] 机动车排污标准与大气环境质量 ………………………… 169

第十二章　庇古税与排污权交易 ………………………………………… 172
　　第一节　庇古税 …………………………………………………………… 172
　　第二节　排污权交易 ……………………………………………………… 174
　　第三节　其余的经济激励手段 …………………………………………… 175
　　[案例12-1] 各国城市征收交通拥堵费 ………………………………… 177
　　[案例12-2] 碳排放交易市场 …………………………………………… 180
　　[案例12-3] 环保税将取代排污费 ……………………………………… 182
　　[案例12-4] 农业绿色补贴 ……………………………………………… 186
　　[案例12-5] 全球环境基金（GEF） …………………………………… 188

第十三章　环境与贸易 ……………………………………………………… 192
　　第一节　国内环保成本对国际竞争力的影响 …………………………… 192
　　第二节　外部性的国际传输 ……………………………………………… 193
　　[案例13-1] 全球环境竞争力 …………………………………………… 194
　　[案例13-2] 污染避难所假说 …………………………………………… 198
　　[案例13-3] 碳税与碳关税 ……………………………………………… 200
　　[案例13-4] 南北环境合作与协调 ……………………………………… 203

## 第十四章 可持续发展 ·········································································· 207
### 第一节 全球变暖 ············································································ 207
### 第二节 经济发展和环境保护的关系 ··················································· 208
### 第三节 可持续发展的基本概念 ·························································· 208
### 第四节 可持续发展的衡量 ································································ 209
### [案例14-1] 全球变暖对格陵兰是福是祸？ ······································· 211
### [案例14-2] 《巴黎协定》 ···························································· 213
### [案例14-3] 瑙鲁：极端的弱可持续性 ············································· 216
### [案例14-4] 绿色GDP 2.0核算 ······················································ 219

## 参考文献 ·········································································································· 223

# 第一章

# 环境与自然资源经济学导论

**教学目标**

通过本章的学习,了解环境与发展的关系、环境伦理学的基本观点,重点掌握环境—经济大系统,难点是环境恶化的经济学原因。

**关键术语**

环境—经济大系统　边际效用　需求曲线　供给曲线　社会福利　市场失灵　政府失灵　外部性　公共物品　交易费用　产权

## 第一节　环境问题的紧迫性

### 一、环境问题的紧迫性

目前,中国环境状况严峻,资源紧缺矛盾日益突出,生态环境总体恶化趋势尚未根本扭转,环境治理任务相当艰巨。

中国的资源和环境问题表现在:

(1) 资源约束趋紧;

(2) 环境污染严重;

(3) 生态系统退化。

### 二、环境与发展

资源有限的前提下,人类生存环境的保护和经济发展之间至少在短期存在矛盾。

在长期，环境和发展之间不一定矛盾。如果处理得当，环境的改善可能有助于经济的发展，经济的发展则为环境保护提供资金和技术。

### 三、经济学分析在环境研究中的作用

（1）现代经济学为环境和自然资源分析提供了一种思想方法和分析工具；
（2）经济学为环境和自然资源分析及有关政策的制定提供了系统的分析工具；
（3）环境经济学是运用经济学原理研究自然环境的发展和保护的经济学分支学科。

## 第二节 环境—经济大系统与环境伦理观

### 一、环境—经济大系统

现代环境经济学把环境看作整个经济—环境大系统的一部分，是一种可提供各种服务的财产。

环境向经济系统提供：
（1）原材料，生产过程将原材料转化为产品最终供消费者消费；
（2）能源，能源在生产过程中发挥作用。
原材料和能源经生产过程和消费最终以废弃物的形式返回自然环境。

### 二、环境伦理观

环境主义伦理观扩大了人类伦理标准的参照系，把人与人之间的伦理标准应用到：
（1）人与自然的关系；
（2）不同世代人之间的关系。

## 第三节 经济学基础分析

### 一、消费者行为

效用：用来衡量消费给人们带来的满足、良好的感觉。

边际效用：每增加一单位消费时额外增加的效用。
需求曲线：表示了给定价格的情况下消费者的支付意愿。

## 二、生产者决策

边际成本：每增加一单位产量增加的成本。边际成本曲线总是与平均成本曲线的最低点相交。

当边际收益曲线和总成本曲线的斜率相等时，这一点利润最大。

供给曲线：表示给定价格下，企业愿意生产的产品数量。

## 三、市场供求

市场需求曲线和市场供给曲线共同决定了市场均衡价格和均衡交易量。均衡价格等于企业生产最后一单位商品的边际成本。

## 四、社会福利

社会福利最大化的条件是：每个社会成员的消费对社会福利的边际贡献相等。

## 五、经济制度

经济制度最基本的有两方面：
（1）社会上经济活动是靠什么协调的，是靠市场还是靠计划。
（2）财产归谁所有，所有者之间的财产关系是如何安排的。

# 第四节 环境恶化的经济学原因

## 一、环境恶化的经济学原因

环境恶化的原因为成本和收益、稀缺和价格、权利和义务、行为和结果的脱节或背离。这种脱节或背离是由于市场失灵或政府失灵或两者的结合。

## 二、市场失灵

市场失灵意味着对一些环境产品和服务很难建立起市场或者使市场正常工作。最严重的市场失灵包括：
（1）资源产权不安全或不明确；
（2）无市场、薄市场和市场竞争不足；
（3）外部性；
（4）公共物品；
（5）交易费用；
（6）不确定性和短视计划。

## 三、政府失灵

市场失灵是政府干预的必要条件，但不是充分条件。

政府失灵表示政府没有有效地把产品和资源配置给政府的服务对象，概括起来可以分为两大类：
（1）政府在追求全社会利益时，由于安排不当，把原来可以正常工作的市场机制扭曲，对环境产生外部性（又称外部效应）；
（2）政府或其官员谋求自身利益或某一集团利益，有意损害全社会的利益。

## 本 章 小 结

随着经济的高速发展，环境污染已成为不容忽视的问题。环境的改善有助于经济的发展，经济的发展则为环境保护提供资金和技术。

现代环境经济学把环境看作整个经济——环境大系统的一部分，是一种可提供各种服务的财产。

经济学是研究人们在资源有限的条件下进行选择的学问。不同的经济制度下，都可能产生环境问题，但问题发生的机制不同。

环境破坏往往是人们的行为造成的，市场失灵是环境恶化的原因之一，市场在有效配置资源上的失灵为政府干预提供了借口，但是政府干预往往不能改正市场失灵，反而把市场进一步扭曲，政府失灵是环境恶化的又一个重要原因。

【思考题】

1. 人类如何应对现有的环境问题？
2. 你认为中国环境问题主要是由什么原因引起的？
3. 环境—经济大系统与传统经济系统有何异同？
4. 市场机制是如何作用的？
5. 市场失灵导致环境问题的时候，是否一定需要政府进行调控？

【案例1-1】

## 资源的配置：经济发展还是环境保护？[①]

环境问题是当今世界各国面临的重大问题。经过三十多年的快速发展，中国积累下来的生态环境问题日益显现，开始进入高发频发阶段。同时，随着城市人口的进一步增多，资源消耗量也越来越大，对生态环境造成的影响日趋严重。资源相对不足、环境容量有限，已经成为中国新时期背景下的基本国情，成为国民经济发展的"短板"。2015年十八届五中全会明确提出，要坚持绿色发展，坚持节约资源和保护环境的基本国策，坚持可持续发展，坚定走生产发展、生活富裕、生态良好的文明发展道路，加快建设资源节约型、环境友好型社会，形成人与自然和谐发展现代化建设新格局，推进美丽中国建设，为全球生态安全做出新贡献。全会首次提出了"创新、协调、绿色、开放、共享"五大发展理念，将绿色发展独立成章，"加快改善生态环境"也已成为中国"十三五"规划中的重要篇章。

**要发展经济，又要保护环境，这二者能否兼顾？**

传统观点认为，经济发展必然要导致污染，经济发展与环境保护是相克的、矛盾的，环境污染与生态恶化是人类发展经济的必然结果，要发展经济就必须承受环境污染的代价，否则经济就失去了发展空间，在经济增长成为各国重要宏观经济目标的条件下，这种观点一度成为破坏环境的正当理由。许多国家，尤其是部分发达国家的经济发展历程似乎也印证了这一点，几乎都采取了先发展经济，后治理环境的方法。但这并不能作为后起国家借鉴的样板。发达国家当时所面临的环境资源状况与现在是无法比较的，当时各发达国家是在资源禀赋相对充足的情况下实现经济快速发展的，经济发展及人口扩张对环境的压力相对较小，环境威胁是潜在的。但目前，世界经济发展经过上百年历程，环境资源供给相对减少，而对其需求却在不断增加，环境所面临

---

[①] 王晶：《经济发展与环境保护关系研究》，载《工程技术：文摘版》2016年第3期。
朱峰、张首康、娄志敏：《经济发展与环境保护的共生策略》，载《中国化工贸易》2015年第18期。

的压力增大了。人类经济发展所能够消耗的资源在减少，环境资源的稀缺性日益突出。因此先发展后治理的道路已走不通了，不保护环境资源，经济根本无法实现发展。

在资源有限的前提下，人类生存环境的保护与经济发展之间至少在短期存在着矛盾。人类必须对如何在经济发展与环境保护之间分配资源的问题作出取舍：在其中任何一方面增加资源的投入，在短期，必然会减少另一方面资源的投入。对资金短缺的发展中国家，这一矛盾尤其尖锐。但是从长期看，环境保护与经济发展并不一定是矛盾的。环境的改善可能有助于经济的发展，而经济的发展则能为环境保护提供资金和技术。

**经济发展推动环境保护**

经济发展对环境保护的促进作用具体表现在以下几个方面：

（1）经济的发展能够从根本上实现生态环境保护。一般地讲，在不考虑其他因素的情况下，污染物的潜在发生量和社会总产值是成正比的，但经济发展并没带来污染的线性增长。

（2）经济发展能够带动科学技术的进步，能够提高资源的利用率，减少污染的产生。经济的发展和科学进步是交织在一起的两个过程。科学技术的进步，会对污染物潜在发生量和社会总产值的比值产生重大的影响。根据物质不灭定律，进入生产过程中的各种资源，不是在生产过程中凝集、化合在产品中，就必然作为一种废料释放到环境中去，形成对环境的污染。

（3）经济发展为保护环境提供充足的资金与设备。环境保护工作需要较大的资金支持。目前许多发达国家、甚至一些发展中国家环保投资占GNP（国民生产总值）的比重超过2.5%，各国环保费用占GNP的比重都有上升趋势。但是我国目前这一比例约为1.5%，据测算，要保证经济的持续增长，而环境状况又不至于迅速恶化，我国环保投资应占GNP的1.5%～2%，要使环境状况逐渐好转，这一比例应在2.5%以上。因此需要大力发展经济。

（4）经济发展提高了人们的需求层次和对环境保护的关注程度。按照马斯洛的需求层次理论，人们的需求是分先后的。经济落后时，人们主要关注生理需求这一低层次需求，对良好的生态环境这个高层次的需求往往无暇关注。经济发展带来了国民收入的提高，人们的生理需求得到很好的满足后，就会关注和追求高质量的生活环境。因此，环境保护的意愿和经济发展水平密切相关，它受一定时期内人均国民收入占有水平的影响。经济越发达，人对环境的要求也会越高，人们必然愿意以更高的代价去谋求一个更高水平的环境质量。

（5）经济发展带动国家产业结构的调整，实现对生态环境的保护。污染物的生产量不单单取决于生产总值和技术水平，还取决于生产结构。如果高污染高消耗部门的产值在社会总产值中比重较大时，污染物潜在发生量和社会总产值的比值就会上升，反之则会下降。因此，我们要以生产力发展为中心，通过生产力的发展来促进产业结构的调整和经济增长方式的转变，进而实现环境保护事业的发展。

**环境保护推动经济发展**

经济发展是在自然环境的基础上建立和发展起来的，良好的生态环境能降低经济发展的成本，为经济持续发展提供动力支持。反之，环境问题解决不好，就会成为经济发展的瓶颈问题，甚至阻碍经济发展。环境保护对经济发展的作用机理表现为以下几个方面：

（1）保护环境可以减少经济发展的长期成本。假定国民收入分为生产性积累基金、消费基金和环境保护费用，那么在国民收入总量一定时，用于环保的费用越多，则用于生产性积累和消费的数额就越少。短期内，当环保费用的增加部分主要从生产性积累基金中扣除时，它必然会使经济增长速度放慢，从而影响下一时期国民收入的总量，也限制了下一时期增加环保费用的可能性；当环保费用的增加部分主要从消费基金中扣除时，就必然会影响到计划期人民物质产品和劳务的消费量，这也会挫伤人民的生产积极性，对下一时期的国民收入产生消极的影响，从而也限制了下一时期增加环保费用的可能性。这就是环保费用过大和经济发展的矛盾。但是从一个较长时期来看，由于环境破坏具有不可逆转的特点，在一个较短的计划期内环保费用过低，必然会加快破坏环境的速度，使累积的环境损害值加大。由于治理累积的环境损害的费用要大大高于防治环境破坏的费用，这样把一个较长的计划期作为整体，环保费用的总量反而更大，而且会引起后续时期经济发展的大幅度下降和波动。

（2）保护环境可以保证经济发展需要的资源，实现经济可持续发展。自然资源是任何生产的必要条件。如果把环境保护看作是生产和消费过程中的重要环节，建立"资源—产品—废物—再生资源—再生产品"的循环生产新模式，彻底改变传统的"资源—产品—污染排放"的单向线性模式和"先污染，后治理"的末端治理模式，可以解决经济高速发展和环境日益恶化之间的矛盾，使经济得以健康、快速、持续的发展。

（3）保护环境可以带来直接经济效益。将环境保护纳入经济发展体系之内，将其作为一种产业来经营，同样可以促进经济发展，为国家和企业带来直接经济利益。如污水处理等环保项目和各类环保政策的市场需求很大；废水、废气、废渣的利用不仅能够节约能源，而且能够降低生产成本；达标污水污物的外排可以减少自然水体的污染治理成本。

（4）保护环境可以提高农产品质量，增加农民收入。保护环境可减少对空气、水源、土壤的污染，扩大林地面积，可以改善气候条件和动植物的生长环境，丰富农产品种类，提高农产品的品质，降低农业生产成本，增加农民收入。

从客观上来分析，经济发展和环境保护的关系是彼此依托、互相推动的。一方面，21世纪所提倡的可持续的经济发展，其最大的特点就是将环境作为经济成本的一个部分，因而环境保护成为降低成本、提高经济效益的途径。经济发展速度的持续性和稳定性，依赖于自然资源的丰富程度和持续生产能力，因而保护和改善环境提供了经济稳定持续发展的物质基础和条件。另一方面，我们今天所说的环境保护，不只是单单的保护，或者是消极的防治，而是在保护的前提下，对环境进行合理的开发和利用。要求人类倒退文明来保存自然的原始是荒谬可笑的。今天的环保不但不能要求经济停滞不前，还恰恰需要经济持续的力量为环保提供物质上、技术上的条件。由此看来，经济发展和环境保护相辅相成、唇齿相依，是完全可以并行不悖的。

**案例提示与思考：**
1. 你认为中国目前经济发展和环境保护哪一项更重要？
2. 你认为经济发展和环境保护二者能否兼顾？

**【案例1-2】**

## 北京2016年共发生重污染39天①

2016年，北京共发生重污染39天，其中臭氧重污染1天，其余38个重污染天全部为PM2.5重污染，重污染天对全年PM2.5浓度贡献超过三成。1月3日，北京市环保局通报2016年北京空气质量状况，据介绍，2016年北京PM2.5年均浓度73微克/立方米，较2015年下降9.9%，近三年来降幅最大，但仍超过国家标准（35微克/立方米）109%。

**二氧化硫浓度降幅最大**

据通报，与2015年相比，2016年，北京各项污染物同比均有改善，二氧化硫（$SO_2$）、二氧化氮（$NO_2$）、可吸入颗粒物（PM10）、可吸入细颗粒物（PM2.5）年平均浓度分别同比下降28.6%、4.0%、9.8%、9.9%。其中二氧化硫降幅最大。2016年，北京市环境空气中二氧化硫年均浓度为10微克/立方米，远优于国家标准（60微克/立方米），较2015年下降了28.6%。

北京市环保监测中心主任张大伟表示，二氧化硫主要来自于燃煤一次排放，二氧化硫的大幅下降，主要得益于北京及周边地区大力推进煤改清洁能源。据了解，目前北京全年的燃煤总量已压减至1000万吨，提前一年实现国家下达的五年煤炭消费总量控制目标，二氧化硫浓度水平与南方沿海无采暖城市相当。

---

① 王硕、邓琦：《北京去年共发生重污染39天 PM2.5同比降9.9%》，载《新京报》2017年1月4日。

2016年北京采暖季和非采暖季平均浓度分别为17和7微克/立方米，非采暖季燃煤问题已得到较好解决，采暖季燃煤仍是北京二氧化硫的主要来源。

**PM2.5四年累计下降19%**

据介绍，1999年，北京市开始实施第一阶段大气污染治理措施。北京二氧化硫年均值累计降幅达86%。2004年之后，北京的二氧化硫就已实现稳定达标。二氧化氮在波动中逐渐下降，累计降幅32%。受沙尘、采暖等多种因素影响，PM10在年内不同时期波动较大，多年累计降幅43%。

北京自2013年开展PM2.5正式监测。近4年以来，北京的PM2.5浓度水平在波动中呈现逐渐下降的趋势，累计降幅已达19%。

张大伟表示，从污染物多年的变化趋势来看，在波动中下降是空气质量改善的基本形态，趋势是明显的，但过程是循序渐进的。如要彻底消灭空气重污染，根本在于大范围区域内调整产业结构、优化能源结构、改变生产和生活方式，降低大气污染物排放水平，使其与区域环境容量相匹配。大气污染治理是一项长期性和艰巨性的工作。

**PM2.5持续下降但仍超国标109%**

自2013年以来，北京PM2.5年均浓度持续下降。2016年PM2.5年均浓度为73微克/立方米，较2015年下降9.9%，近三年来降幅最大，前两年分别为4%和6.2%，但仍超过国家标准（35微克/立方米）109%。

据介绍，2016年北京空气质量达标天数198天，其中，一级优68天，二级良130天，达标天数较2015年增加12天；2016年共发生重污染39天，较2015年减少7天，较2013年减少19天。39个重污染天中，1天为臭氧重污染，其余38天全部为PM2.5重污染。"在38个PM2.5重污染天中，5级重度污染天29天，6级严重污染天9天。"张大伟表示，这38个重污染天，对全年平均浓度贡献23微克/立方米，占比超过三成（31.5%）。

此外，在空间分布上，北京PM2.5呈现由南向北浓度逐渐降低的梯度特征，其中，京西南区域站浓度最高，达到102微克/立方米，京东北区域站浓度最低，为49微克/立方米，相差1倍多。

**二氧化氮已成北京非采暖季治理重点**

通报显示，2016年，北京二氧化氮年均浓度为48微克/立方米，年度改善率仅为4.0%，仍超过国家标准20%。

据介绍，二氧化氮主要来源于化石燃料燃烧，包括机动车等污染排放，北京二氧化氮空间分布特征为城区和南部地区浓度较高，且交通站二氧化氮浓度明显高于城市环境。

"交通站平均浓度为城市环境的1.5倍，反映了机动车排放的影响。"张大伟表示,此外,各站点在交通早晚高峰(6时至9时和17时至20时)均会出现明显峰值,其中交通站峰值最为明显。

据了解,目前,二氧化氮已经成为北京非采暖季大气污染治理的重点。

此外,每年4~9月,北京环境空气中臭氧浓度较高,臭氧超标主要发生在春夏的午后至傍晚时段。2016年,北京还出现了1日臭氧重污染。

据最新空气质量预报,今日依旧为五级重度污染,5日污染物稍有回落,为四级中度污染,不过6日起,重污染将再现。根据此前预计,雾霾彻底消散要待8日前后,强冷空气前来救驾。这也意味着,未来几天我们仍将生活在重污染中。

**PM2.5浓度逐年下降重污染为何难消除?**

北京市环保局总工程师于建华表示,消除重污染天,短期内很难实现。他说,重污染的形成,与气象条件密切相关。根据北京市环保监测中心的数据分析,如果把每年极端不利的气象条件和极端有利的气象条件叠加在一起,每年极端气象条件对PM2.5平均浓度的贡献几乎都是11微克/立方米左右。

"2013年是11微克/立方米,2014年也是11微克/立方米,2015年是13微克/立方米,2016年仍是11微克/立方米,这是一个什么概念?"于建华说,就是从全年来看,不管每年重污染天发生的次数多少、持续时间多长,极端气象条件对于PM2.5年均浓度的影响就是11微克/立方米左右的水平。

于建华表示,"所以北京2017年的PM2.5减排,实际上也要刨除这11微克/立方米,在剩下的62微克/立方米里做文章",于建华表示,从北京现在三面环山、污染易积累不易扩散的气象条件,以及目前能源消费、人口活动强度来看,短期内重污染的情况不会有太大变化,"程度上会慢慢减轻,但是量变到质变,还需要很长的过程"。

据了解,根据《大气十条》提出的目标,北京PM2.5浓度要在2017年降至60微克/立方米左右。

**案例提示与思考:**

1. 你认为北京大气污染的主要原因是什么?
2. 你对"PM2.5浓度逐年下降,但是重污染仍然很难消除"有何看法?

# 【案例1-3】

## 内蒙古和林格尔生态恢复项目[①]

2010年8月,大自然保护协会(The Nature Conservancy,TNC)与老牛基金会等

---

① 大自然保护协会网站,http://www.tnc.org.cn/#Home。

合作伙伴共同启动了内蒙古和林格尔生态恢复项目，致力于探索适应内蒙古干旱及半干旱地区关键生态系统的修复方案：从"制定生态修复规划"和"因地制宜的实地示范"两方面寻求解决之道，在内蒙古地区选取不同类型的关键生态修复区域作为示范点，打造"生态修复与经济发展相平衡"的可持续发展模式。

**大自然保护协会概况**

大自然保护协会（TNC）成立于1951年，总部在美国弗吉尼亚州阿灵顿市，是国际上最大的非营利性自然环境保护组织之一。

大自然保护协会一直致力于在全球保护具有重要生态价值的陆地和水域，维护自然环境、提升人类福祉。该组织购买或者接受捐赠那些生态学或美学上具有某种独一无二重要性的土地，以防止它们被用作其他用途。

TNC管护着全球超过50万平方公里的1600多个自然保护区，8000公里长的河流以及100多个海洋保护区。TNC注重实地保护，遵循以科学为基础的保护理念。气候变化、海洋、淡水以及保护地是TNC最为关注的四个方面，坚持多方协作，坚持以科学为基础的保护方法和标准化分析方法，是TNC进行所有保护工作的前提。在这样的前提下，TNC可以甄选出必须得到保护的生物多样性及优先保护的区域，制定保护方案，并衡量保护成效。这套保护方法及标准化的分析方法构成了"自然保护系统工程"（Conservation by Design，CbD）的核心内容。

"自然保护系统工程"是TNC长期使用的保护工具和方法，为了减少在进行保护工作决策时的不确定性，TNC还经常使用这一框架下的两个方法：生态区评估（Eco-regional Assessment，ERA）和保护行动规划（Conservation Action Plan，CAP）。

TNC在美国50个州和世界上35个国家和地区，保护着所有生命赖以生存的陆地、淡水和海洋。TNC与当地政府，社区及相关组织分享TNC以科学为基础的保护方法，以此确保无论是从自然保护还是人类发展的角度，不同团体的需求都能得到最大限度的满足。

**内蒙古和林格尔生态恢复项目背景**

气候变化、水资源短缺和生物多样性丧失，已经成为全球最为严重的环境问题，内蒙古作为保障中国生态安全的重要屏障，深受这些环境问题的影响——由于上述环境问题，生态系统逐渐退化，屏障功能日渐削弱，严重威胁到了中国的可持续发展，脆弱的生态急需修复。

近年来，内蒙古相继启动了多项生态修复工程，然而其生态修复工作形势依然严峻，主要面临着两方面的问题：

一是缺少"因地适宜"的系统而科学的规划：内蒙古幅员辽阔、生态系统多样而复杂，单一的修复方法不能满足需求。需要系统、科学的生态修复规划，识别出关键的生态修复和保护区域，确定修复的目标，才能让生态修复工作发挥更高的效力。

二是生态修复对修复地的经济价值考虑不足，缺乏可持续性：生态修复是一个长期的过程，后期的维护不可或缺。由于缺少经济收益，修复的生态系统依然承受着不合理的干扰，若干年后退化或死亡的情况，并不少见。

为有效地实现内蒙古的生态恢复，2010年8月，TNC与老牛基金会等合作伙伴共同启动了内蒙古生态修复和保护项目，致力于探索适应内蒙古干旱及半干旱地区关键生态系统的可持续修复方案。该项目的目标是，在内蒙古选取不同类型的关键生态修复区域作为示范点，从制定科学的生态修复规划和因地制宜的实地生态修复示范两方面，探索出内蒙古干旱半干旱区的生态修复之道，打造并推广"生态修复与经济发展相平衡"的可持续生态修复模式。

**设定科学的生态修复目标**

TNC希望探索出科学的生态修复规划方案，制定适应于气候变化的执行尺度（区域）生态修复规划，识别出规划区域内需要修复的区域和目标生态系统。

TNC已完成了这个方法的探索，并完成了第一个可持续生态修复示范点——和林格尔的生态修复规划的制定。这套规划方法得到了专家的认可，认为这是一个"能够落地"的生态修复规划。

目前这一规划方法正在应用于制定赤峰市的生态修复与保护规划，已经初步完成了数据分析，得到了初步的规划结果。在赤峰市生态修复与保护规划制定完成后，TNC将帮助赤峰市政府部门根据规划确定生态修复项目和目标。

**实践近自然的生态修复模式**

根据生态修复规划，在和林格尔需要修复的退化土地上，TNC开发完成了2585公顷的林业碳汇项目，通过种植乔木，管理灌木，恢复草地，恢复生态系统服务功能。项目获得了国家发改委对碳汇项目的批准，成功在《联合国气候变化框架公约》（UNFCCC）申请注册，并获得了"气候、社区和生物多样性"（Climate, Community and Biodiversity, CCB）标准的金牌项目认证。

按计划，目前已完成2000公顷乔木种植，剩余种植任务在2014年底前全部完成。同时，修复地建立了长期的生态监测机制，及时发现植被恢复中的问题，从而不断调整和完善修复措施，使植被逐渐恢复成近自然的状态。随着植被的恢复，当地居民目击野生动物（如赤狐、环颈雉、斑翅山鹑等）的频率明显增加。

修复地的地貌类型属于土默川平原向黄土高原的过渡地带。由于黄土土质松软的特性易受到流水侵蚀而形成沟壑，面临着严重的水土流失问题。项目点内有多条沟壑，为了避免进一步扩大，提高保持水土的生态功能，需要进行综合治理。TNC已完成示范点内沟道治理建设的总体规划。在此基础上，2014年将启动三条沟壑的水土保持治理工程。

**修复地的持续管理和利用**

（1）灌木林地的可持续管理。和林格尔县在前期的生态修复工程中，营造了120万亩柠条灌木林地，发挥着防风固沙、保持土壤等重要的生态功能。但人类的过度干扰使部分灌木林地很难天然更新，逐渐退化死亡。若每4~5年对灌木做一次平茬复壮，能有效延长生长期，巩固柠条灌木林地的生态功能。

可是因为柠条没有足够的经济价值，平茬无人实施，而人类干扰却从未停止。这里，TNC发现了一个新的思路，将平茬掉的柠条枝叶通过高温裂解烧制为生物炭，可以进一步加工为高品质的活性炭。同时，蔬菜大棚和农田应用生物炭实验表明，这种生物炭还具有改良土壤结构、保肥、保水的作用。TNC希望，将柠条平茬、生物炭生产和应用联系起来，实现柠条平茬的经济收益，从而实现柠条灌木林地的可持续管理。

（2）生态旱作农业。传统农业耕作方式导致土地不断退化，迫使农民不断扩大农业耕作面积以获得足够的收益。因此改变当地传统生产方式，提高单位土地面积产出是解决此问题的主要途径。鉴于此，TNC希望在修复地不断恢复的生态功能的庇护下，探索环境友好的生态旱作农业。即严格按照有机的耕种方式，仅依靠天然降水，彻底停用化肥、农药、除草剂、添加剂和转基因技术，生产出安全的、高品质的农产品，在特定市场获得较高经济利益，实现小面积土地获得比原来大面积土地更高的经济利益，让农业生产得益于并依赖于生态修复。

（3）草地恢复及可持续管理。草地在和林格尔是更能适应当地条件且稳定发挥生态系统服务功能的植被类型，同时也是当地居民利用的重要资源。但由于长期以来过度放牧已造成草地严重退化，使得草地的可持续利用难以为继。为了促进草地的恢复和修复地的可持续管理，TNC将引进"整体管理"的合理放牧方式，在发挥修复地的生态效益的同时，也能为当地社区带来直接的经济效益。

**水资源的可持续管理**

生态系统的破坏源于对自然资源的不合理利用，和林格尔县地处于干旱半干旱区，多年平均年降水量只有392毫米左右，水是影响生态与社会生活的最重要的资源。TNC与科研院所、当地政府部门合作，已完成对和林格尔县地表水和地下水资源进行总体评价及供需分析。TNC希望在此基础上，制定出和林格尔县水资源可持续管理方案，为最终实现和林格尔生态功能全面恢复奠定基础。

**案例提示与思考：**

1. 现实中我们能否看到对诸如生物多样性之类的公共物品的需求？市场会对这样的需求做出反应吗？

2. 你认为私人组织在应对环境问题上与公共部门的应对方式有何异同？

【案例1-4】

## 山西煤炭资源的整合[①]

山西省煤炭经济体量领跑全国，同时伴生"煤老板"和"矿难"两个关键词，每每引来举国关注。2009年以后，山西省强力推行"煤炭资源整合"，夹杂着"消灭煤老板"的欢呼声和质疑声，山西快步迈入煤炭经济新时代。

本次整合由山西省政府自上而下推进，山西省政府代替市场进行选择，对外来投资造成了严重影响，不符合市场经济规律。但是不可否认，山西煤炭企业的重组具有极大的正面效应：第一，整合可以优化山西煤炭生产的产业结构，实现产业升级。煤炭发展"多小散乱"格局，一直是改革以来全国煤炭产业，尤其是山西煤炭产业的突出问题。煤炭资源是一种特殊的资源，大量资本涌入山西煤炭业，大大小小的开发商通过各种手段、途径，开矿挖矿，采富矿，弃贫矿，"多小散乱"带来恶性竞争、资源浪费严重、污染突出等一系列问题，层出不穷，积重难返。山西煤炭产业非如此强力整合不可能彻底改变局面。毫无疑问，整顿可有效实现煤炭产业的升级，促进煤炭工业可持续发展。第二，"带血的煤炭"一直是山西煤炭生产为社会广为诟病的问题，安全问题始终是悬在山西煤矿从业人员和各级政府官员头上的达摩克利斯之剑，整合可以缓解矿难频发带来的威胁。从理论上说，整合可以减少矿难的发生，因为整合的核心就是提高企业集中度，通过兼并联合，把小资本集中成大资本，小企业集中为大企业。第三，整合在一定程度上也可以减少官员腐败的机会。在煤炭生产"多小散乱"的格局下，每一个小煤矿都是一块"唐僧肉"，对所有沾得上边沾不上边的各路神仙，企业都是要烧香打点的。监管成为了索贿受贿冠冕堂皇的借口，对腐败官员的治理陷入了法不责众的尴尬中。与其扬汤止沸，不如釜底抽薪。并不是说对大企业的监管就不会产生腐败，而是大企业毕竟数量有限，管理也要规范得多，向大企业堂而皇之索贿的难度也大得多。所以，综上所述，虽然山西高层在对煤炭企业的重组整合中有过度干预的嫌疑，但他所带来的正面效应是不可低估的，政府的干预是应当的。

山西煤炭整合的直接动机源于当前煤炭经济机制下的市场失灵现象，当企业之间自助整合的交易成本过高时，为了实现有效整合，政府选择了直接干预，即直接明确整合主体、整合规模、价格标准、完成时间等核心交易条件。

中国矿业权的取得实质是一种行政授权，矿业权流转则往往是半地下交易，并带

---

[①] 胡乾坤：《山西煤炭资源整合争论与辨析——政府、市场与产权的视角》，载《资源与产业》2010年第S1期。

有明显的规避法律性质；矿业管理部门对矿业权可以时收时放，政府部门的一纸通知可以让成千上万矿山"关、停、并、转"，山西煤炭整合行动更是凸显了政府对资源的强大支配力。

中国制定了大量与煤炭行业管理有关的法律规范，有《宪法》条款、《矿产资源发》、《煤炭法》，并有14个行政法规、44个行政规章、地方法规、规章更是数不胜数，但难掩矿业权制度不完善的现实。

《宪法》第九条规定："矿藏、水流、森林、山岭、草原、荒山、滩涂等自然资源，都属于国家所有，即全民所有。"矿产资源法第三条规定："矿产资源属于国有所有，由国务院行使国家对矿产资源的所有权。地表或者地下的矿产资源的国家所有权，不因其所依附的土地的所有权或者使用权的不同而改变。"因此，矿产资源的所有权属于国家。

煤炭行业作为资源类自然垄断行业，具备相当的规模效应。如果产能规模不够，那么不仅生产成本无法有效降低，同时也无法形成规模化抵御外部市场变化的能力。尤其是对于煤炭这样的上游能源行业，其受经济周期的影响十分明显，如果缺乏足够的市场集中度与产业规模，就无法抵御经济危机的冲击。并且如前所述，煤炭资源整合后，可能使安全和管理水平得到大的提升。

但是，有以下几个问题值得我们进一步思考：

第一，当初进入煤炭产业的生产商，是以市场的方式进入的，按照当时的市价买下许多小煤矿的经营权。这种市场化受让矿权的方式与2009年政府主导的煤炭资源整合迎面相撞。政府强制整合的行为和措施，违反了《合同法》等相关法律规定。在山西煤炭产业整合过程中，政府权限活动范围过大，尤其是要求在如此之短的时间里必须整合完毕，侵犯了被兼并煤矿企业的财产所有权，干涉了被指令作为兼并主体企业的经营自主权。

第二，认定国有企业就一定会比非国有企业能够节约资源、减少污染是存在偏见的。大型开采对生态、环境、水资源、土地塌陷等方面的影响并不一定比小煤矿小。如果没有合理的制度安排，没有长期的开采协议保证，不论企业大小，也不论国有非国有，出现的问题会是一样的。比如你有一个30万吨的民营煤矿，假如能够留给自己子孙后代，能通过长期协议有一个稳定的收入，你肯定会认真经营这个煤矿，想方设法使得资源能够优化配置。如果我只是一个国有煤矿的领导人，我只关心在我任内的产量和收入，那么节约资源、减少污染就不一定是我的目标函数了。以为国有企业接管民营小煤矿后就万事大吉，这是一厢情愿。

第三，不一定要采取行政整合的手段，还有别的方法解开山西煤矿的死结。规定一定的产业门槛是必要的，如果法律上有明确规定，不用政府行政整合，市场经济自身也会发生兼并重组的行为。所以我认为，应该用法制的手段加强对企业的管理，要采用技术标准，从资源回采率、环境的保护和恢复、百万吨死亡率等方面，对企业提出明确要求，达不到要求的提出整改，整改不好的就关停。要有法可依，通过法制的手段推动，最终转变为自觉行为。同时在整合过程中，不论出身，整合主体应以优劣作为标准。就是要看其规模、机制、管理团队和企业文化的水平怎样。政府如果能够"一碗水端平"，提供同样的平台，真正好的民营企业是可以做大做强的。在资源整合中，政府更应该起到规则制订和裁判的作用，着力维持公平竞争环境和市场竞争秩序。

进一步说，在世界上大多数国家，国有企业都是在公共领域中活动、为公众利益服务的。大量有政府背景的国有企业在竞争性领域中过分活跃，一定会影响市场竞争的公平性。"国进民退"潜藏着很大的风险和危机。它强化了国有部门的行政性垄断，削弱了市场竞争的基础。在中国市场化改革尚未完成、市场基础尚未巩固的情况下，这一走向的发展有可能使中国偏离市场经济的轨道。

**案例提示与思考：**

1. 山西煤炭整合的直接动机源于当前煤炭经济机制下的市场失灵现象，你认为政府干预是否好于市场选择？
2. 你认为煤炭资源的产权归属是否影响其开发和保护？

# 第二章

# 环境价值评估的原理

**教学目标**

通过本章的学习，了解环境是否具有价值，环境价值评估的意义，重点掌握环境价值评估的原理，难点是成本—效益分析的原理及应用。

**关键术语**

环境使用价值　环境非使用价值　静态效率　净效益　帕累托最优　现值　贴现率　动态效率　边际使用者成本

## 第一节　环境资源的价值

环境总经济价值（Total Economic Value）包括使用价值和非使用价值。

环境资源的使用价值（Use Value）表示的是环境资源被使用时满足使用者需要的功能。

使用价值又分为直接使用价值（Direct Use Value）、间接使用价值（Indirect Use Value）和选择价值。直接使用价值和间接使用价值的区别在于是否接触环境资源。选择价值（Option Value）或期权价值，是消费者为避免未来资源短缺风险而保护未使用资源的支付意愿。

非使用价值（Non-Use Value）是环境资源的内在价值，主要包括环境资源的存在价值（Existence Value）和馈赠价值（Bequest Value）。

存在价值是在没有使用意图的情况下人类赋予自然的价值。馈赠价值则可能包含未来使用的意图。

## 第二节 环境价值评估的意义

### 一、为什么要进行环境的经济评价

（1）提供开发项目的经济决策的依据。在开发中环境被忽视的原因之一在于环境价值的不明确性；开发项目的判断标准是经济效率、静态效率和动态效率三个效益的统一，必须有一个量化的尺度。

（2）提供环境损害赔偿的依据。环境损失往往很难计算，协商很难解决，所以需要寻求法律的解决；法律的解决，一个重要的问题是损害赔偿额的问题。

### 二、环境经济评价的难点

虽然有一部分环境产品具有市场和市场价格（环境的改善，直接影响货币价值的情况也存在），但是大部分环境及其产品或者服务往往不存在市场，且往往没有市场价格。

## 第三节 成本—效益分析

### 一、静态成本—效益分析

任何增加人们福利的东西，就是效益。任何减少人们福利的东西，就是成本。

静态效率：在同一时点对若干资源配置方案进行选择的经济学标准。如果某一资源配置使资源使用的净效益最大化，资源的这一配置就满足了静态配置标准。

净效益：总效益超过总成本部分。

帕累托最优：如果找不到其他配置使一些人的福利改进而又不损害其他人的福利，这组资源配置就是帕累托最优。

当边际效益等于边际成本时，资源得到了最有效的配置。

社会成本：整个社会从事某种活动时付出的总机会成本，等于私人成本与外部成本之和。外部成本是私人活动对外部造成影响而没有承担的成本。

边际外部成本可以分为边际使用者成本和边际环境成本。环境污染的场合，私人成本往往低于社会成本。

## 二、动态成本—效益分析

动态效率不仅考虑成本和效益，而且考虑成本和效益所发生的时间。

现值：未来的资金贴现率贴现后的价值。

动态效率：如果一个横跨 n 时期的资源配置方案在各种替代的资源配置方案中使 n 时期中得到的净效益的现值最大，那么该方案是动态有效的。

资源的动态有效配置必须满足以下条件：第一期边际净效益的现值等于第二期边际净效益的现值。

未来第 n 年得到的一次性的净效益的现值由以下公式确定：

$$PV(B_n) = \frac{B_n}{(1+r)^n}$$

式中，PV 表示现值，$B_n$ 表示第 n 年得到的净效益，r 为贴现率。

在未来 n 年中得到的一系列净效益（从第 0 年到第 n 年每年得到 $B_n$）的现值由以下公式确定：

$$PV(B_0, \cdots, B_n) = \sum_{i=0}^{n} \frac{B_i}{(1+r)^i}$$

式中，r 为贴现率，$B_i$ 为 i 时刻得到的净效益。

边际使用者成本：由于现在使用而牺牲将来使用的边际机会成本。

## 本 章 小 结

现代环境经济学在现代经济学基本分析工具的基础上，吸收了环境主义价值论的某些成分，形成了若干环境价值的分类方法。环境总经济价值可以分为使用价值和非使用价值。

环境价值评估可以提供开发项目的经济决策的依据；提供环境损害赔偿的依据。

如果某一资源配置使资源使用的净效益最大化，资源的这一配置就满足了静态配置标准。当边际效益等于边际成本时，资源得到了最有效的配置。资源配置涉及在不同时间、不同世代之间配置上时，需要引入动态效率概念。如果一个横跨 n 时期的资源配置方案在各种替代的资源配置方案中使 n 时期中得到的净效益的现值最大，那么，该方案是动态有效的。

## 【思考题】

1. 人类应该赋予环境以经济价值吗？
2. 环境的经济评价能否实现？
3. 在发展会造成污染和经济利益之间，人类必须做出某种程度的取舍，其依据是什么？
4. 如何衡量某一资源是应当现在就开发，还是保存下来留待以后再开发？
5. 贴现率的大小是否影响资源在不同时期之间的配置？

## 【案例 2-1】

### 美国《清洁空气法》修正案的成本—效益分析[①]

美国《清洁空气法》体系的建立，源于两起环境公害事件：一件是1943年的洛杉矶烟雾事件，另一件是1948年的多诺拉事件，这两起事件都是由于严重的空气污染造成的。1955年，美国颁布了第一部联邦污染控制法《空气污染控制法》；1963年，制定《联邦清洁空气法》；1967年，制定《空气质量控制法》；1970年国会通过《清洁空气法》，经过1977年修正案和1990年修正案的多次修订而逐步完善，在此基础上形成了一个完整的法律规范体系。

《清洁空气法》规定的处于首位的管理项目是移动空气污染物质排放源，并且有专门针对酸雨的管理项目。《清洁空气法》不仅帮助美国有效地改善了空气质量，而且也是世界上许多国家清洁空气法建设的学习模板。经过半个世纪的修改完善，美国的《清洁空气法》确立了一系列行之有效的原则，包括国家空气质量标准原则、州政府独立实施原则、新源控制原则、视觉可视性原则等。

自20世纪90年代以来，空气污染治理取得一定的成效，但是空气污染治理政策实施过程中仍然会触碰到一些商业组织以及他们在政府中代言人的利益，在是否应该修订空气污染治理政策，是否应该提高空气质量标准以及新的空气污染治理政策是否合理等问题上存在争议。因此，一些经济评估手段被引入到空气污染治理政策中，成本—效益分析法就是其中一项，对空气污染治理政策进行成本—效益分析，以货币形式量化政策实施的成本和效益，并将二者进行分析比较，为空气污染治理政策的调整提供依据。

---

① 《美国空气污染治理的成本—效益分析》，学术堂，http://www.lunwenstudy.com/yazhoushi/100029.html，2016年4月3日。

李佳慧：《美国〈清洁空气法〉的创新性机制》，中国新闻网，http://news.xinhuanet.com/energy/2014-10/23/c_1112949348.htm，2014年10月23日。

**成本—效益分析法在环境政策中的应用**

成本—效益分析作为经济手段在美国环境政策中有两方面的运用。一方面是用来评估拟议的法规和新环保政策，分析法规和政策实行的成本和收益，并进行比较。成本—效益分析成为新法规是否可以实行或是否需要修改的评估手段之一。

例如，在1985年，美国环保局降低了汽油中最大含铅量的标准，规定每加仑汽油中含铅量不得超过1.1克，此项规定引起争议。环保署认为减少汽油中的铅含量意味着减少环境中的铅含量，会降低铅造成的环境污染，降低对人类健康和对儿童的认知能力的不良影响，降低成人中高血压和心血管疾病的发病率，以及降低汽车维修的支出。但是，工业界则认为降低汽油中的含铅量会大大增加提炼汽油的成本。于是环保局运用成本—效益分析对这一规定进行成本和收益的比较，虽然不是所有这些收益都可以简单地用货币来衡量，但仅计算可衡量的效益成本的比率就超过10∶1，从而证明了此项规定是可行的，它在保护环境的同时，也可以获得经济价值。

另一方面是运用成本—效益分析评估现有政策的成本和收益，并进行比较，从而对政策进行调整。对美国政府空气污染治理政策进行评估时，发现从固定污染源控制空气污染的政策可能带来的切实收益显著大于污染控制所需的经济成本。因此，需要切实做到控制工业生产和汽车排放所造成的空气污染。

但是在成本—效益分析的应用中，由于某些环境政策的物理和生态后果的不确定性，对于它们进行成本—效益分析非常困难。例如，是否预防或控制由于二氧化碳等温室气体的排放导致的全球气候变化？为了给决策者提供科学有效的信息，科学家在控制温室气体排放的收益和成本的量化方面做了一些努力。其中，威廉·克莱因（William Cline）试图估计控制排放$CO_2$的收益，与其他科学家所估计的排放成本进行比较，他发现成本—效益分析的比率小于1，但由于他的估算包含巨大的不确定性，因此，他总结道："虽然社会人士是谨慎的，希望避免不必要的风险的，但在经济领域来看，积极地进行减排，大幅度消除温室效应是明智的。"

1995年，在美国国会中关于环境政策讨论了两个问题：第一是否进行环境政策的成本—效益分析，第二决策者应该如何使用成本—效益分析的结果。最终通过几个将大大改变这个国家的环境政策的评估方式的法案。这些法案要求所有新的主要环境法规都要进行成本—效益分析，规章制度只有通过了成本—效益分析的评估才可以被批准。法案还允许一些公司申请对现有规定进行成本—效益分析，如果规定的成本超过收益，那么要对其进行检查和撤销。

尽管大多数经济学家赞成这些法案所表达的原则，但很多人对法案的一些具体细节有所质疑。例如，为了便于分析，某些法案是用具体的实施方法表述出来的，但这些实施方法并不能保持是最先进的。更重要的是，法案将给受影响的当事人提供寻求司法审查的机会。但司法审查是一个昂贵和耗时的过程。法官没有经济学训练，将不得不在他们的专业领域之外看待经济理论和方法并做出决定。

1990年以来,经济分析在应对环境问题中的地位越来越重要,其中运用成本—效益分析评估环境政策尤为重要。原因有四点:

首先,决策者在解决更加复杂和根深蒂固的环境问题时,他们发现解决方案越来越昂贵,因此他们越来越重视公众从这些方案中所获得的"金钱的价值",这意味着在比较成本的同时需要寻求收益。克林顿总统的12866条行政命令要求,成本—效益分析在解决未来政策制定过程中的辩论中将发挥更大的作用。

其次,过去20年中处理常规空气和水污染问题的缓慢过程表明:为了更有效地完成治理计划,需要增加经济激励机制。如污染收费、可交易排放许可证和押金偿还系统等。

再次,控制治理各种污染物的高昂成本,使决策者必须运用成本—效益分析之后再进行策略设计。这样可以实现用尽可能低的社会成本去完成污染控制目标。

最后,在政府政策导致的价格变化向消费者和生产者发出的错误信号以及无法提供正确的经济激励机制的情况下,经济分析可以帮助决策者在使用稀缺资源和保护环境方面做出明智的决定。因此,在1990年以后,美国政府进一步落实经济分析在空气污染治理政策的评估方面的应用,为政策的调整提供依据。

### 1990年《清洁空气法》修正案的成本—效益分析

20世纪90年代以来美国空气污染治理政策的调整主要遵循的是1990年《清洁空气法》修正案,通过对《清洁空气法》修正案实施过程中所产生的成本和获得的收益的分析,能更加明确90年代以来的空气污染治理的政策的成本和收益。通过把《清洁空气法》修正案的成本和收益货币化,便于直观地了解修正案的成本和收益,准确地评估90年代空气污染治理政策的成效。

1. 1990年《清洁空气法》的直接成本。1990年《清洁空气法》主要包括七章。第一章:达到和维持国家环境质量标准的规定;第二章:移动源的规定;第三章:有毒空气污染物;第四章:酸沉降控制;第五章:许可证;第六章:平流层臭氧保护与全球气候;第七章:实施规定。

据美国环保局估算,除去不确定性因素,为了达到第一章到第五章的规定(由于第六章不可确定因素较大,在此不做估算),在2000年成本约是194亿美元,到2010年估计会增加到268亿美元。

通过以上经济分析可以反映出当时的政策方向。由以上数据可以看出,空气污染治理的成本是不断增加的,尤其是达到和维持国家质量标准的规定所花费的成本。由此可以看出美国政府治理空气污染的力度是不断的增强的,从2000年到2010年美国政府重点治理未达到1990年《清洁空气法》标准的城市,投入成本由86亿美元增加到145亿美元,占总成本的比例也增加了10%。治理力度的加强,也导致总成本由

194亿美元增加到268亿美元。

2. 1990年《清洁空气法》的效益。

（1）对环境的影响。据美国环保局估计，1990年的《清洁空气法》修正案将显著降低未来的空气污染物排放。估计到2010年，挥发性有机化合物（VOCs）将降低35%；氮氧化物的排放将降低39%，减少的排放量大约1100万吨；一氧化碳（CO）的浓度将降低23%，一氧化碳排放量减少8190万吨。空气污染物所减少的排放量中，超过一半是来自公共事业单位所排放的空气污染物。

1990年《清洁空气法》修正案的实施，也将实现大量减少二次颗粒物的排放。除了以上讨论的氮氧化物是"二次颗粒物"的主要来源外，二氧化硫也是重要来源。到2010年，二氧化硫排放量将减少31%，减少了820万吨。其中，96%的二氧化硫排放量的减少是通过国家总量控制与交易措施实现的，尤其是二氧化硫津贴措施对减少排放量有明显作用。

1990年《清洁空气法》修正案对以固体形态排放的一次颗粒物的影响相对较低。总的来说，到2010年一次颗粒物排放量减少了4%，尽管《清洁空气法》修正案对于一次颗粒物排放物增量的影响相对较小，但是大气中的颗粒物除了包括一次颗粒物，还包括来源于二氧化硫、氮氧化物等气体的二次颗粒物。正如上面所提到的，1990年的《清洁空气法》修正案实施后，二次颗粒物的污染源排放有了实质性的减少，大气中PM10和PM2.5水平也会随之降低。

（2）对人类健康的影响。空气污染物的排放会带来不良的健康影响，如过早死亡、心脏病和呼吸道疾病。改善空气质量所带来的健康收益占1990年的《清洁空气法》的修正案整体收益的很大一部分。这些健康的收益表现为：可以避免空气污染带来的不良健康影响，减少相应疾病，减少住院率、死亡率等。然而这些健康收益并不能直接被量化，为了更加直观地展示1990年《清洁空气法》修正案的收益，美国环保局运用技术手段把主要的健康收益以货币的形式进行量化。

空气污染物所带来的不良健康影响中呼吸道疾病最为显著，导致呼吸道疾病的污染物为可吸入颗粒物（PM10），二氧化硫和氮氧化物。在1990年《清洁空气法》修正案实施后，针对可吸入颗粒物和氮氧化物提高了标准，控制它们的排放量；针对二氧化硫排放，提出了一个二氧化硫交易和津贴制度，二氧化硫的排放量显著降低。由此可以获得相应的健康收益。

（3）对生态的影响以及其他福利。众所周知，空气污染物对生态也有不良影响，如汞和二噁英等有毒空气污染物，短期内会直接导致动植物中毒，如果长期存在于空气中，将会破坏生物化学循环，并沉积在食物链中。通过实施1990年《清洁空气法》修正可以减少这些污染物的排放，从而改善生态环境，美国环保局对所取得生态收益以货币形式进行量化。《清洁空气法》对于污染的控制不仅会带来健康生态方面的影响,还会有其他福利影响。例如颗粒物的污染将会减低能见度,减少农业生产,影响人们的生活。控制空气污染物的排放,将会带来相应的福利收益。由此可见,1990年《清洁空气法》的实施,使得2010年空气质量显著提高,生态环境得到改善,获得了其他的福利。由于减少了空气污染物的不良影响,也获得了相应收益。

**案例提示与思考:**

1. 你认为降低污染有经济意义吗?

2. 你认为是否能运用成本—效益分析评估现有政策的成本和收益,并进行比较,从而对政策进行调整?

## 【案例 2-2】

### 气候变化经济学中贴现率的选择[①]

贴现率一直是公共政策分析的核心,因为对投资项目的成本收益分析往往有赖于贴现率的设定。同时贴现率也是福利经济学(包括环境经济学)中一个十分重要且具有争议性的问题,许多长期性的全球公共物品问题,例如全球气候变化、放射性废弃物、生物多样性、臭氧层空洞、地下水污染、矿产资源等,对它们的成本收益评估都需要用到贴现率,而评估结果又对贴现率非常敏感,贴现率的大小稍有不同便可能得出大相径庭的结果。

**贴现率的概念与内涵**

贴现率是指将未来支付改变为现值所使用的利率,或指持票人以没有到期的票据向银行要求兑现,银行将利息先行扣除所使用的利率。

关于贴现率的研究进展与气候变化经济学的发展密不可分。20世纪90年代,世界对气候变化问题的关注又重新引起了经济学家对贴现率的重视。一批早期从事气候变化经济模拟研究的学者开始对贴现率的取值展开探索,最近,经济学家更加关注不确定性及风险条件下气候变化的贴现率问题。

《斯特恩报告》[②]出台后,许多学者纷纷批评报告中贴现率的取值与此同时,涌现出大量的文献专门探讨气候变化经济学中的贴现率问题。由于贴现率的大小对模型的结果及其政策含义至关重要,贴现率大小稍有不同,模型便得会出大相径庭的结果,由此得到的气候政策行动建议也可能截然相反。对气候变化经济分析中应该采用怎样的贴现率,各家争论不一。全球气候变化问题作为一个全球最大的公共物品,也

---

[①] 刘昌义:《气候变化经济学中贴现率问题的最新研究进展》,载《经济学动态》2012年第3期。

[②] 《斯特恩报告》是2006年前世界银行首席经济师、英国经济学家尼古拉斯·斯特恩经过一年调研主持完成并发布的。这份长达700页的《斯特恩报告》指出:不断加剧的温室效应将会严重影响全球经济发展,其严重程度不亚于世界大战和经济大萧条。

是迄今为止最大的外部性问题,因为它涉及的时间维度往往长达上百年甚至几个世纪(涉及跨代问题),而且具有高度的不确定性,因此,将减缓的成本与避免气候损害的收益进行比较是非常复杂的。

贴现率可分为两大类:市场贴现率与社会贴现率。市场贴现率(或资本回报率)指的是能够有效平衡当前减排成本和由于减少未来灾害所带来收益的贴现率。社会贴现率也称社会时间偏好率(Social Rate of Time Preference,SRTP),用来衡量社会福利或消费的效用随时间的变化率,主要用于公共投资项目的成本收益分析。社会贴现率往往低于市场贴现率。气候变化经济学中到底该采用哪种贴现率以及多大的贴现率?诺德豪斯主张使用市场贴现率,而《斯特恩报告》中则使用社会贴现率。

贴现率的大小直接影响气候变化分析的结论及政策含义。高贴现率会将未来的灾难损失贴现为一个较小的现值,从而趋向于未来减排;而低贴现率则相反,会使未来的损失看上去非常大,从而趋向于当前大幅度减排。

**贴现率取值及争议**

对于贴现率取值一直存在争议。有科学家形象地将持不同意见的经济学家分为两派:伦理派(Prescriptionist)和市场派(Descriptionis)。伦理派强调公平,从伦理的角度出发考虑贴现率主张较低的贴现率。而低的贴现率使得未来的气候灾难带来的损失贴现到今天依然会很大,因此伦理派在气候政策上主张立即大幅度减缓。例如,《斯特恩报告》中采用的贴现率为1.4%,得出的结论认为获得低于550ppm $CO_2e$ 的浓度,现在开始行动只需每年花费约1%的全球GDP;而如果现在不进行这些投资,未来全球变暖将可能导致全球GDP下降近20%!

另一派为市场派,这一派强调效率,主张根据市场中消费者行为和资本的真实回报率(采用生产者利率或消费者利率)来决定贴现率,实现社会资源最大化,因此贴现率也相对较高,未来同样的损失经过高贴现率贴现到今天也显得并不高。例如诺德豪斯采用5.5%左右的贴现率,认为到2100年二氧化碳浓度翻番(全球平均温升3℃)只会造成全球总产值3%的损失。因此这一派在气候政策上主张"慢行战略",如诺德豪斯提出的"气候政策斜坡"战略认为最优的全球减排路径是先缓慢减排,然后逐步加大力度。

总之,伦理派认为气候变化经济学中应使用社会贴现率(或社会时间偏好率),且应使用接近无风险利率的贴现率,理由主要是伦理上的,当代人应基于预防原则立即大幅度减缓气候变化。而市场派则主张使用市场贴现率,认为市场贴现率才符合实际。市场派对伦理派的批评主要是参数选择过于主观且太低,由模型得出的结果出现与现实不一致的现象(导致非常高的储蓄率和投资率),不符合市场实际和消费者最优化行为。而市场派的缺陷则主要在于假定当代和未来后代之间可以有效地进行代际转移,而且资本和环境之间存在较强的替代性,这些假定同样与现实不符。

目前，气候变化经济学模型在分析中为简化起见都将贴现率处理为外生给定的固定值，而最近的一些理论研究认为需要采用动态的贴现率，且长期中贴现率会随时间下降至最小值。斯特恩认为长期贴现率并非为某个固定值，可能取零甚至为负，而且如果不平等随时间扩大，或未来不确定性增加，都会降低贴现率。

**贴现率的分配效应及对发展中国家的福利含义**

气候变化对发达国家和发展中国家的福利影响显然不一样，因此在考虑贴现率的大小及其影响时有必要将发达国家和发展中国家分开予以考虑。发展中国家的经济增长率更高，边际效用弹性也更高，因此其社会时间偏好率应高于发达国家。这意味着发展中国家在未来面临着相同的气候变化收益的时候，会比发达国家更不愿意承担减排成本。特别是如果消费增长率由高到低，那么社会贴现率也随之而下降。这一点对于探讨发达国家与发展中国家的贴现率选择至关重要！

对气候变化经济的成本收益评估中该采用何种贴现率？目前市场派和伦理派意见不一。前者主张采用市场利率，在政策上主张慢行战略；后者主张采用比市场贴现率低得多的社会贴现率，呼吁立即大幅度减缓。而最近的一些理论研究从多个角度出发，认为需要采用动态的贴现率，并且长期中贴现率会随时间下降至最小值。这似乎可以解决二者的矛盾，但目前还没有建立一套完整和系统的理论来解释这一问题。

**案例提示与思考：**

1. 为什么贴现率的大小会影响气候政策？
2. 你认为我们国家在评估气候变化时候，应该采取较高还是较低的贴现率？

## 【案例2-3】

### 河南省信阳市秸秆焚烧污染问题的成本—效益分析[①]

中国是一个种植业在农业中所占比重仍然很大的国度，每年种植小麦、水稻、玉米、薯类、豆类、油料、棉花、甘蔗和其他农作物产生的秸秆总量数以亿吨计。然而，近几年来，中国农业产生的秸秆并没得到有效利用，每年都有大量秸秆被白白烧掉。秸秆焚烧不仅造成巨大的资源浪费，而且还引起了严重的环境污染问题。各地对秸秆焚烧屡禁不止，这不由得引起人们对秸秆焚烧污染问题的症结的思考。

河南省信阳市地处大别山区，是一个农业大市，也是一个人口大市，生产水稻、小麦、棉花、花生、大豆、红豆、豌豆、玉米、油菜等作物，每年生产各类秸秆近800万吨。以谷物为例，2005年全市谷物总产量410.06万吨，其中稻谷产量

---

[①] 梅付春：《秸秆焚烧污染问题的成本—效益分析——以河南省信阳市为例》，载《环境科学与管理》2008年第1期。

为 300.43 万吨，小麦 88.67 万吨，玉米 13.57 万吨。按经验数据：1 公斤稻谷可产生 1.5 公斤稻草；1 公斤小麦可产生 1.5 公斤麦秸；1 公斤玉米可产生 4 公斤玉米秸秆。据此计算，全市仅谷物生产每年产生的秸秆总量就达 647.93 万吨，每年都有大量秸秆被农户焚烧。同时，信阳市也是河南省农民外出务工最多的地区。近年来，年劳务收入占农民纯收入的比重达 50% 左右。农村劳动力在家务农的机会成本较高，致使实际耕作的农田向种田能手集中，从而也使秸秆呈现出向种田能手集中的趋势。

**利用成本—效益法分析农户秸秆处置行为的合理性**

成本—效益分析法是在环境政策分析中常用的分析方法。它既可以用于对大型公共项目的投资分析，也可用于对单个经济主体（企业或农户）的决策行为进行分析。

成本—效益分析法的理论前提是经济主体追求净收益的最大化，利用成本—效益法分析农户秸秆处置行为的合理性表现在以下几个方面：

首先，成本—效益法是经济主体为追求经济利益最大化而进行经济行为决策的有效方法。农户对秸秆的处置作为一种经济行为，实际上是农户在对比秸秆多种用途产生的收益与使用成本的基础上，对秸秆资源的使用方向进行经济决策。

其次，随着市场经济体制的建立和完善，农户正逐渐成为理性的经济人。农户作为市场经济的主体，自主经营，自负盈亏，本质上有追求利益最大化的需求。因此，农户的任何经济活动都毫不例外地要考虑相关的成本和收益。

最后，收入渠道多元化，使农户的决策行为发生了革命性变化。尤其是最近几年，随着城镇化进程的推进，在比较利益的驱动下，大量农村劳动力向城镇转移，农村劳动力在家务农的机会成本越来越大。在生产经营决策中，考虑劳动力机会成本已经成为农户的一种自觉行为。

**秸秆处置行为的成本—效益分析**

（1）劳动力机会成本。以信阳市 2005 年外出务工农民的平均日收益为代表。根据信阳市农调队资料，2004~2005 年，信阳市外出务工的农村劳动力数量及务工收入总额均逐年增长：2004 年，全市外出务工的农村劳动力 140 多万人，平均外出时间 8 个多月，劳务总收入 70 亿元；2005 年，外出农村劳动力和务工收入分别增长了 2% 和 9% 左右，达 143 万人和 75.6 亿元。据此计算，2005 年，信阳市农村劳动力人均外出务工的日收入为 22 元。

（2）将秸秆作为燃料的相关收益。以 2005 年当地日用蜂窝煤的平均价格乘以全年用煤量计算得到。蜂窝煤是当地除柴草以外最常用的燃料。正常情况下，当地居民每年的燃料有 1/3 来源于秸秆（主要用树枝等硬柴），若用煤替代，平均每户每天蜂窝煤用量为四块。2005 年，信阳市物价办价格成本监测所监测到的当地每块蜂窝煤平均价格为 0.30 元，据此计算出农户将秸秆作为燃料每年可节约 150 元左右。

（3）作为饲料的相关成本和收益。信阳市传统的养殖牲畜是耕牛，极少有骡马或羊。随着国家大型农机具补贴的实施，机械化耕作正逐步取代畜力。除专业养殖外，农户一般不再养殖大牲畜。少数需要畜力的农户，通常是在农忙时临时合作共买，农忙后再卖掉。而畜牧养殖专业户并不从事农业生产，也就不存在秸秆处置问题。因此，秸秆极少用作饲料，相关的成本和收益可忽略不计。

（4）秸秆还田相关成本。以每亩还田成本计算。据当地的还田经验，从粉碎到堆沤、发酵、还田、翻压，整个过程需15～20天。取中间值17.5天，得一个劳动力的机会成本385元；若雇请机械，每亩需追加40元左右。每亩还田总成本425元。

（5）秸秆还田收益。每亩节约的化肥支出及增产收益的总和。根据全国农业技术推广服务中心肥料处专家测算，中国华中、中南地区的平均每亩化肥用量超过35千克。以2005年化肥平均价格1200元/吨计算，秸秆还田可使每亩节约化肥42元；又据中国农科院土肥所专家测算，秸秆还田肥田能使作物增产10%左右。信阳市是以水稻种植为主的农业市，亩产800公斤左右，最高纪录能突破900公斤。以水稻为参照，以80公斤的增产量及信阳市物价局公布的2005年每公斤水稻1.34元的收购价格为标准，计算出秸秆还田增产收益为107.2。两项合计，秸秆还田总收益共149.2元。

（6）作为沼气能源的原料成本。信阳市对沼气建设实行补贴政策。在不计沼气池建造成本的情况下；常年需一劳动力在家维护，机会成本为5286元；每年维护及秸秆预处理费用约90元。两项合计共5376元。

（7）使用沼气收益。据经验；一个容积为6～8立方米的沼气池够一个三口之家的农户全年的燃料之用。根据第2项的计算，每池每年能为农户节约燃料（蜂窝煤）支出185元；沼气肥料能使各种农作物增产5%～10%。谨慎计，取增产10%，并仍以水稻为参照，结合第五项数据，计算得出每户每年由此增收362元；节约化肥支出42元/亩，计126元。三项合计673元。

（8）作为工业原料的成本与收益。根据国家有关规定，秸秆为轻泡物质，只能用畜力车或手扶拖拉机等小型机具装运。在地理学上，信阳市属于丘陵地貌特征，自然村落距工业区距离平均在15公里以上，每天来回能运送两次。根据实地调查，2005年，当地秸秆运费为30元/吨公里，销售价格150～200元/吨。以载重两吨的手扶拖拉机为参照，每次运费900元，半日劳动力成本11元，共计911元；若取平均销售价格175元，每次销售收入350元。

根据以上数据，得到信阳市各种秸秆处置方式成本、效益（如下表所示）。

## 各种秸秆处置方式成本—效益对比

| 处置方法 | 相关成本 | 相关收益 | 净收益 | |
|---|---|---|---|---|
| | | | 含劳动力机会成本 | 不含劳动力机会成本 |
| 作为燃料 | 0 | 185 | 150 | 150 |
| 作为饲料 | 0 | 0 | 0 | 0 |
| 秸秆还田 | 425 | 149.2 | -275.8 | 109.2 |
| 就地焚烧 | 0 | 0 | 0 | 0 |
| 作为沼气能源的原料 | 376 | 673 | -4073 | 1213 |
| 作为工业原料 | 911 | 350 | -561 | -550 |

根据以上分析，得出如下几点结论：焚烧秸秆，是农户在常规处置成本过高情况下不得已的选择；劳动力机会成本越来越高是秸秆处置成本居高不下的主要原因；运输距离遥远是运输成本过高只能就地焚烧的又一重要原因。

**案例提示与思考：**

1. 你认为利用成本—效益法分析农户秸秆处置行为是否具有合理性？
2. 针对本案例的分析结果，你可以提出哪些对策建议？

## 【案例 2-4】

### 代际共享机制——阿拉斯加州永久基金[①]

1982年6月14日，美国阿拉斯加议会大厦旁的州办公大楼里，一台最大的计算机开始运行，特大号、绿黄相间的1000美元面值的支票第一次从打印机中源源涌出，然后进入了邮箱。此后22年来，阿拉斯加的居民每年都会收到一张数额不等的支票。在工业社会里，政府给居民邮寄支票，仅仅是因为他们居住在那里，这确实是不多见的。

阿拉斯加州成立于1959年，是美国历史上的第49个州。该州盛产石油、天然气、海鲜、矿物和木材，是美国也是世界上自然资源最丰富的地区之一。丰富的矿产资源为阿拉斯加州与美国带来了源源不尽的财富。但是，地球的丰饶并不自动带来人类的富有。不同的社会制度设计以及公共政策实践会给各个国家或地区的经济社会发展与人民福利带来不同的影响。而阿拉斯加通过发放社会分红，政府直接给全体公民平等地分配该州的资源收入，这一思想以震撼人心的方式终结了各界围绕税收与公共

---

[①] 周建军、黄胤英、周小庄：《社会分红制度的历史考察：阿拉斯加的经验》，载《经济社会体制比较》2006年第3期。

支出的争论。永久基金分红方案及永久基金的设立颠覆了传统社会中关于政府功能的定义。

1969年9月10日，阿拉斯加州通过对普拉德霍海湾的石油进行租赁，获得了9亿美元的收入。这些收入几乎相当于阿拉斯加州以往历年州财政预算的总和。但阿拉斯加州接下来面临的问题是如何使用这笔资金：是应该存起来，还是应该消费来满足阿拉斯加的众多需求（比如农村的学校、安全用水、交通与通讯）呢？立法部门决定拨专款来研究如何使用这笔巨额收入。

受立法部门的委托，布鲁金斯研究所于1969年末召开了四个研讨会来讨论这个问题。研讨会讨论了大量的细节问题，最后给出的基本建议是：政府应将这笔巨额收入投资于阿拉斯加人民，即把这笔巨额资金用于对人民的教育、健康、福利、自然资源保护与环境美化等方面。

1970年，为使这笔资金能被保留一部分而不至被花光，基德皮巴迪投资银行和时任阿拉斯加州的州长建议立法成立资源永久基金，并为其设立法定的储备金。到了20世纪70年代初期，金融界、公众与立法机关都一致赞同将这笔巨额资金的一部分储存起来。

1975年，建立永久基金的想法得到了阿拉斯加州立法部门的支持。最主要的原因在于公众对9亿美元普拉德霍湾油田租赁收入开支的消极反映。公众在怀疑：政府拿这九亿多美元的拍卖收入都干了什么？是不是都挥霍了？众议院议案委员会（Committee Substitute for House Bill，CSHB）第324次会议修正了参议院提出的议案，决定建立一个基于阿拉斯加州矿产资源租赁收入的资源永久基金。

1976年，选民投票通过宪法修正案，决定设置资源永久基金。

直到1976年秋天，宪法修正完成。阿拉斯加州公民投票决定设置一个永久基金，将该州至少25%的全部矿产资源租金、矿区使用费、矿区出让收益、联邦矿产收入分成以及州级红利应设立为永久基金。基金的本金仅能用做增加收入的投资。没有阿拉斯加州多数选民的同意，不能用基金支付当前的开销。该基金完全投资与资本市场，进行了多种资产配置。收益来源于债券利息、股票红利、房地产租金和资产销售的资本收益。

1977年横跨阿拉斯加的输油管道建成，这是当时世界上最大的私人投资建设项目。当年2月，永久基金便获得了在这一项目上的首笔存款73.4万美元。而如何处理不断增长的基金收入，使它们最好地服务于阿拉斯加人，这个问题在基金成立后的几十年里引起了阿拉斯加人的争论。

四年后，州议会决定支持为未来储蓄而成立阿拉斯加永久基金公司（APFC），该公司是州政府所有的营利性机构，负责为本州公民管理和保护石油等资源的租金收入以及其他信托基金。基金分两部分，本金和投资收益。本金用于长期投资，未经公民投票不得支出。基金投资收益可按立法会和州长决定支出。

如今,阿拉斯加永久基金已经发展成为一个本金超过300亿美元、年盈利能力超过10%的大型基金,跃居全球100家最大的基金之列。永久基金公司每年都向居民发放年度报告,人们也可以通过网址和电子邮件查询所有相关的基金收益和分配问题。

州议会还成立了永久基金分红项目,该项目溯及1979年1月1日,每年拿出永久基金收入的一部分作为红利支付给符合条件的本州居民。期间经历了与最高法院在立宪细节上的长达几年的协调,直到1982年,所有的阿拉斯加居民,只要提出申请并符合条件(必须在本州居住至少1年),都得到了他们的第一笔为数1000美元的永久基金分红支票。这是历史上将共有的资源财富公正而平等地支付给阿拉斯加居民的开端。分红对海产品业、建筑业、旅游业、木材业、采矿业及农业工人工资的影响很大。它使相当一部分阿拉斯加人,尤其是农村家庭收入增加了超过10%。

阿拉斯加永久基金是一个管理良好、透明而民主的机构,它确立了公民对自然资源的平等的权利。该基金提供了一个关于政府职能的新案例——即由政府机构来筹集并分配自然资源(特别是石油资源)租金,并代理向人民公平地分配资源租金,从而保证本州居民获得对共有自然资源的民主权利。尽管它还不是一个完美的模式,但是它是迄今为止世界上最有启发意义的政府行为之一,是为群体获取来自共有继承财富之利益的有效而公平的、值得关注的先驱性样板。

**案例提示与思考:**

1. 你认为阿拉斯加州永久基金是否为后代保留了部分收益?
2. 你认为有效配置是公平的吗?

# 第三章

# 环境价值评估的方法

**教学目标**

通过本章的学习,了解环境评价方法的不同分类方式,重点掌握环境评价的具体方法,按照市场信息的完全与否可分为市场价值法、替代市场价值法和假想市场价值法,难点是如何根据实际情况来选择环境评价的方法。

**关键术语**

市场价值法　替代市场价值法　假想市场价值法

## 第一节　市场价值法

环境评价指对环境的状况、质量和环境所提供的服务的经济价值进行定量评价的方法。

### 一、生产率变动法

生产率变动法(Changes in Productivity Approach)是利用生产率的变动来评价环境状况变动的影响的方法。把环境质量看作一个生产要素。

### 二、疾病成本法和人力资本法

疾病成本法(Cost of Ill-ness)和人力资本法(Human Capital Approach)是估算环境状况对人类健康特别是劳动力数量和质量的影响的方法。

疾病成本法计算的是所有由疾病引起的成本。人力资本法不仅用来衡量环境对健康的影响，而且已经用于劳动力、教育等许多方面的研究。

## 三、机会成本法

机会成本法（Opportunity Cost）用所牺牲的最高的替代选择的价值来衡量对象的价值。

开发的净现值可以由以下公式表示：

$$NPV = D - C - P$$

式中，NPV 为开发的净现值，D、C、P 分别为开发的总收益的现值、开发总成本的现值和保护资源不开发的收益的现值。

## 四、预防性支出法

预防性支出法（Preventive Expenditure Approach）用人们为了避免环境危害而作出的预防性支出来衡量环境危害的最小成本。

## 五、重置费用法

狭义的重置费用法（Replacement Cost Approach）用由于环境危害而损坏的生产性物质资产的重新购置费用来估算消除这一环境危害所带来的效益。

广义的重置费用法用重置被损坏的环境资源的成本来估算环境资源的价值。

## 六、重新选址成本法

重新选址成本法（Relocation Cost Approach）是重置费用法的变种，这种方法使用由于环境质量的变化而重新安置某一固定资产的地理位置的实际成本，来估价环境保护的潜在效益。

## 七、各种市场价值法的选择和应用

生产率变化法是最简单、最直接的方法。当环境变化的影响主要反映在生产率的变化上，这种变化可以用市场价值来衡量时，可以使用这种方法。

疾病成本法和人力资本法则运用损害函数来估算环境污染对人类健康的影响，用损失的工资来衡量人力资本的损失。这两种方法主要涉及环境污染对人类健康和劳动力的影响。

机会成本法、预防支出法、重置费用法和重新选址法都是从成本角度对环境污染进行估价的方法，都不需要对治理环境所带来的效益进行直接的估算。机会成本法利用牺牲的替代选择的收益来衡量资源使用的成本。预防支出法使用预防性支出来衡量环境污染的成本。重置费用法和重新选址法使用重置费用或重新选址费用来估算环境污染的损失。它们都不是直接估算环境污染的成本，而是使用替代的支出去确定环境污染所造成的损失。

## 第二节　替代市场价值法

当所研究的对象本身没有市场价格来直接衡量时，可以寻找替代物的市场价格来衡量。这类方法被称为替代市场价值法（Surrogate Market Approach）。

### 一、旅行费用法

旅行费用法（Tavel Cost Approach）用旅行费用作为替代物来衡量人们对旅游景点或其他娱乐品的效益的评价。

### 二、内涵资产定价法

在许多情况下，同一件物品包含多种特性，消费者对一件物品的满意程度取决于该物品所拥有的特性，内涵资产定价法是建立在这一理论基础上的经验分析方法。内涵资产定价法（Hedonic Valuation Method，又译作特性定价法）应用最广泛的领域是不动产价值的衡量。

## 第三节　假想市场价值法

在连替代市场都难以找到的情况下，只能人为地创造假想的市场来衡量环境质量及其变动的价值。这种方法称为假想市场法或市场创建法（Market Creation Techniques）。

### 一、意愿调查评估法

假想市场法的主要代表是意愿调查评估法（Contingent Valuation Methods，CVM），即直接通过询问来得到人们对环境的评价。

### （一）投标博弈

在投标博弈（Bidding Games）中，调查对象被要求估价假想的情况，说出他或她对物品供应的若干不同水平的支付意愿或接受补偿的意愿。

### （二）比较博弈

在比较博弈（Trade-off Games）中，被调查者在不同的物品组合之间进行选择，调查者通过被调查者的选择来确定其对物品的评价。

### （三）无费用选择法

无费用选择法（Costless Choice）通过询问个人在不同的无费用物品之间的选择来估价环境物品的价值。无费用选择法给被调查者两个以上选择，每一个都不必付钱，直接询问被调查者的选择。

### （四）优先性评价法

优先性评价法（Priority Evaluation Technique）直接以完全竞争下消费者效用最大化原理为基础。

## 二、意愿调查评估法的缺点

可能出现的偏差：
（1）信息偏差；
（2）工具偏差；
（3）初始点偏差；
（4）假想偏差；
（5）策略性偏差。

# 第四节　环境评价方法的选择

市场价值法一般不需要求出需求曲线，因而不能用标准的经济学方法来衡量福利分变动。

替代市场价值法和假想市场价值法是在难以得到市场价格信息的情况下用迂回的

方法来估价环境价值，这两种方法都试图建立环境产品的需求曲线，因为都可以用经济学方法来进行福利变动的分析。

# 本 章 小 结

本章讲解了环境价值评价的具体方法。

市场价值法是利用市场价格对环境状况及其变化进行评价的方法。包括生产率变化法、疾病成本法、人力资本法、机会成本法、预防支出法、重置费用法和重新选址法。

当所研究的对象本身没有市场价格来直接衡量时，可以寻找替代物的市场价格来衡量。这类方法被称为替代市场价值法。包括旅行费用法、内涵资产定价法。

在连替代市场都难以找到的情况下，只能人为地创造假想的市场来衡量环境质量及其变动的价值。这种方法称为假想市场法或市场创建法。假想市场法的主要代表是意愿调查评估法。

【思考题】

1. 什么情况下选择市场价值法进行环境评价？
2. 什么情况下选择替代市场价值法进行环境评价？
3. 什么情况下选择假想市场价值法进行环境评价？

【案例3-1】

## 兰州市能源改造前后大气污染对人体健康经济损失的影响[①]

近年来，国内外大量流行病学研究表明，空气污染对人体健康尤其是呼吸系统和心脑血管疾病有着显著的影响。世界卫生组织（World Health Organization，WHO）估计，每年平均有300万居民由于空气污染而提前死亡，全球城市大气颗粒物污染造成每年至少100万居民死亡，慢性阻塞性肺病是呼吸系统疾病中最主要的致死原因，约占各类死因的10%左右，而发达国家只占2%左右。中国环境绩效评估报告指出，2001~2003年中国空气污染引起的健康损失约占GDP的1.8%，预计到2020年由环境污染引起的健康损失将占GDP的约13%。

兰州市作为中国乃至世界闻名的空气污染最严重的城市之一，其能源结构也像中

---

① 羊德容、王洪新、兰岚等：《兰州市能源改造前后大气污染对人体健康经济损失评估》，载《环境工程》2013年第1期。

国大多数城市一样以燃煤为主,城市大气污染特征为典型的煤烟型污染。为改善兰州市空气污染现状,2005年初,兰州市实施清洁能源改造。

大气污染对人体健康造成的经济损失由3部分组成:大气污染造成的全死因过早死亡的人数和死亡经济损失;大气污染造成的慢性阻塞性肺病的失能损失;大气污染造成的呼吸系统和循环系统疾病患者的门诊、住院、误工天数及其经济损失。

2001~2011年间,兰州市首要污染物PM10呈现不断下降趋势,2006年有所反弹,主要与当年的13次沙尘天气有关;$SO_2$十年来明显下降,2008年出现一个高峰;$NO_2$则在2005年之后明显上升,与兰州市近年汽车数量的逐年增加相关。兰州市空气污染有着明显的季节性,PM10呈现典型的双峰型曲线,分别出现在冬春两季,说明冬季采暖和春季沙尘对兰州市PM10的贡献均不容忽视;$SO_2$和$NO_2$呈"U"型曲线,二者均在冬季最高。

兰州市人口从2003年的299.81万人,人口增加到2008年的331.01万人,人口增加近30万,GDP和年人均GDP的增长接近50%,日人均GDP从2003年的39.3元增至2008年的70.2元。

**提早死亡经济损失**

大气中各种污染物对人体健康均可能造成危害,经估算,兰州市实施清洁能源改造前后大气污染造成的过早死亡总经济损失分别为88381万元和99871万元,其中PM10造成的经济损失远远高于$SO_2$和$NO_2$,占大气污染造成的过早死亡总经济损失的67%~74%,这与PM10作为兰州市的首要污染物相符。考虑到污染物之间存在一定的相关性,其健康效应会存在一定的协同性,因此在计算过早死亡经济损失时,选取PM10作为最终的过早死亡经济损失,能源改造前后分别为65597万元和67019万元。

**慢性阻塞性肺病的失能损失**

流行病学研究表明,慢性阻塞性肺病是在空气污染长期暴露下的一个健康效应终点。慢性阻塞性肺病患者不能像正常人群或其他一些疾病患者能够治愈,患者会失去一定的工作能力,从而造成经济损失,因此也是空气污染造成健康经济损失不容忽视的重要组成部分。兰州市空气污染以PM10为首要污染物,因此在此仅考虑PM10造成的健康经济损失,估算兰州市由大气污染造成的慢性阻塞性肺病超额患病人数,进而估算兰州市能源改造前后,大气污染造成的慢性阻塞性肺病的失能经济损失,估算结果为:2003年经济损失为1962万元,2008年经济损失为2314万元。

**大气污染造成的患病经济损失**

兰州市能源改造前后呼吸系统和循环系统的就诊总人次分别为24.56万人次和30.72万人次,住院人次分别为2.90万人次和10.13万人次。经估算,能源改造前后大气污染影响人体健康的患病经济损失分别为18402万元和65280万元。

**大气污染对人体健康影响的经济损失**

经估算得到兰州市2003年由大气污染引起的人体健康损失为85961万元,占当年GDP的比重为2.0%,2008年的经济损失为134613万元,占当年GDP的比重为1.6%。

从估算结果可以看出,兰州市通过2005年实施清洁能源改造,首要空气污染物PM10的污染有所缓解,而且能源改造后(2008年为基准年)大气污染造成的人体健康经济损失占GDP的比例较改造前(2008年为基准年)有明显下降。但空气污染问题依然严峻,居民健康仍然受到严重威胁。

**案例提示与思考:**

1. 你认为在本案例中运用了哪些环境影响评价的方法,这些方法是否可行?
2. 你认为"兰州市空气污染虽然得到了初步的遏制,但空气污染的问题依然严峻"的原因是什么,应该采取什么措施来治理污染?

【案例3-2】

## 青岛滨海景观价值评估[①]

景观功能,又可称之为舒适性功能,最早由美国资源环境经济学家约翰·克鲁蒂拉(John Krutilla)于1967年在其经典论著《自然资源保护再认识》中提出。滨海景观作为海岸带生态系统的重要组成部分,能够满足人们审美、休闲娱乐和舒适性的需求。滨海景观是一种典型的环境属性物品和公共物品,不具有排他性和竞争性,滨海景观功能作为一种环境属性,缺乏相应的市场价格,因此滨海景观功能的经济价值难以量化,因此在开发利用中存在低效率和浪费现象。此外在海岸带资源的开发利用中存在随意占用和景观功能不可逆性破坏等情况。因此探索一种合理有效的滨海景观价值评估方法,量化景观功能的经济价值,有利于海岸带资源的可持续开发和管理。

青岛地处山东半岛南端,濒临黄海,是中国著名的滨海城市,海岸线长730.64公里,滨海一线拥有众多景点,景观逶迤。2011年末,青岛生产总值达到了6615.6亿元,总人口达到了766.36万人,行政区划为6区4市。近年来,青岛市房地产市场运行活跃,且海景或靠近海岸线的房产价格明显高于其他区域的房产价格,房地产投资在青岛经济发展中的作用不断加强。

2011年青岛房地产业生产总值为262.96亿元,占国内生产总值的比例为3.97%,而在2001年和2008年,这一比例分别为3.49%和3.61%。其中位于滨海一线的海景房产业发展态势也较为良好。由于海景房的环境属性中包含了滨海景观,

---

① 李京梅、许志华:《基于内涵资产定价法的青岛滨海景观价值评估》,载《城市问题》2014年第1期。

因此海景房价格中包含滨海景观价值，而这一特征价格在非海景房中并不会得到体现。因此根据内涵资产定价法，通过比较海景房与非海景房之间的价格差异，可以评估出滨海景观所拥有的经济价值。

内涵资产定价法是通过人们购买具有环境属性的房地产商品的价格来推断人们赋予环境价值量大小的一种价值评估方法。根据人们享受不同环境质量对住房所支付的差价作为环境差别的价值，通过回归分析来推算环境质量的价值。

内涵资产定价法大致步骤如下：首先分析房地产所拥有的属性特征，主要包括结构属性、邻里属性和环境属性，将其量化；同时了解人们对于房地产的支付意愿（采用房地产交易价格替代），支付意愿取决于房地产所拥有的各个属性特征的价格；再次回归分析房地产价格与属性特征之间的关系，最终推断出房地产中某种环境属性的价值。

根据青岛网上房地产商品住房交易数据库（该数据库提供了2012年青岛市一手房信息，其中包括住房地址、建筑面积等）、青岛市各房地产交易中心（进一步了解其是否为海景房以及户型）和谷歌地图（根据住房的具体地址，通过谷歌地图测量了目标住房与其最近的中学、医院、电影院、超市、公园或广场、市中心以及海岸线之间的距离）这三个数据来源，运用内涵资产定价模型进行分析。根据估计结果，计算出人们对于滨海景观的边际支付意愿，即滨海景观的经济价值。

基于内涵资产定价法中房地产价格是由房地产所拥有的各属性特征的价值共同决定的这一原理，建立起内涵资产定价模型。根据估计结果，计算出人们对于滨海景观的边际支付意愿，即滨海景观的经济价值。为了更加方便明了地评估滨海景观价值，从两方面分别建立模型进行回归分析。一方面是对海景房与非海景房进行比较回归分析，另一方面则是根据海景房与海岸线距离的远近对海景房的边际收益进行比较回归分析。

（1）海景房与非海景房的比较分析。

估计结果为3007.47元/平方米，即人们愿意为购买海景房每平方米多支付3007.47元。也就是说，因为滨海景观的存在，海景房每平方米价格比非海景房高出3007.47元。根据所收集的数据，海景房平均价格为19107.23元/平方米，购买者对滨海景观的支付意愿占海景房平均价格的15.74%，这也从侧面反映了滨海景观的重要意义。

（2）海景房与海岸线距离远近的比较分析。

在实际交易中，海景房可根据距离海滩的位置远近分为"一线"、"二线"、"三线"海景房，因此引入目标海景房与海岸线之间的最近距离这一变量对不同的滨海景观进行描述。因为海景房离海岸线越远，人们得到的滨海景观越模糊，反之滨海景观越清晰。海景房与海岸之间的距离不同，购买者所得到的滨海景观不同，因而购买者对于滨海景观的边际支付意愿也不同。

估计结果为购买者愿意为海景房与海岸线之间的最近距离缩小 1 米而多支付 4.12 元。结合海景房的平均价格 19107.23 元/平方米，边际支付意愿占整个海景房价格的 0.02%。进一步计算海景房价格对海景房与海岸线之间最近距离的弹性，根据数据，海景房与海岸线之间的平均最近距离为 998.54 米，因此在海景房平均价格和海景房与海岸线之间的平均最近距离这一点上，其弹性为 0.26，即在这一点，海景房与海岸线之间的最近距离每下降 1%，海景房价格就会上升 0.26%。

最终估计结果表明，购买者愿意为拥有滨海景观而对每平方米住房多支付 3007.47 元，可以认为是滨海景观的绝对价值，其值约为海景房平均价格的 15.74%。购买海景房的消费者愿意为海景房与海岸线之间的最近距离缩小 1 米而对每平方米的海景房多支付 4.07 元，可以认为是滨海景观的边际价值。海景房与海岸线之间的最近距离下降 1%，海景房价格将上升 0.21%。

评估出滨海景观的价值，对于滨海治理与开发有着重要意义。例如目前中国滨海一线存在着大量的围填海工程，这是由于填海工程拥有良好的地理优势，在短期内即可快速增加土地供应，拓展经济发展空间。然而填海会严重损害滨海海洋生态系统，其中包括海岸带的空间景观价值。但是由于滨海景观价值难以估计，因此在以往的围填海项目论证与评估过程中往往会忽略。

**案例提示与思考：**

1. 你认为用内涵定价法对滨海景观价值进行评估是否准确？
2. 你认为评估出滨海景观的价值，对于滨海治理与开发有什么意义？

## 【案例 3-3】

### 三江平原七星河湿地价值评估[①]

湿地是地球上生物生产力最高的生态系统之一，具有独特、重要的产品与服务功能。目前，湿地数量只占全球陆地面积的 6.4%，是各类生态系统中受到威胁最大的生态系统。湿地破坏的根本原因是湿地的价值被忽视或低估。因此，如何科学合理地评价湿地的各种效益，并将其纳入湿地开发项目的生态影响评价和国民经济绿色核算体系，成为湿地管理政策制定和实施的关键环节。

七星河国家级湿地自然保护区位于黑龙江省双鸭山市宝清县，距宝清县城 40 千米，距双鸭山市 51 千米，面积为 2 万公顷。七星河湿地能够提供多种产品和服务功能，具有重要的环境生态价值、经济价值和社会价值。七星河湿地水资源总量

---

① 刘向华：《意愿调查法在三江平原七星河湿地价值评估中的理论改进与应用》，载《生态环境》2007 年第 10 期。

为 123×10⁸ 立方米，拥有丰富的生物多样性，植物物种丰富，拥有野生大豆等珍稀物种，芦苇资源十分丰富；动物物种占全国的 3.17%，国家 I 级保护动物有丹顶鹤、白鹤两种，国家 II 级保护动物有鸳鸯、大天鹅、朱鹮、水獭、麝鼠等，同时还有鲟、鳇、大麻哈、哲罗、细鳞、乌苏里白鲑等名贵鱼种，有经济价值较高的貂、猞猁等兽类和鲤、鲫、鳙、草、鲶、白鲢等鱼类。除维护生物多样性以外，七星河湿地还具有多种生态服务功能，如控制洪水、调节气候、净化水质等。

2004 年 7 月实施，采用意愿调查法（Contingent Valuation Method，CVM）对七星河湿地生态系统服务功能的价值开展调查评估。抽样调查对象主要来自七星河保护区及其周边地区，发放问卷 200 份，回收 133 份。调查方法是通过个人访谈，为受访者营造一个假想市场，并在提供详细的背景和有关信息知识的基础上发放问卷进行调查。

此次调查主要针对七星河湿地维持生物多样性、净化环境、调节干扰等生态系统服务功能以及非使用价值进行。得出当地居民个人的支付意愿和接受赔偿意愿分别为：维持生物多样性的个人支付意愿为 100 元；净化环境的个人支付意愿和接受赔偿意愿分别为 100 元和 200 元；调节干扰的个人支付意愿和接受赔偿意愿分别为 90 元和 500 元；非使用价值的个人支付意愿和接受赔偿意愿分别为 100 元和 500 元。

在了解个人真实意愿的基础上，结合宝清县统计资料、七星河湿地所在地域的人口等数据，评估七星河湿地生态系统部分服务功能的价值。具体如下：生物多样性价值为 4088 万元，空气和水环境质量的价值为 4088 万～8177 万元，调节干扰功能的价值为 3680 万～20442 万元，非使用价值为 4088 万～20442 万元。

宝清县 2004 年的统计数据表明，全县 2004 年 GDP 为 58620 万元，县域面积为 10001.27 平方公里（1000127 公顷），即目前宝清县每公顷国土面积产出的 GDP 为 0.059 万元。而根据上述统计结果，目前七星河湿地生态系统部分服务功能的价值为 15944 万～49061 万元，其每公顷湿地面积创造的价值达 0.797 万～2.453 万元，相当于同期宝清县每公顷国内生产总值（GDP）的 13～43 倍。因此，从上述效益对比中可以看出，某种生态系统被人类破坏之后获得的经济利益要远远低于该生态系统本身提供给人类的福利水平，即生态系统服务功能对于人类福利的增加来说作用是巨大的。实际上，随着自然资本的减少和各种不确定因素的存在，生态系统服务功能的效用是递增的，其经济价值会不断增加，其中那些不可替代的生态系统服务功能的价值可能趋于更大。

当地居民个人的支付意愿和接受赔偿意愿二者之间差距很大：对调节功能和非使用价值而言，差距达到 5 倍；对空气和水的质量而言，差距只有 2 倍。原因在于空气和水的质量与人们的生活密切相关，也就是说对此人们的关心度较高，了解的相关信息相对比较充分。

本项调查对那些不填支付意愿和填了支付意愿的人都进行了不愿支付原因的调查。共有88人选择不愿意支付。分析相关数据可以看出，尽管90.2%的被调查者认为政府、公众在保护湿地方面做得较差，但是由于自身经济、社会等状况的约束，所以不愿或者不能支付。

出现这种现象的原因主要表现在两个方面：其一是很多人不了解湿地生态系统的功能，很难对保护工作做出正确的判断，而且也认识不到湿地服务功能价值的重要性所在，由此不愿支付；其二是样本人群中的成熟人群把本项调查当成一种捐款调查，出于自身的考虑采取回避态度，表明自己没有支付能力，所填的支付意愿有避免以后捐款的想法。

此次调查结果，以相关的支付意愿和接受赔偿意愿建立某个区间值，作为某项生态系统服务功能经济价值的估价范围。调查结果采用区间值来表明相关服务功能的经济价值，避免了以某个具体数值作为某项服务功能的经济价值所导致的评估结果误差较大的缺陷。实际上，生态系统服务功能多数属于公共物品，缺乏明确的效用和生产边界，因此如果认定某个具体数值为某项服务功能的经济价值，容易高估或者低估，进而导致结果难以被公众、政府接受。

**案例提示与思考：**

1. 为什么采取意愿调查法对湿地进行价值评估？
2. 你认为案例中"当地居民个人的支付意愿和接受赔偿意愿二者之间差距很大"原因是什么？

## 【案例3-4】

### 天目山国家级自然保护区森林游憩价值评估[①]

近年来，随着中国经济的增强以及人民生活水平的提高，回归自然、靠近自然已经逐渐成为一种时尚，森林旅游也随之蓬勃发展。加上林业发展战略的转移，许多自然保护区、生态公益林区也逐渐开发了森林旅游项目。自然保护区是珍稀自然资源的集中地，长期以来其价值没有得到真实评估，这极大地影响了政府对这种公共资源的财政投入及保护力度。保护区的价值包含众多组成部分，自然资源又包括直接和间接等使用价值，存在价值、选择价值和遗产价值等非使用价值，游憩价值是其中的一个重要组成部分。通过将它们量化评估，可间接反映保护区的部分经济价值，为保护区内自然资源的保护、管理和规划提供科学的依据。

---

① 尤建林：《天目山国家级自然保护区森林游憩价值评估方法研究》，浙江林学院硕士学位论文，2009年。
尤建林、韦新良、李东等：《天目山国家级自然保护区森林游憩价值评估》，载《浙江林学院学报》2009年第4期。

天目山地处浙江省西北部临安市境内，由东西两峰组成。东峰大仙顶海拔为1480米，称东天目山；西峰仙人顶海拔1506米，称西天目山。两峰遥相对峙。天目山国家级自然保护区位于西天目山，所辖地域总面积为4284公顷，地理位置为30°18′~30°25′N，119°23′~119°29′E，距杭州94千米。天目山气候属中亚热带向北亚热带过渡型，受海洋暖湿气流影响，季风强盛，四季分明。西天目山是中国中亚热带常绿阔叶林保存较好的地区。天然植被垂直分布明显：海拔1100米以下为常绿阔叶林，1100~1400米为落叶、常绿阔叶和针叶混交林，1400米以上为灌木林。西天目山南坡于1956年划为全国自然保护区，1986年成为森林和野生动物类型国家级自然保护区。西天目山保护区内空气富含负离子，疗养保健之功效显著，是"天然氧吧"，避暑休闲胜地。

目前，关于森林游憩地价值评估的方法研究不少。主要有以下几种：
①政策性评估，主要方法有普罗丹法和阿特奎逊法。
②生产性评估，主要有平均成本法和直接成本法。
③消费性评估，主要方法有游憩费用法。
④替代性评估，主要方法有机会成本法和市场价值法。
⑤间接性评估，主要为旅行费用法。
⑥直接性评估，主要为条件价值法。

**生产成本法评估**

成本法又叫重置成本法、重置价值法。是指在森林游憩区的资源资产评估是按被评估资产的现实重置成本扣减其各项损耗价值确定被评估的森林游憩价值。其理论依据为森林资源资产的价值取决于该资产的成本。森林资源资产的原始成本越高，资产的原始价值越大，反之则小，两者在质和量的内涵上是一致的。根据这一原理，采用成本法对森林游憩价值进行评估时，必须确定开发森林游憩区时的重置成本。重置成本是按在现行市场条件下重新开发或者取得被评估森林游憩区相类似的资产所支付的全部货币总额。重置成本与原始成本的内容构成是相同的，而两者反映的物价水平是不相同的，前者反映的是价值评估日期的市场物价水平，后者反映的是当初营造资产时的物价水平。在其他条件既定时，森林游憩区的重置成本越高，其重置价值越大。成本法可以分为直接成本法和平均成本法两种。

采用重置成本法对森林游憩区进行价值评估时，可以采用重置核算法和物价指数法。重置核算法是将森林游憩区的资产总成本分为直接成本和间接成本来估算重置成本的方法。直接成本是指直接构成森林游憩区的生产资源成本部分，如修建凉亭、修建公路等。间接成本是指无法明确受益对象，需要采用一定的方法进行分配的部分，如运杂费用、管理费用等。物价指数法是通过对森林游憩资产的历史成本进行物价指数调整而得到其重置成本的方法。这里的资产历史成本应当能够代表森林游憩区资产构建时的市场价值，或其代表的价值类型与所要评估的价值类型相同。

采用重置成本法对天目山国家级自然保护区森林游憩价值进行评估，其评估结果为9757.2万元。

**旅行费用法评估**

根据国内外费用支出法的研究资料，费用支出法常有3种形式：毛花费用法、区内花费法和游憩费用法。毛花费用法，也称总支出法，它以游客从出发、游憩、住、食到回家全过程中一切费用支出的总和，严格地说，毛花费用法还须再加上全过程中的时间花费（折合成资金消耗），以游客游憩时的资金消费和时间消费的总和作为森林游憩区的经济价值。

使用费用支出法中的毛花费法计算天目山国家级自然保护区的森林游憩价值为34274.7元。

**机会成本法评估**

机会成本法亦称社会成本法，用于评估资源等无价格使用时的效益。它的基本含义是：任何一种自然资源都存在着许多互相排斥的备选方案，为了做出最有效的经济选择，必须找出社会经济效益最大的方案。资源是有限的，选择了这一种使用机会就放弃另一种使用机会，也就失去了后一种获得效益的机会。因此，假如该森林不是用于游憩，而是用于其他用途，如木材生产，那么生产木材的经济收益可以在一定的程度上反映出该森林的游憩价值。用机会成本法评估森林游憩价值时，常以游憩区内木材的年收获量价值作为其游憩价值。

使用机会成本法对天目山国家级自然保护区进行森林游憩价值评估，评估结果为11087.3万元，其评估结果低于收益资本化法以及旅行费用法。

**收益资本化法评估**

收益资本化法就是一片风景区或一个生态系统的预期收益的现值之和，即利用资本化法求取其环境价值的基本值，再用稀缺性和时间价值加以调整，就可得到它的整个价值的方法。其基本思路是：按照经济理论，环境作为一种自然资产，它在未来一定年限内产生的物质性产品和功能性服务的价值，按一定社会贴现率折算为现值后，就转化为环境资产的价值，即环境价值。

本文用收益资本化法对天目山国家级自然保护区进行价值评估，评估结果为31883.7万元，是2007年实际收入的几十倍，这表明了天目山国家级自然保护区，尚未得到完全开发，景区还有很大的发展潜力。

**条件价值法评估**

对于没有市场交换和市场价值的某些环境效益，可以采用替代市场技术，寻找其替代市场，并用"影子价格"来表达其经济价值。例如，评价森林涵养水源的经济价值时，先计算出森林涵养的水源量，再根据"替代市场方法"，假设这些用于市场交换，并以市场水价作为森林涵养水源量的"影子价格"，最后计算出森林涵养水源的经济价值。但是，对于森林景观，在现实中很难找到替代市场，也难以找到其"影子价格"，则可以采用模拟市场技术或假设市场技术，先假设"商品"的交换市场存在，再以人们对该商品的支付意愿（本质上是假设价格）来表达其经济价值。

条件价值法是目前最为流行的环境评价方法，在森林游憩价值评估中与旅行费用法一起为各国研究者所推荐，成为国内外最为流行的二种森林游憩价值评估方法。条件价值法最大的贡献是能评价森林游憩的非使用价值，这是目前各种方法中的唯一一种。当然其缺点也是同样明显的，在调查过程中，容易产生各种偏差，各种偏差难以消除。

结合调查数据以及天目山国家级自然保护区管理局所提供的数据，得到天目山国家级自然保护区的旅游环境容量的限制因子是旅游资源容量，天目山的旅游环境容量最大为2378400人/年。旅游环境容量与2007年游客数量相比，天目山的资源利用尚远未达到极限，关键在于天目山国家级自然保护区游客淡旺季十分明显。运用不同的评价方式得到的森林游憩价值有所不同。

**案例提示与思考：**

1. 你认为该案例中哪一种评价方法最合适用于评价森林游憩价值？
2. 你认为是否能有一种综合的评估模型可以对森林游憩价值进行较全面的评价？

# 第四章

# 人口问题

> **教学目标**
>
> 通过本章的学习,了解人口增长的模式,人口与环境的关系,重点掌握人口增长对经济发展的影响,以及经济发展对人口的影响,难点是运用微观经济学知识解释生育率的决定因素。
>
> **关键术语**
>
> 人口增长　人口问题　人口年龄结构图　边际产出　人口转变理论

## 第一节　人口增长

人们对世界经济体系的未来持有两种不同的观点:一种观点把人口增长看成一个持续不断的过程,会给食物和环境资源带来巨大的压力;另一种观点则预言人类的创造力正在逐渐抵消人口问题过去具有的局限性。

据估计,人类文明纪元开始,世界人口大约为2.5亿,并以每年0.04%速度增长。近年来,人口平均增长率已经下降。尽管多地区出现了出生率下降的趋势,但事实上,大部分发展中国家的人口仍快速增长,并且这种现象将长期存在。

### 一、世界人口增长的历史轨迹

(1) 古代:缓慢增长。原因:生产力水平低,御灾、抗病能力很差,死亡率很高。

(2) 近代:快速增长。原因:机器生产代替手工劳动,创造财富增加,生产力发展,生活条件改善和医疗卫生技术进步,死亡率下降。

(3) 现代:"爆炸性"增长。原因:科技进步、生活水平和医疗卫生条件改善,死亡率低。

## 二、人口增长模式

(1) 原始型:出生率高,死亡率高,自然增长率低。
(2) 传统型:出生率高,死亡率低,自然增长率高。
(3) 现代型:出生率低,死亡率低,自然增长率低。
年龄构成是指城市人口各年龄组的人数占总人数的比例。了解年龄构成的意义如下:
(1) 比较成年组人口数和就业人数,可以看出就业情况和劳动力潜力。
(2) 掌握劳动后备军的数量,对研究经济有重要作用。
(3) 掌握学龄前儿童和学龄儿童的数量和发展趋向,是制定托儿、幼儿及小学等公共设施规划指标的重要依据。
(4) 掌握老年组的人口数及比重,分析城市老龄化水平及发展趋势,是城市社会福利服务设施规划指标的主要依据。

为便于研究,常根据年龄统计作出人口年龄结构图(见图4-1)。直观地表示了人口的年龄结构,被形象地称为人口年龄结构金字塔。人口金字塔的每一层代表一个年龄组的人口,上部代表老年人,下部代表少年儿童;左半部分代表男性,右半部分代表女性;水平方向的长度表示男性和女性人口的数量或各在总人口中所占的百分比。

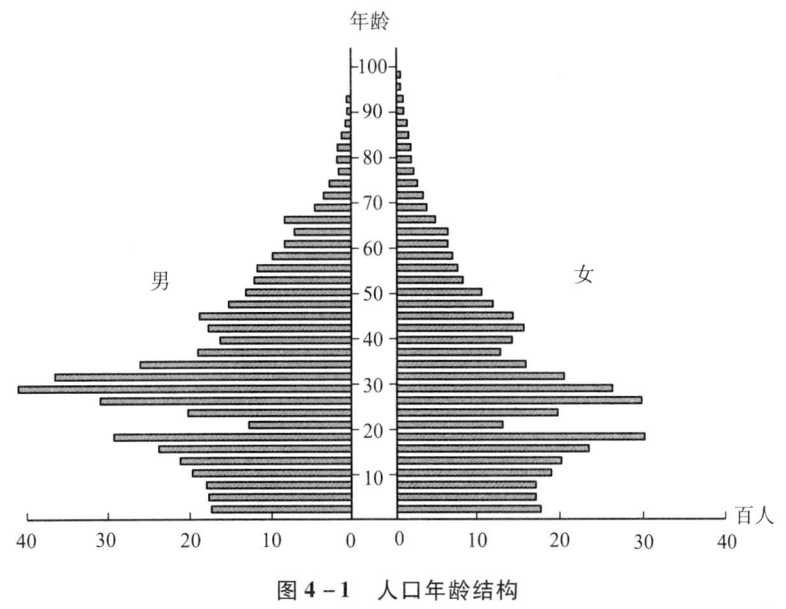

图4-1 人口年龄结构

资料来源:李德华:《城市规划原理(第三版)》,中国建筑工业出版社2001年版。

### 三、不同国家的人口问题

发展中国家：人口增长过快，少年儿童比重过大，人口负担加重，经济增长速度降低，生活水平得不到快速提高，资源短缺，环境恶化，不利于人口素质的提高。

发达国家：人口增长缓慢，人口老龄化严重，劳动力短缺，影响经济增长，青壮年负担过重等。

世界人口增长极不平衡，亚、非、拉美发展中国家人口自然增长率较高；欧、北美、大洋洲等发达国家人口自然增长率较低。

## 第二节 人口与环境的关系

人口增长历来被认为是环境退化的主要原因之一。单个国家而言，人口密度对环境的消极影响已经凸显。尤其当处于贫困时，该消极影响更加明显。

随着人口剧增，为了提供燃料或者开垦农业用地，大量树木被砍伐，世界部分地区的森林覆盖率不断下降。

由于人口不断增长，但是土地面积难以增长，下一代必须在现有土地上集约生产或开垦边缘土地。通常这些土地由于某种原因可以利用，但是许多土地易被侵蚀。

现代人口增长对自然环境的影响主要表现在以下三个方面：

（1）人口数量增加，对资源的需求量必然增大给资源和环境带来巨大的压力。

（2）人口数量增多，人口分布集中以及人均消费水平上升，使得生活排污量剧增。若不妥善处理，就会造成环境污染。

（3）伴随着人口数量增长，人类的生产规模不断扩大，生产规模的扩大当然要带来更多的生产废弃物，处理不当也会造成环境污染。

## 第三节 人口增长对经济发展的影响

当人口数量增加时，居民的物质生活水平是否提高取决于新增人口的边际产出是否高于平均产出。

### 一、人口增长与消费、积累

人口增长通过生产者和消费者的行为，与国民收入中的积累和消费都发生直接关系。在国民收入增长为一定的前提下，人口增长总是首先扩大消费，因为新增加少年儿童人口要成长为劳动力人口才能转变为生产者，因而会影响积累。

在人口增长的情况下，要保证积累适当扩大，人口的消费水平就会下降。一般来说，从经济发展的实际情况出发，应在积累的最高限和最低限之间确定一个适度的积累度，以保持长期的经济高增长速度和最大的消费水平。

### 二、人口增长与储蓄、投资

人口增长阻碍储蓄和投资，给经济增长带来负经济效益，这种情况在发展中国家是显而易见的。

用于储蓄的资金某种程度上受到人口年龄结构的影响。老龄化的人口年龄结构由于直接用于照顾和抚养下一代的支出减少，会产生更多的储蓄。反之，在人口增长较快的社会其财富的积累可能会少一些，用于储蓄的资金减少将会导致资本积累增长量降低和人均劳动生产率下降。

从人口经济理论上来看，人口增长可以产生两种经济效应：

（1）可以形成规模经济，促进劳动分工和技术进步，在经济资源相对充裕的条件下，人口增长有利于经济增长。

（2）可能形成对经济资源的压力，减少投资，降低劳动生产率，在经济资源短缺的条件下，人口增长则不利于经济增长。因此，就人口增长的经济效果来说，对经济增长既有积极的影响又有消极的影响。

## 第四节 经济发展对人口增长的影响

人口转变理论假定：随着经济社会发展，人口死亡率是下降，而人均寿命是增加的，从而使得人口在其出生率出现下降之前呈现增加的态势。这一理论表明，随着国家的发展，国家人口最终会到达人口出生率下降的拐点。

大多数工业化国家的人口增长都曾经历三个阶段：

（1）进入工业化之前，出生率比较稳定且略高于死亡率，从而确保了这一阶段人口的增加。

（2）工业化开始之后，人口死亡率大幅下降，出生率没有出现与之类似的变化趋势。人口死亡率下降导致人口寿命显著上升，以及出生率上升。

（3）人口出生率大幅下降，并超过了死亡率持续下降的幅度。在人口转变的过程中，会出现人均寿命的进一步上升，但人口数量的增加率较第二阶段要低。

人口转变理论缺点：忽视了 HIV/AIDS 对于人口死亡率的影响。

## 本 章 小 结

人口增长模式有原始型、传统型和现代型。世界人口增长极不平衡，人口自然增长率较高：亚、非、拉美发展中国家；人口自然增长率较低：欧、北美、大洋洲等发达国家。

人口增长历来被认为是环境退化的主要原因之一。对单个国家而言，人口密度对环境的消极影响已经凸显。

当人口数量增加时，居民的物质生活水平是否提高取决于新增人口的边际产出是否高于平均产出。

人口转变理论显示，至少从长期来看人口增长率的下降可能伴随着生活水平的上升，因此在人口死亡率已经下降的国家，这一理论是有用的。

【思考题】

1. 试述现代世界人口增长的特点。
2. 试述现代中国人口增长的特点。
3. 人口增长必然导致环境退化吗？
4. 如果一个国家现在进入人口增长下降期，这种下降对经济增长可能产生什么影响？
5. 经济发展对人口增长产生什么反馈效益？
6. 经济发展和人口减少对环境的影响是一致的还是矛盾的？

【案例 4-1】

### 地球的承载力：地球到底能养活多少人？[①]

1798 年，托马斯·马尔萨斯出版了《人口原理》，书中指出"人口增长的能力，无限大于地球为人类提供生存条件的能力"。自那时起，为人口增长寻求解决方案就一直是一个热点话题，而且每一时代都会有预言家预言，如果不降低人口数量，对人类来说就意味着灭亡。然而人口数量依旧成倍增长。

---

[①]《地球到底能养活多少人？中国人口极限：16 亿？》，新华网，http://news.xinhuanet.com/world/2011-12/04/c_111215362.htm，2011 年 12 月 4 日。

萧杨、张孟枭：《一个地球已经满足不了人类了》，中国科学报，http://news.sciencenet.cn/htmlnews/2015/1/311102.shtm，2015 年 1 月 8 日。

**每12年增长10亿**

7万年前，地球上人类祖先们的总数不过1.5万人。1万年前，也才到几十万的人口规模。到了19世纪，地球的人口终于突破十亿。据联合国人口基金的统计显示，世界人口从10亿增长到20亿用了100多年。但在20世纪，人口增长的速度突然开始加速，就像一只越走越快的时钟，从20亿增长到30亿仅用了32年。从1987年开始，每12年就增长10亿。1999年，在波黑出生的阿德南·梅维奇被联合国封为"第60亿人"，纪念仪式还历历在目，但在2011年10月31日，人们已经开始关注"第70亿宝宝"小女生达尼卡在菲律宾的降生了。

事实上，1950年以后，生育率在下降，据统计，1965~1970年间，世界人口出生率是2.1%，而如今已经下降到了1.1%。诸多因素制约着现代人口的膨胀，如能源和环境压力。女性工作机会和收入的增加，也带来了生育率的下降。此外，教育也是现代社会抑制出生率的一个关键因素。有研究表明，妇女的教育水平越高，拥有孩子的数量就越少。但即便如此，随着人类寿命的不断延长，人口数量仍一路在增长。地球上每分钟仍有150个宝宝出生。并且，人口出生率并不是在每个地方都是下降的。例如印尼，出生率正在攀升，而在尼日尔，平均每个妇女有超过7个孩子。

**原因：科技的进步**

有专家认为，科学技术的发达进步、现代医疗的昌明是人口得以迅速增长的两大原因。科技进步主要体现在粮食产量的增加、人们生活质量的提高上。有了粮食和好的生活条件，越来越多的人可存活下来。医疗技术的发展，则让死亡率迅速下降，人类的平均寿命不断延长。尤其是发展中国家的发展，使得这些国家成为人口增长的主力军。在有限的地球资源面前，越走越快的"人口时钟"在给人类敲响警钟，不断提醒人类节制繁衍的速度，来平衡有限资源与人口激增之间的矛盾。

**多少人才是太多？**

乐观者：134亿

悲观者：90亿

利用人口的出生率和死亡率可以算出人口未来的约数。有观点认为，当平均每名女性有2.1个后代时，全球人口总数将不再增加。

美国哈佛大学社会科学家爱德华·威尔逊认为，地球的最大承载力大约为90亿~100亿人口。如果把所有的谷物都用来喂养人类而不是牲口，并且所有人都愿意成为素食主义者的话，现在的14亿公顷耕地可养活100亿人口。但实际上，这14亿公顷的耕地现在只能养活25亿人口，因为相当一部分人不愿意只吃素菜。因此，威尔逊认为，从粮食的角度出发，地球养活的人数不可能达到100亿。

以生活标准计算，如果每个地球人都能享受发达国家普通人的饮食的话，地球的最大承受力只有20亿人,但如果按照每天维持最低生活必需的食物标准计算,地球可以承载120亿人。

**老龄化:社会进步的标志**

面对未来的人口压力,有一种乐观的观点认为,如果综合考量发达国家普遍存在的低出生率和老龄化问题,以及发展中国家相对较高的出生率问题,未来的世界人口可能并没有那么大的数量上和资源上的压力。事实上,不幸的是,如今正是这样一个不公平的世界。虽然,据计算,按照如今的农业技术水平,已经能够让全世界的大小农场生产出足够多的卡路里,给110亿人每天提供2000卡路里的热量,但直到今天,世界仍然有10亿人在挨饿。与此相对,根据联合国的统计数据,每年被工业化国家浪费的食物达到2.22亿吨。美国哥伦比亚大学人口统计学家约尔·科恩指出,在20世纪,每天仅靠2美元为生的人数量增加了1倍。世界上5亿最富有的人占据了50%的碳排放量,30亿最穷的人仅仅占了7%。

对一些发达国家而言,老龄化是困扰其发展的主要人口问题,而对发展中国家而言,则主要是人口基数过大的问题。不过,人口老龄化是社会发展的必经过程,适度的老龄化正是社会进步的标志。"这说明人们不再需要通过追求子女数量来保证自己的生活质量了。他们可以有更自由的生育意愿,可以不需要孩子,这使得出生率自然下降,而且随着医疗等各方面社会保障的改善,大家的寿命在延长,老年人的数量在增加。"

**养活70亿人要多少资源?**

喝:每人喝一瓶矿泉水,这70亿个矿泉水瓶排在一起,全长达到42万公里,能够从地面一直排到月球。

食:每人吃4两米饭,相当于消耗大米140万吨,需要2.3万多个标准火车皮才能装下。这些车皮连接在一起,能从北京站排到山东德州。

衣:每人一件全棉的T恤,即便不算加工的损耗,按照85%的含棉量计算,至少也要消耗165万吨棉花。

住:如果按每人居住面积30平方米计算,占地面积达到21万平方公里,相当于12个北京市的面积,也相当于一个湖南省的面积。

**《地球生命力报告》**

世界自然基金会(WWF)日前发布的《地球生命力报告》中,使用了"地球生命力指数"概念,即如果把地球比作一个巨型的仓库,那么这个仓库里的资源还够人类使用多少年。地球生命力指数(LPI)由陆地、淡水、海洋生物群落三个独立的指标组成,该指数可以在一定程度上说明地球资源量的改变。

《地球生命力报告》指出,人类对地球资源的需求已超过自然可再生能力的

50%，需要 1.5 个地球才能承载目前人类的生态足迹①。

近 40 年以来，全世界野生动物的数量已经减少了一半，其中淡水物种的种群规模平均下降了 76%，但人口在不断增加。由于人均消费的不断增加，地球所产生的资源总量已经没有办法满足人类对于自然资源的需求。生物多样性下降的同时，人口和人均消费的增长正驱动着全球"生态足迹"的增加。

一个国家想要实现全面的可持续发展，就必须保证人均生态足迹要低于地球人均生物承载力，同时也能保持全球定义标准下的体面的生活水准。但目前人类每一年需要的资源，地球需要一年半才能产生出来。人口增长和气候变化使得水资源短缺问题在日益恶化。超过 200 多个河流流域，作为 25 亿人口的家园，已经出现了每年至少一个月的严重缺水。现在排出去的二氧化碳大概要 100 年才会降解。当前，人类的资源在减少。很大程度上我们是在开发子孙后代的资源。

同时，《地球生命力报告》指出，中国现在处于关键的转折点，选择一条什么样的发展道路非常关键，决定并改变着未来。

**案例提示与思考：**

1. 你认为地球能够承载多少人口？
2. 你认为如何协调人口增长与资源环境的关系？

【案例 4-2】

### 中国人口严重萎缩：2100 年将跌至 6 亿②

作为世界第一人口大国的中国，到 21 世纪末，还有多少人口？到底是 10 亿还是 6 亿，甚至更少？一场争论正在人口学界展开。

**2100 年中国人口：10 亿还是 6 亿？**

社科院人口学者郑真真近日在 2016 年夏季达沃斯论坛的发言引发这场争论。她在发言中表示，21 世纪末中国人口将减少到 1980 年的水平，也就是 10 亿人。

美国威斯康星大学学者、《大国空巢》作者易富贤和人口和统计学者黄文政都表示，到 21 世纪末，中国人口不可能维持在 10 亿的水平；即使立即全面放开并大力鼓励生育，中国人口到 2100 年也难以超过 8 亿，更大可能是低至 6 亿甚至更少。而且，人口萎缩不会到 2100 年就停止，在此之后将进一步快速萎缩，除非生育率恢复到更

---

① 生态足迹（Ecological Footprint，EF）就是能够持续地提供资源或消纳废物的、具有生物生产力的地域空间，其含义就是要维持一个人、地区、国家的生存所需要的或者指能够容纳人类所排放的废物的、具有生物生产力的地域面积。

② 王羚：《本世纪末中国人口会比现在减少一半？》，载《第一财经》2016 年 6 月 29 日。

替水平①（即2.2的生育率，统计显示2015年生育率为1.25）。

北京大学人口学者李建新早在1997年就做过不同政策选择下中国人口数量的预测。根据他当年的预测，如果实行生育政策晚调方案，中国人口在2100年的总量为9.52亿人。中国在2016年初放开全面两孩，接近李建新设定的晚调方案。当时设定的是，生育政策调整之后，总和生育率将回升到2，但从世界各国尤其是东亚的经验来看，回升到这个水平几乎不可能。因此，他认为最终实际的人口数量将大大低于他当年的预测结果。

根据易富贤2015年的预测，2016年中国实行全面二孩政策后，生育率只能从2015年的1.25上升到2017年的1.4，然后会沿着韩国和中国台湾地区过去的老路继续下降到2035年的1.1，假设此后的生育率能不断回升到2056年的1.30，然后保持稳定到2100年。那么2100年中国的总人口将只有5.6亿。

黄文政假设全面放开后的自然生育率比2010~2015年的实际生育率高出20%，且中国未来生育率以及人均预期寿命随社会发展水平上升的变化，遵循东亚其他国家和地区的路径。在考虑到2015年全面二孩政策实施以及2017年全面放开生育之后的堆积反弹，在不鼓励生育的前提下，他预测中国到2100年的总人口为5.8亿，到2150年则会进一步降到2.8亿。

社会科学院人口与劳动经济研究所人口统计学者王广州认为，对人口数量进行30年以上的中长期预测，更重要的是预警意义。这样的预测应该注意两点：第一，最好是给出一个区间的概念，而不是高、中、低的概念。第二，这样的预测只是一个趋势判断，而且是目前认识条件下的趋势判断，还有很多不确定因素。

**生育率被严重高估**

2015年7月底，联合国人口署发布《2015年世界人口展望》，预计中国人口到21世纪末将回落到10.04亿。这是联合国的中预测值，其低预测值是6.13亿，高预测值则为15.55亿。

黄文政认为，联合国对中国人口的低预测值比较合理，而中预测值严重高估，更不要说高预测值了。

人口预测的关键假设是对未来的总和生育率的设定。根据联合国中预测方案，中国2010~2015年的总和生育率被假设为1.55，2015~2020年为1.59，2020~2030年为1.66，2045~2050年为1.74，2095~2100为1.81。

李建新、王广州认为，这组数据明显高于中国的实际生育率水平。易富贤、黄文政则认为即使强力鼓励生育也不可能将生育率提升到如此之高。

---

① 生育更替水平（Replacement Level）：同一批妇女生育子女的数量恰好能替代她们本身以及她们的伴侣，当净人口再生产率为1.00时，恰好等于更替水平。

中国现在的生育水平到底是多少呢？根据国家统计局的数据，中国在2010年、2011年、2012年、2013年的总和生育率分别为1.18、1.04、1.26、1.24。2015年，中国1%人口普查显示，中国的总和生育率仅为1.25。但是由于种种原因，这些官方统计数据并没有被卫计委等相关部门充分采信。

黄文政分析，联合国在2010年报告中对2010~2015年中国生育率的低、中、高预测值分别为1.31、1.56、1.81，即使是其低预测值1.31，也比中国国家统计局从2010~2013年数据的最高值的1.26还要高4%，比这4年的平均值要高11%。人口学者梁建章、黄文政针对联合国的该预测曾撰文《联合国不应严重高估中国未来人口》称，联合国长期高估中国生育水平和人口增量。比如，在2000年联合国预测中国2010年到2015年的总和生育率为1.9，2015年预测中又调低到1.55，但中国实际生育率水平仅为1.2左右。易富贤也注意到这一问题。他表示，联合国对中国的人口预测一直以来都不准确。比如联合国2012年版《世界人口展望》预测2015年人口会达到14.0159亿，但是国家统计局的统计公报显示2015年只有13.7462亿，三年的预测就误差了2697万。

不光是预测，《2015年世界人口展望》对当前人口数据的估算都出现较大误差。比如，其对中国2015年的0~14岁占总人口比例的估算为17.2%，高于中国官方的16.5%，而对60岁和以上占人口比例的估算为15.2%，低于中国官方的16.1%。

人口学者何亚福认为，高估中国生育水平的不光是联合国，中国相关管理部门和人口学界对人口形势的估算和预测也一直倾向于保守。他分析，在控制人口数量的基本国策下，保守体现为宁愿高估而不是低估生育水平。单独二孩政策实施时对出生人口数量预测的巨大误差就是一个明证。

## 21世纪末人口降到6亿有多可怕

中国人口在2100年可能跌至6亿，这意味着不到百年时间内，中国人口将减少一半。对于这一判断，很多人的第一反应是绝不可能。

黄文政认为这种反应是非常正常的，因为人口数量是指数变化的，而人们的直觉往往是线性的。用线性直觉去判断指数变化的趋势，自然会高估短期效应，低估长期效应，而且对长期效应的低估会远胜于对短期效应的高估。

人口变化是一个典型的慢性问题，在几年甚至十几年的时间段，几乎看不到变化，但放在几十年及至百年区间来看则是触目惊心。因此，人口政策最忌只看眼前，而是要从长计议，至少要前后各看百年以上。

黄文政提醒，中国人口正在接近峰值，而在峰值附近的一二十年，人口的上升和下降都会非常缓慢，这个特性更让人们难以认识到之后是雪崩式的衰减。

如何才能拨开人口总量的迷雾，看到人口未来变化的汹涌暗涛？多名人口学者建议要聚焦于每年出生人口的变化。中国目前每年出生人口不到1700万，在未来10

年，中国处于生育旺盛期 23～30 岁的女性数量将萎缩 40% 以上，而中国生育率即便按 1.5 计算也只有更替水平 2.2 的 68%。

"这两个因素叠加意味着在一代人左右的时间里，中国出生人口会降到 700 万以下。再放宽一些也就 800 万。即使到时生育率能够提升到更替水平，出生人口不再下降并且每个人都活 100 岁，总人口也不过 8 亿人。"黄文政说。

在提到 21 世纪末的人口减少时，郑真真还强调，有一个值得注意的现象，那就是减少的是年轻人、新出生的人。这意味着，未来人口总量减少的同时，结构并没有优化，老龄化的挑战更加严峻。这一观点得到受访人口学者的一致认同。

根据易富贤的测算，中国 20～64 岁劳动力与 65 岁以上老人之比将从 2015 年的 6.5 下降到 2030 年的 3.3、2050 年的 1.7、2100 年的 1.1，人口结构不断老化，经济活力持续下降，而这些反过来可能进一步抑制生育水平。

人口学者姚美雄判断，中国未来人口将呈现严重少子化[①]叠加快速老龄化、适婚人口性别比失衡的结构扭曲状态，这将导致劳动力供应减少、消费和创新能力减弱、养老压力加大、经济发展动力不足等问题。

**案例提示与思考：**

1. 你预计 2100 年中国人口会达到 10 亿还是 6 亿？
2. 你认为中国人口严重萎缩的原因是什么？

【案例 4-3】

## 人口增长率过快下滑造成巨大"人口坑"[②]

根据国家统计局公布的数据，2015 年，中国经济增长率为 6.9%，6 年来首次跌破 7%。经济学界在探究，中国经济持续下行背后的原因到底是什么？

中央党校国际战略研究院副院长周天勇在深入研究后发现了中国经济下行背后不为人知的真相：人口增长率过快下滑，人口结构过快少子化、经济主力人口规模（22～44 岁）萎缩和老年化，由此形成了中国与其他国家中等收入陷阱不同的、特有的中等收入"人口坑"陷阱，并使中国经济产生排浪式下行波动。人口变化影响了劳动力供应、消费、投资等多方面，再加上人口迁移中的梗阻，共同导致了中国经济增长的持续下行。

周天勇在分析历年人口与经济数据后得出一个结论：20 年前的人口增长与 20 年

---

[①] 少子化一词源自于日语，是指生育率下降，造成幼年人口逐渐减少的现象。
[②] 王羚：《专访周天勇：人口增长率过快下滑造成巨大"人口坑"拖累中国经济增长》，第一财经，2016 年 4 月 7 日，http://www.yicai.com/news/5000775.html。

后的经济增长呈现高度相关。他由此预测，未来中国经济增长可能面临更加严峻的下行压力。

### 人口增长率下滑是经济下行的深层原因

周天勇认为，按照现代经济学描述的一般例行的经济周期，应该在3~5年之间；但是中国的经济下行，如果没有2008年底开始的财政和货币政策的强刺激，到现在已长达近8年之久。这是比较反常的。对当前中国经济下行的原因，有两种主流观点：中国经济"中速增长常态论"和"高增长论"。前者以刘世锦先生为代表，后者以林毅夫教授为代表，但其论据深究起来，都难以成立。

事实上，当前中国经济下行的深层原因在于：人口增长率过快下滑及人口结构过快少子化和老年化；同时，相当多的外出务工人员年老后没有办法留在城市，只能选择返乡，或者大量的80和90后，漂泊在城市中，由此造成了农村人口真正市民化的城市化水平很低。这些因素在影响当前经济下行的原因中占有很大比重。

### 人口影响经济增长

人口从三个方面影响经济增长。首先是劳动力供应。劳动年龄人口减少，劳动力价格上升；这就直接影响出口。同时，老年人越多，整个国民经济中养老的成本就提高。不管养老支出是通过政府收税还是五险一金缴纳，都还是要进入产品成本中，就会丧失国际优势。

其次，从消费看，22~44岁的人口是经济主力人口，这个年龄段的人口减少的话直接影响消费。先是教育萎缩，然后是房子、车子的刚性需求掉头往下，然后导致水泥钢材煤炭冶金等全面过剩。

最后，从投资上看，如果产业需求不足，出口不足，消费不足，产品过剩了往哪里投？投资也在萎缩，这样，经济增长当然就下降。

学界和政策界，更多地关注了少子化和老年化问题。但是，特别需要指出的是，22~44岁年龄人口，是劳动力供给、创业、创新、投资和消费的主力群体，这部分人口增长速度放慢，甚至负增长，规模萎缩，必然会导致经济增长的放缓。

### 人口剧烈变动导致经济排浪式波动

人口在自主生育自然增长的条件下，也会受到社会和市场的自动调节。这种调节体现在三个方面，农村生活支出的货币化程度越高，生育率越低；妇女的受教育水平越高，生育率越低；子女生育和抚养的成本越大，生育率越低。另外，就是人口流动与城市化，城市化率越高生育率就越低。

也就是说，如果国家不控制人口的增长，生育率也是下降的曲线。通过分析许多国家的人口增长曲线，发现工业化初期是人口高增长的阶段，中期的时候上述几种调节机制越来越强，生育率逐步下降，工业化后期的时候人口就趋于世代更替水平以下。

在世界范围内，像中国这样对生育权和迁移权同时进行国家较强和社会市场双重调节的较为少见。这种双重调节对经济增长的波动影响是巨大的。计划生育的一个硬伤是，它只能计划新增人口，不能计划存量人口，已经生出来并人口登记了的，就没有办法计划掉了。特别是它不能计划减少老年人口，最后导致人口结构快速老龄化，因为它消减的只是新生人口。

传统的计划经济理论中，在物质生产的过程中，假设纵向的计划经济可以按比例布局和分配资源及要素。但是计划生育就是在传统的计划经济理论上，也是说不通的。因为它不能使人口以年龄均衡按比例生产，比如3岁的1000万，4岁的1000万，到60岁的也1000万，等等，它也不能使人口的性别按比例，比如男性多少，女性多少。年龄和性别都不能按比例确定，这就导致人口增长和人口柱状图出现不规则的凹凸。突然哪一年计划生育抓得特别严，生育的就特别少，这样就会导致人口出现排浪式的波动。比如在出生人口比较多的这一年，这一波孩子出来，先是幼儿园不够用，他们过去之后幼儿园闲置了，小学又不够用，一直到火葬场和墓地，都是排浪式的。人口的这种变化必然导致经济增长也排浪式波动。

**巨大"人口坑"本身就是中国中等收入发展阶段陷阱**

中国如果实行指导型计划生育的话，减少的人口是1亿多。由于实行了强制性的计划生育，人口减少了2亿多。问题是减少的这部分人口，1亿多是20~40多岁，是经济主力人口，是消费、创新、创业、就业、投资的主力人口。另外1亿多减少的人口是0~20岁，这是成长性人口，将来要不断地进入劳动年龄的，即将来经济增长最需要的不断进入经济主力人口部分数量也是逐年萎缩的趋势。

也就是说，在国家的强制和市场的力量双重作用下，由于人口增速下降过快和老龄化时间较长、幅度较深，形成中国与其他国家中等收入陷阱不同的、特有的中等收入"人口坑"陷阱。由于这个人口坑的存在，中国人口柱状图是向下收缩的，老年人越来越多，青年人越来越少。

从1974年到1994年的人口增长率，与1994~2014年的经济增长率高度相关，20年前的人口增长率决定20年后的经济增长率。在人口因战争、饥荒、瘟疫、政府干预等波动剧烈的情况下，20年前人口增长是上行的，就推动20年后经济增长上行；反之就推动经济下行。这是个非常重大的发现。

这就是因为人口在20年后进入劳动年龄，其数量的多少直接增加或减少劳动力供给；然后他们开始结婚生子、买房或者租房，扩大消费；还进行创业和创新等。他们进入经济主力人口。这批人口的数量对于经济发展有着直接、重大的影响。

**调整生育政策**

周天勇认为，有两个时间点生育政策应该调整，我们都错失了机会。一个是

1990年，当时总和生育率降到世代更替水平以下，为2.08左右时。第二个是1997年人口增长率下降到10‰左右，0~14岁人口的比例下降到26%的警戒线时。1990年停止最好，最晚也不应当超过1997年。但是，遗憾的是，不但没有停止，而且力度越来越大，一直到2014年才稍有松动，2016年才放开二胎，晚了20~28年之久。

事实上，2.1替代水平时人口增长速度已经开始下行，因为期间人口增长率不是新生人口的增长，而是总人口的增长，这中间很大因素是寿命提高、死亡率下降造成的增长率提高，其实新生的人口增长率已经很低了。但是我们没有看到这个危机，所以导致情况越来越严重，并且局面已经很难扭转了。

由于经济主力人口的萎缩，以及老年化，不仅劳动力的减少使劳动成本上升，也因养老费用的增加，使产品的养老成本也上升，给中国经济的国际竞争力带来巨大的束缚和压力。中国经济现在陷入两难之中，扩张性的财政政策，降低利率，建设工厂，会导致更加过剩。可以说刺激需求侧的政策因人口相对萎缩的总需求收缩问题而使效果很难发挥。就像日本经济学者对安倍经济政策的评论，你可以印出钞票，但你印不出花钞票的人。现在中国强调供给侧改革，会有用处，比如减少税费，降低企业融资成本，改革教育、医疗、旅游等体制，使服务贸易在出口中的竞争力，提高居民消费在GDP中的比率，留住民间资金在国内投资等，会改善国民经济的增长。仅仅的去产能，发展速度就下降，就是负增长；仅仅强调提高效率，增加产出，供给更多，没有需求的话就更加过剩。

**案例提示与思考：**

1. 你认为人口数量如何影响经济增长？
2. 你认为中国现行的二胎政策对经济发展有何影响？

**【案例4-4】**

### 经济社会发展与生育率变动关系[①]

有研究表明，在自然状态下经济社会发展水平与生育率之间存在的逆向变动关系：经济社会越发展，人口生育率越低，发展到一定程度，就会出现稳定的低生育水平。其次，在事理上阐释生育率下降是经济社会发展中诸多因素相互作用的结果。

**世界人口生育率变动趋势**

"二战"结束后，世界进入一个相对和平时期。这期间，信息、航天、生物和新

---

① 周长洪：《经济社会发展与生育率变动关系的量化分析》，载《人口研究》2015年第2期。

材料等现代科学技术迅猛发展，世界经济进入前所未有的快速增长，人类生产方式再一次发生深刻变革。以信息产业为代表的新型服务业蓬勃发展，人们生活方式随之发生巨大变化。正是在这种背景下，世界人口进入前所未有的快速增长期：1959年世界人口为30亿，到1999年达到60亿，40年间世界人口翻了1倍。到21世纪初的2011年底，世界人口又突破70亿，而根据预测，世界人口增长趋势非常可能延续到21世纪末，届时可能突破100亿大关。

20世纪后半叶开始的世界人口快速增长，使人们很容易误解是生育率升高或高生育率保持不变的结果，但情况并非如此。根据联合国人口司数据（UN，2012），从20世纪50年代开始世界人口出生率和生育水平一直呈下降趋势，且下降幅度相当大：人口出生率由50年代初的37‰一路下降到2010年的不足20‰，世界人口总和生育率（Total Fertility Rate，TFR）从20世纪50~70年代的5下降到2010年的2.5，降幅达一半。这期间，发达国家生育率由2.8下降到1.6；发展中国家由6.2下降到2.7；最不发达国家生育率在1990年以前多数年份超过6.5，但随后也开始下降，2010年降到4.5。

分国家看，20世纪50~60年代，世界上TFR达到和超过4的国家个数约占3/4，其中达到和超过6的国家个数约占一半，而TFR接近和低于更替生育水平的国家个数仅占15%。但从70年代开始，各国生育率几乎都进入下降通道，到2010年，接近和低于更替生育水平的国家个数上升到120多个，约占世界的3/5，而TFR达到和超过4的国家数下降到不足1/4，达到和超过6的极高生育率国家数下降到不足5%。

从20世纪70年代开始，不管世界各类国家和地区的人口生育率存在怎样差异，都一致性地向下走。到21世纪中叶，世界人口总和生育率将降到更替水平以下，而不同发展类型国家的生育率将会在21世纪末共同趋于2。

**人类发展指数**

为了全面而准确地衡量一个国家或地区的经济、社会综合发展水平，联合国开发计划署（UNDP）1990年首次提出并测算了世界各国和地区的人类发展指数（Human Development Index，HDI），该指数包含3个分指标：健康长寿指标、教育获得指标、生活水平指标，这3个指标分别反映了人口的平均健康和长寿水平、教育和知识水平以及经济和生活水平，人类发展指数等于这3个指标的等权算术平均值。人类发展指数反映的是一个国家或地区的经济社会综合发展水平，由于经过标准化处理，可用于不同国家与地区间的排序与比较。

2010年时值人类发展指数提出20周年之际，联合国开发计划署公布了《人类发展报告》，专门对1970~2010年这40年间世界各国与地区的HDI变动趋势做了回顾与分析。测算结果表明，世界上绝大多数国家人类发展指数在这期间都有大幅度提高。由各国平均得出的世界人类发展指数这期间大幅增长41%。

由人类发展指数描述的自20世纪70年代开始的世界各国经济发展和社会进步，对应的正是这期间各国生育率的普遍下降，这是纵向时间序列数据所呈现的经济社会发展与生育下降的对应关系。

**人类发展指数与生育率变动的量化关系**

纵览世界各国数据，可以看出发达国家较高经济社会发展水平对应着较低生育率，发展中国家较低经济社会发展水平对应着较高生育率，表明经济社会发展与生育率高低存在显著负相关性。使用人类发展指数 HDI 代表一个国家或地区经济社会综合发展水平，用总和生育率 TFR 代表一个国家或地区人口生育水平，使用世界各国在这两个指标上的最新数据和数学曲线拟合方法，揭示经济社会发展水平与生育率之间的量化变动关系。

根据联合国人口司提供的世界各国和地区 2005~2010 年总和生育率 TFR 平均值以及联合国开发计划署《2010年人类发展报告》中提供的世界各国和地区的人类发展指数 HDI，选取 2010 年人口超过 500 万的 109 个国家和地区为样本，尝试用曲线拟合方法建立两个指数之间的数量变动关系。经多次尝试后发现，两个指标变量间相关度极高。在定义域上，该拟合曲线的自变量 HDI 与因变量 TFR 呈现极为显著的反向变化关系：随着一个国家或地区的人类发展指数上升，相应的人口总和生育率下降，而且下降速率呈现先快后慢趋势。

**经济社会发展决定低生育率**

事实上，在经济社会发展与生育率下降之间，存在多种相互联系的因素，它们通过环环相扣的作用关系，最终导致低生育率出现。这一过程的发端，是科技进步推动的经济发展和现代化推动的社会进步，末端是低生育水平出现，中间最重要的联系变量是城市化。

（1）经济发展对生育意愿的抑制作用。

城市家庭高昂的生育"机会成本"和养育的"实际成本"，合到一起对城市家庭生育产生巨大抑制力，当经济发展和城市化达到一定程度时，整个人口生育意愿就会普遍大幅下降，在社会提供良好的避孕节育服务情况下，人口低生育意愿就会转化为低生育率。

（2）社会进步对生育意愿的抑制作用。

社会越发展进步，人们越不需要靠高生育率来抵御家庭安全风险，生育意愿降低就是自然结果。

经济社会发展会使环境中抑制多生育的力量越来越强，人们生育意愿下降，在社会能够提供广泛和易获得的计划生育技术服务条件下，人口生育率下降就是必然结果。从更广泛的人口变动角度看，人口死亡率、年龄结构、预期寿命，以及人口迁移、人口城乡分布等，也都由经济社会发展状况所决定，这就是为什么说"人口问题的本质是发展问题"的原因。

### 案例提示与思考：

1. 你认为直接对生育进行人为控制，是否是实现和稳定低生育率不可或缺的手段？
2. 怎样运用经济学的知识来解释生育率变化？

# 第五章

# 自然资源总论

**教学目标**

通过本章的学习，了解自然资源的分类方式，非再生资源的替代性，发现新资源和技术进步对非再生资源开采及消费的影响，重点掌握非再生资源向可再生替代资源的转移，以及向另一种非再生资源的转移，难点是非再生资源的转移。

**关键术语**

可再生资源　非再生资源　替代边际开采成本　边际使用者成本

## 第一节　资源分类

自然资源是有价值的未经人类加工的自然物。自然资源通常经过人类的开发提炼而进入人类的经济活动。

自然资源通常被分为可再生资源和非再生资源两大类：

可再生资源（Renewable Resources）是可以用自然力自我保持或增加蕴藏量的自然资源。可再生资源的再生的速度超过消耗的速度。如果消耗的速度超过再生能力，可再生资源就不能再生。

非再生资源（Depletable Resources，又称可耗竭资源）是不能运用自然力增加蕴藏量的自然资源。

非再生资源可分为可回收的非再生资源和不可回收的非再生资源。前者主要指金属等资源，后者主要指石油、煤、天然气等能源资源。

许多资源是可再生和不可再生资源的混合，特性介于两者之间。例如，土壤。

## 第二节　非再生资源向可再生替代资源的转移

资源消耗的最优路径取决于一种资源在生产中是不是"基本的"（不可替代的）。如果非再生资源不可替代，经济的长期发展就是不可持续的。

在使用非再生资源的同时，有一种固定开采成本的可再生资源可以作为替代品。

初始阶段完全开采非再生资源，因为非再生资源的总边际成本（边际开采成本加边际使用者成本）较低，随着非再生资源被逐步开采，边际使用者成本升高，非再生资源和可再生替代资源的总边际成本相等，替代资源开始被开采。

当存在替代资源且替代资源的总边际成本低于最大支付意愿时，替代资源的总边际成本规定了替代开始开采以后总边际成本的上限。

## 第三节　向另一种非再生资源的转变

考虑从一种不变边际开采成本非再生资源向另一种不变边际开采成本非再生资源转变的情况，第二种非再生资源的总边际成本较高，但在一段时间内，第二种资源的总边际成本增长率较低。

每种资源的总边际成本等于不变的边际开采成本加上上升的边际使用者成本。

第一种资源的总边际成本随时间上升，直到它等于第二种资源的总边际成本。在这一点发生转移，在这一点以后，第二种资源被开采和使用。在转折点的前后，都只有最便宜的资源被使用。

## 第四节　发现新资源和技术进步

发现新资源和技术进步是影响非再生资源开采和消费的两个重要因素。

随着易于开采的资源开采殆尽，发现和开采新资源的边际成本不断增高。为了克服开发新资源的边际成本，旧资源的边际成本必须上升到足够高。

某种资源的已发现部分的开采成本越高，发现该资源的新来源的效益越高。如果新来源的成本较低，就会降低该资源开发的总边际成本，并鼓励更多的消费。

## 本章小结

自然资源是有价值的未经人类加工的自然物。自然资源通常被分为可再生资源和非再生资源两大类。部分资源是可再生和不可再生资源的混合。

资源消耗的最优路径取决于一种资源在生产中是不是不可替代的。如果非再生资源不可替代，经济的长期发展就是不可持续的。在使用非再生资源的同时，通常有一种固定开采成本的可再生资源可以作为替代品。

非可再生资源在有可再生替代资源的情况下，边际使用者成本和总边际成本随时间上升直至替代资源被开采。与无替代资源的情况比较，转换发生以前，每期有更多的非再生资源被开采，非再生资源消耗得更快。当边际开采成本增加时，边际使用者成本随时间而减少，非再生资源未被完全耗尽就被再生资源所替代。

发现新资源和技术进步是影响非再生资源开采和消费的两个重要因素。

**【思考题】**

1. 非再生资源与可再生资源有什么区别？
2. 可回收的非再生资源和不可回收的非再生资源有什么区别？
3. 非再生资源是否能变成可再生资源？
4. 为什么非再生资源不可替代，经济的长期发展就是不可持续的？
5. 技术进步如何影响资源开采成本？

**【案例 5-1】**

### 《增长的极限》的原初要旨[①]

1968 年，罗马俱乐部发表第一份研究报告——《增长的极限》，该报告引发了关于增长极限的旷日持久的论争，被誉为"七十年代的爆炸性杰作"。当前的中国处于转变经济发展方式的重要时期，以《增长的极限》为代表的极限论发展观对中国转变经济发展方式具有重要的启示价值。

**《增长的极限》要旨 1：自 1900 年至 1972 年，人类生态占用急速增长**

自 1900 年至 1972 年，源于人口数量的增长，以及每人每年资源消耗数量和污染

---

[①] 乔根·兰德斯、王小钢：《极限之上：〈增长的极限〉40 年后的再思考》，载《探索与争鸣》2016 年第 10 期。

王瑜：《增长的极限与转变经济发展方式》，载《辽宁教育行政学院学报》2016 年第 4 期。

产生数量的增长，人类生态占用问题变得更为严重了。人类的生态占用自1972年以来一直在持续增长。如今人均生态占用仍在持续增长，自20世纪90年代中期以来，人均生态占用已经呈平稳状态，并且甚至在某些国家有所降低。但是由于人口和消费的增长，人类生态占用总量仍然呈上升态势。

**《增长的极限》要旨2：人类生态占用在自1972年起的100多年间不会以自1900年到1972年观察到的增速持续增长**

由于地球在物理上是有限的，并且其相对于人类活动来说实际上也相当狭小，因此人类生态占用不会持续地无限增长。长远来看，人类每年只能以不超过大自然可持续存在所能提供的规模使用物质资源、产生排放。此外，《增长的极限》的很多批评者认为，通过及时且不导致人类福祉暂时减损的条件下发明资源替代品，技术能够解决资源危机或者资源匮乏。就目前来看，这些批评者在某种程度上是正确的——尽管已有一些人将最近能源价格的增长视为这样一种警告，即只有在高昂能源成本导致的较低生活水平持续了一段时间之后，下一代能源才能开始大规模使用。

**《增长的极限》要旨3：人类生态占用将很可能会超过地球可持续极限（承载能力）**

由于全球决策的严重延迟，人类生态占用很有可能超过地球的物理限制。当临近地球的物理限制时，社会将开始花时间辩论地球的物理限制的现实性问题——并且在辩论的同时，继续扩张人类生态占用。最终，辩论将让步于减缓人类生态占用扩张速度的决策；但该书说道，与此同时，增长将会持续下去，并且把人类生态占用带入不可持续的范围之内。对于各种资源而言，超过极限不会同时发生；每种资源超过极限都是一个说来话长的故事（例如，蓝鲸、印度老虎、加拿大鳕鱼、印度尼西亚丛林、澳大利亚珊瑚礁）。

**《增长的极限》要旨4：可持续极限一旦被超过，限缩便不可避免**

人类生态占用不能在不可持续范围内持续很久。人类将不得不返回到可持续范围之内。要么通过"管控下的降低"返回到活动的可持续水平，要么通过因"大自然"或"市场"的完全作用导致的"崩溃"，返回到相同水平。前者的例子是通过立法和有计划的报废捕捞船舶和工具，来使年捕鱼量限制在可持续捕捞量之下；后者的例子则是因鱼群消灭而导致的捕捞社群（Fishing Communities）的消失。

世界还未经历过大规模的环境崩溃。然而，还是存在一些局部超过极限的例子。最知名的"管控下的降低"例子是，在发现南极上空臭氧层变薄后，通过1987年《蒙特利尔议定书》来努力消除破坏臭氧层的化学物质。虽然臭氧层仍在破坏之中，但是形势正向积极的方向发展。最出名的"崩溃"例子是1992年之后的加拿大鳕鱼业的崩溃。相比之下，此处的情势却未得偿所愿：在20年没有捕鱼之后，该鱼类种群依然没有恢复。

一些人辩称，被迫的或有计划的限缩只是经济增长过程中的正常要素，因此没什么可担心的。这种观点认为，超过极限和限缩只是一种资源被另一种资源取代的过程；或者更一般地说，仅仅是一项技术让位于另一项技术。如果转型是平稳的，亦即没有导致人类收入或人类福祉的暂时下降（像上述臭氧层例子那样），那么这种观点可以得到辩护；如果超过极限和限缩只发生在某个地理区域（像纽芬兰岛鳕鱼那样），那么这种观点也可以得到辩护。但是如果同时在全球各地出现共同问题，限缩就不那么正常了，可能的例子包括缺乏常规石油供应或者过度排放二氧化碳。在这些实例中，向一种新的解决方案的转型可能会导致在新的解决方案（例如可再生能源或者无碳汽车）落实之前一段时期内人类福祉的下降，这种转型因而更接近超过极限和限缩的字面含义。

**《增长的极限》要旨5：通过前瞻性的全球政策可以避免超过极限**

前瞻性的政策可以防止人类超过地球的极限。《增长的极限》的12种前景设想中有11种在探索各种各样的解决方案，以应对超过极限的挑战。最后一种前景设想——全球均衡（至少在理论上）表明如何才能做到这一点。若转译成可实施的政策，这意味着要促成如下事项：通过立法确保森林砍伐量低于可持续砍伐量；使温室气体排放量低于森林和海洋可吸收的数量；向大众普及教育、卫生和节育；更为平等的分配。这些行动在计算机模型中可以做到，但在真实的政治社会中却寸步难行。

《增长的极限》总结道，前瞻性的政策可以解决问题，但也警告人们仅靠技术措施并不足以解决问题。根据《增长的极限》的论述，一种真正的全球可持续解决方案，将会要求技术进步与行为变化的相互结合。自1972年以来，为了通过协调全球行动来解决人类问题，（在联合国内外）进行了广泛的讨论。联合国千年发展目标很可能是对这种挑战的最具体描述，并且某些进步是可以测量的，但是这些目标并未提及超过极限的危险。

**《增长的极限》要旨6：尽快（亦即在1975年）采取行动是非常重要的**

为了在不经历超过极限和限缩的情况下实现向可持续世界的平稳转型，尽快开始行动是非常重要的。《增长的极限》的第12种前景设想说明了这一点；该书表明（在计算机模型世界中）同样的全球政策在1975年实施时可以解决这个问题，但若在25年后（亦即在2000年）实施，并不足以解决此问题。

极限论发展观主要经历四个发展阶段：从以《增长的极限》为代表的外部增长极限论，到以《人类的目标》为代表的内部增长极限论，到以《重建国际秩序》等为代表的新人道主义构想，再到《私有的局限》为代表的社会聚合极限论。极限论发展观不断创新研究方法和拓宽关注视域，从技术分析到社会问题分析和文化问题分析，从自然问题和社会问题到主体人的心理、道德、价值和文化。从生态失衡、资源浪费和环境污染等全球问题到人类为改善生态环境的全球合作问题、资源利用的价值标准问题、环境治理中污染转移问题，以及科技发展与人类自身素质提升、人类潜力开发和学习能力的矛盾。极限论发展观不断提出化解人类困境的新方案，从"零增长"到"有机增长"，从"增长"到"发展"，从"发展"到"可持续发展"。

《增长的极限》提醒我们，在最深的层面，人类的终极目标是幸福，而非增长。经济增长只是增加人类消费和福祉的一种工具，人口增长是人类成功提高物质生活水平的一个结果。

**案例提示与思考：**

1. 增长极限论在当下该如何解读？
2. 你认为"罗马俱乐部预言的某个危机没有发生"的原因是什么？

## 【案例 5-2】

### 日本从资源小国变大国[①]

20 世纪 60 年代，日本经济高速增长带来的严重工业污染使日本人意识到了环境保护的重要性。因此，从 70 年代开始，日本用了 40 多年的时间将垃圾分类的方法逐步细化，从源头上减少垃圾对环境的污染并进一步提高资源的利用率。日本的垃圾分类可谓"极致"，在很多外国人看来甚至到了"严苛"的地步。以 1993 年《环境基本法》和 2000 年《循环性社会形成推进基本法》为框架，日本自 90 年代以来先后通过近十部法案来推进 3R 环保精神：Reduce（减少）、Reuse（再利用）、Recycle（循环）。

小坂町位于日本秋田县东北部，面朝十和田湖，这里曾经因矿山而繁华一时。20 年前，附近的矿山因亏损而关闭。小坂冶炼公司也面临着无矿可炼的境地，不过，如今，公司的工厂依然在运转着，只不过冶炼的对象从矿石变成了电子垃圾。在小坂冶炼公司的工厂里，堆着一个个大口袋，里面装满了从旧电脑里取出的主板等废旧材料。它们被送进高炉后，经过 1300 度高温的加热，变成含有铜等元素的通红的金属液体。

从旧手机中每吨约可提炼出 250 克的金，回收率比矿石还高。在日本，含有金、银以及稀有元素铟等的旧家电和旧手机被称为"城市矿山"，对于日本而言，它们就是"宝山"。

茨城县筑波市的物质材料研究机构推算说："日本的城市矿山的规模可与世界上屈指可数的资源国家相匹敌。"一度资源匮乏的日本，正在跻身资源大国的行列。而其能够在资源方面翻身，重视回收"城市矿山"仅仅是众多措施中的一项。

---

[①] 《资源回收利用达极致日本资源小国变大国》，中国新闻网，http://www.chinanews.com/gj/2011/03-09/2893698.shtml，2011 年 3 月 9 日。

### 城市矿山

日本国土面积狭小，陆地资源贫乏。虽然拥有的海洋面积居世界第六位，海底也富含可燃冰等资源，但是由于技术等方面的难题，开采和商业利用一直没有大规模进行。也因为此，日本特别重视资源回收。日本物质和材料研究机构公布的一份报告显示，以包含在零件和产品内而积累在日本国内的各种金属计算，日本可以与资源拥有国的确认埋藏量相匹敌。

报告指出，日本国内的"城市矿山"蕴藏的黄金约有6800吨，白银约6万吨，稀有金属的铟有1700吨，钽约4400吨。相当于全球黄金储量16%，白银储量的22%，铟储量的61%，钽储量的10%。值得注意的是，"城市矿山"要比真正的矿山更具价值。比如一部旧手机可以提取约0.03克黄金，也就是说一万部手机可以提取约300克黄金。而如果直接从金矿中采掘黄金的话，每吨矿石只能得到5克黄金。

日本政府非常重视"城市矿山"，日本的《家用电器回收法》规定，消费者必须将废旧空调、冰箱、电视机和洗衣机等家用电器，交由销售商送返生产厂家进行回收利用，而回收所需费用则由消费者来承担。在日本，目前每废弃一台旧电视机或洗衣机、空调器、电冰箱，电器所有人要分别支付2700日元（1元人民币约合12.4日元）、2400日元、3500日元、4600日元的费用。法律还规定，如果消费者不按照法规将旧家电交回销售商处，私自进行掩埋等处理的话，一经发现将被处以巨额的罚款。

日本还鼓励开发"城市矿山"，2009年11月，经济产业省开展全国废旧手机回收宣传活动，用赠送商品券等方法3个月内回收手机57万部。2010年度，日本在预算中拨出5亿日元用于支持废旧手机的回收，全年回收手机600万部。

### 垃圾回收

在回收利用方面，日本不仅仅青睐旧的电子产品。在垃圾回收利用方面，没有哪个国家像日本那样，几乎做到了极致。在日本，扔垃圾首先就是一件非常复杂的事情。垃圾要分成几类，不同的垃圾扔的时间也不同。

可燃垃圾会被制作成"可燃棒"，给一些工厂当做燃料。而垃圾焚烧产生的炉渣，被用于道路设施建设和维修，目前还在试验用于制造砖石等建材制品。垃圾中的重金属，被锅炉高温熔化后，通过沉淀重新结晶成为块状物，制成金属块和金属棒，卖给电子零件制造厂商，再用来加工电子零件。

三荣调节器公司还开发了混合废纸回收系统，能够回收牛奶盒、巧克力盒等各种纸盒，即使各种纸盒掺杂在一起也没关系。即使纸盒表面带有铝薄膜等金属层或订书钉等金属，也能够在生产线上剥离和回收。以前往往作为可燃垃圾焚烧的各种废纸盒，现在都可以回收利用，生产出餐巾纸和卫生纸，例如6个牛奶盒就能生产出一卷卫生纸，大量节约了资源。

而食品残渣由于水分量很多，运输和焚烧处理的成本都非常高，而 SOKEN 公司开发出的称为"大地之友"的食品残渣处理设备，利用独特的生物工程技术，实现了高速发酵、分解和干燥，将剩菜、剩饭、菜叶等倒入机器，在 18～24 小时之内就可以成为园艺和农业使用的堆肥。

在日本，很多家庭在便利店和通过外卖购买盒饭时都会得到一次性筷子，但是有时并没有使用，这些微不足道的筷子也引起了关注。从 2010 年 12 月开始，"多摩新城环境组合回收利用中心"开始实施"一次性筷子项目"，利用这些未使用的筷子制造木炭。日本一次性筷子的使用量非常巨大，用过的筷子多被回收利用，用于制作木炭等。如今，这些为数更少的未使用的筷子也开始引起了关注，逐渐加入到回收利用的行列。

**资源无处不在**

也许是因为资源匮乏的缘故，日本特别重视开发回收利用的新技术，日本企业利用一切可能的"资源"，将有些甚至在常人看来，很难和"资源"沾边的东西，变成可以使用的能源。

去年 5 月 27 日，日本滋贺县栗东市的永和公司日前成功开发出一种新技术，可以利用特殊气体熏蒸下水道的污泥，并将其变成燃料。据永和公司透露，该技术是在直径约 1 米、长约 2 米的罐中装入脱水后的 60 公斤污泥，然后将用作金属机械洗涤剂的二氯甲烷等溶剂加热到 80 摄氏度，继而利用产生的气体熏蒸污泥约 3 小时。干燥熏蒸后的污泥，便可获得约 16 公斤灰色的砂状燃料。

2010 年 2 月 14 日，东京电力公司发布公告说，该企业正尝试利用发电站机组的混凝土废料，制造新的混凝土以用于建造其他设施。据了解，该企业计划先对川崎火力发电站 1 号至 6 号机组解体后产生的混凝土废料进行粉碎，然后将其与新原料以各占 50% 的比例混合，进而制成新的符合强度要求的混凝土，用于川崎火力发电站 2 号机组 1 号机的基础工程建设。这一做法不仅可降低近一半的基础工程成本，而且可减少温室气体排放。

对一般作为不可燃垃圾而扔掉的破损陶瓷器，日本各地陶瓷厂家也不惜下工夫研究其利用方法。目前已经开发出了将其粉碎后，利用高精度分离机去掉金属成分，然后与黏土和长期混合，重新制成黏土的技术。

2010 年 8 月，日本东北大学与东北电力公司合作，开发出一种能有效从果囊马尾藻等海藻以及海带中提取生物乙醇的新技术。日本海带和果囊马尾藻资源非常丰富。在日本仙台火力发电站的取水口，每年流入约 300 吨海藻，令电力公司深感苦恼。如果利用这些麻烦制造者生产生物乙醇，对发电站来说可谓一举两得。

甚至是破烂木头，日本公司也想出了利用之法。古桥 EPO 公司开发出了利用木质生物质燃料发电的技术，无论是拆除旧房的破烂木料、家具厂下脚料还是废弃木质包装箱，都可以制成生物燃料颗粒，然后用于发电厂发电。

众所周知，二氧化碳被认为是导致地球变暖的元凶。但是东京工业大学的研究人员开发出了通过金属催化剂，将二氧化碳转变为可合成药品和塑料的碳素资源的技术。如果二氧化碳能够作为资源得到有效利用，将可以解决化石燃料枯竭和环境问题。

**节能意识从小扎根**

由于资源匮乏，日本政府和民间对于资源都具有深刻的危机意识。一旦某种资源出现进口问题，日本官方、产业界和学界就会立刻联手，寻找解决办法。

2010年以来中国开始管制稀土无序出口后，作为稀土进口大国，日本研究机构和企业立即行动，2010年10月，日本经济产业省下属的新能源和产业技术综合开发机构与北海道大学的联合研究小组就发表公报说，他们成功开发出了无需使用稀土的混合动力车发动机。

日本经济产业省还在2010年10月制定了补贴稀土项目的方针，并列出了1000亿日元的补贴预算，目前准备追加90亿日元继续征集相关项目。经济产业省今年2月25日公布了首批稀土项目补贴名单，补贴总额约331亿日元。包括各家企业的自身投资在内，有关项目的投资总额达到约1100亿日元。各家公司的努力包括减少稀土使用量和循环利用，实现稀土来源多样化、进行新零件的试验等。日本政府和企业希望通过一连串投资，减少稀土对中国的依赖，将此前每年约3万吨的中国产稀土的消费量降低约1万吨，约减少30%。

这种深刻的危机意识还体现在日常的教育中。日前记者前往科学城筑波参加当地组织的"科学之旅"的时候，产业综合技术研究所的工作人员对在场的一二年级的小学生进行知识竞赛，结果小学生们全都能正确地回答出日本能源几乎全靠进口，还知道天然气排放的温室气体远远少于石油和煤炭。可见节能意识从小就在日本儿童心中扎下了根。


**附：日本垃圾处理流程**

可燃垃圾——垃圾焚烧厂——一部分被处理成可燃棒，一部分被焚烧——残渣一部分被回收利用，一部分被运到垃圾填埋场填埋

不可燃垃圾——中转站——不可燃垃圾处理厂——拆解利用成再生品，剩余物送往填埋场

粗大垃圾——破碎处理——回收——可燃部分送往焚烧厂，剩余部分送往填满场

资源类垃圾——再生设施厂——加工生产成再生品

危险垃圾——专门处理危险类物品的机构

**案例提示与思考：**

1. 你认为日本细致甚至有些繁琐的垃圾分类回收程序得以顺利实施的原因是什么？
2. 你认为中国如何借鉴日本的资源回收利用经验？

## 【案例5-3】

### "新能源汽车"的推广①

新能源汽车是指采用非常规的车用燃料作为动力来源（或使用常规的车用燃料、采用新型车载动力装置），综合车辆的动力控制和驱动方面的先进技术，形成的技术原理先进、具有新技术、新结构的汽车。

2016年是"十三五"开局之年，对于新能源汽车产业而言，是非常重要的一年。根据规划，至2020年新能源汽车保有量将达到500万辆。

2016年7月28日，为全面贯彻落实《国务院关于印发节能与新能源汽车产业发展规划（2012~2020年）的通知》，加快新能源汽车的推广应用，有效缓解能源和环境压力，促进汽车产业转型升级，国务院办公厅提出了《关于加快新能源汽车推广应用的指导意见》，其指导思想为：贯彻落实发展新能源汽车的国家战略，以纯电驱动为新能源汽车发展的主要战略取向，重点发展纯电动汽车、插电式（含增程式）混合动力汽车和燃料电池汽车，以市场主导和政府扶持相结合，建立长期稳定的新能源汽车发展政策体系，创造良好发展环境，加快培育市场，促进新能源汽车产业健康快速发展。

当前的政策环境无疑在蓬勃的发展态势中起到了显著的促进作用。近年来，中国官方对新能源汽车的生产及销售进行了较大幅度的补贴。仅2010年一年，国家和地方针对新能源车的补贴就达到300多亿元。

另外，国家政策对新建企业的限制也潜移默化地对新创汽车品牌的产品动力选择起到了引导作用。

国务院在2016年10月的常务会议上明确了未来对传统汽车生产资质的政策指向，原则上不审批新企业。这意味着，未来汽车企业的审批将全面转向新能源汽车领域。

政策的支持在很大程度上促进了汽车制造商在发展新能源技术方面的积极性。更重要的是，市场也在免征购置税或地方性牌照发放等优惠政策的带动下开始加快拥抱新能源产品的步伐。

中国汽车工业协会12月中旬发布的最新数据显示，2016年前11月，中国累计新能源汽车产量达40.28万台，同比增长44.27%。此外，中国汽车制造商2016年的

---

① 李亦萌：《2016车市特写：新能源汽车的进攻》，搜狐财经，http://business.sohu.com/20161228/n477131304.shtml，2016年12月28日。

新能源车销量已接近40万台，市场份额达1.4%，在全球电动车销量中占一半以上。

除政策原因外，市场的信心还来自新能源汽车在技术层面所取得的突破。此前消费者对于新能源车续航里程短、充电时间长及配套设施稀缺等问题的担忧正逐渐得到缓解。

"车和家"创始人李想在解决此类问题时的态度具有一定的代表性，他坚持认为技术迭代是新能源汽车突破市场瓶颈最为直接有效的途径。在离开"汽车之家"并在新能源汽车领域正式开始自己的第三次创业之前，这位车坛老将首先考虑的是如何提升产品的续航能力及缩短充电周期。

"电池属于化学品，是能量存储化学释放的过程，历史上化学品都是迭代发展，没有跨越式革命，且全世界锂矿的产量是有限的，电池问题目前得不到根本解决，也不可能在短期内出现'电池容量提升10倍'的情况。"李想说。

在早些时候的一次采访中，他曾表示在没有想好这些问题的解决办法之前，不会贸然推进造车计划。然而，这家新创企业已于2016年8月开始在常州兴建造车工厂。该设施的设计产能为30万辆，整体投资达50亿元人民币。一期预计在2017年年底前竣工投产，并实现20万辆的年产能力。

李想对上述问题的思考显然已得到解答。在他看来，方法有两种：一种是通过车身轻量化、改良电池整合方式等途径加以解决；另一种方法较容易遭人忽视，即严格区分纯电动汽车及增程式电动车的适用场景。

作为"车和家"的重点规划产品，将于2017年上市的SEV（小型智能电动车）很好地体现了上述解决方案。SEV是一种体形小巧的纯电动车型，其车身长度约为2.5米，整车重量450公斤，然而其续航里程则达到100公里，可满足日常的通勤需求。更重要的是，SEV对充电桩乃至固定车位并无要求——用户可对两组10公斤重的电池组进行拆卸，带到家中充电。

而针对更高的续航需求，这家新创企业则希望通过推出增程式车型来加以满足。按计划，"车和家"的一款增程型SUV（纯电动与混动车型）将于2019年上市，该车型在纯电模式下可行驶150公里，启用增程发动机后续航里程将被延长到1000公里，同时也具备不依赖充电桩的特性。

李想的观点无疑具有一定的针对性。事实上，当前不少新创品牌主要以纯电动车型作为市场切入点。在2016年有大动作的新创品牌中，除"车和家"外，包括乐视超级汽车、蔚来、威马、前途、小鹏、奇点、云度及和谐富腾在内的其余8家企业均将在纯电动车领域发力。

相较传统燃油汽车，电动车较低的技术门槛是使新创品牌趋之若鹜的原因之一。"从长远来看，纯电动车的发展前景非常好，但仍需等待完善。"一名来自沃尔沃中国动力工程部门的专业人士表示。他认为，除了常见的续航问题外，纯电动汽车在电池能效、工作温度及可靠性等方面仍有较大的提升空间。正是基于此类原因，大型汽车制造商在现阶段开发新能源产品时更青睐插电混合动力系统。

政策的变化将率先为新创新能源汽车品牌的发展增加不确定性。财政部部长楼继伟近日表示,中国政府将逐步退出针对电动汽车的补贴政策,到2021年完全取消,今后将由市场决定新能源车的发展方向。在未来4年内,针对新能源汽车的补贴将逐年减少20%,2019~2020年度将减少40%,2021年补贴政策完全退出。他指出,一个行业不可能依靠政府补贴来实现增长,应该让市场来选择技术路径。

与此同时,来自跨国汽车制造商的竞争也将加剧此类新创品牌的压力。目前,中国监管者正在酝酿一种"碳排放积分交易制度"的方案,以期对新能源车在汽车制造商总体产量中所占比例进行规定。工信部网站今年9月公示的《企业平均燃料消耗量与新能源汽车积分并行管理暂行办法(征求意见稿)》表明,监管者将要求传统能源车型年产量或进口量超过5万台的汽车制造商按照一定比例来产销新能源车。到2018年,这一比例需达到8%,2019年被提升到10%,到2020年则达到12%。

这意味着,具有强大品牌及技术背书的新能源车产品或将在5年内充斥中国汽车市场,并对新创品牌造成冲击。以大众汽车为例,该公司日前公布其在华新能源产品发展计划称,到2020年其新能源汽车在华年销量将达到40万台,2025年达到150万台。今年9月,这家德国汽车制造商还与江淮汽车成立合资公司,共同开发新能源汽车。而上汽通用方面则将斥资265亿元开发先进动力总成和新能源技术,并在2020年之前推出超过9款新能源汽车。按照规划,到2020年,该公司的新能源汽车销量将达到15万台,而这一数字在2025年还将扩大到50万台。上汽大众、上汽通用及长安福特的经销商均表示,新创新能源汽车品牌的崛起不会对其现有业务带来影响。

在销售终端,新创新能源汽车品牌的号召力暂时也未现端倪。记者在4S店随机采访的受访对象中,有40%的消费者表示"不会首选此类品牌",35%的消费者表示"可以有条件地接受",而坚定地表示"会考虑购买"的受访对象仅为15%。

**案例提示与思考:**

1. 你认为"新能源汽车"的前景如何?
2. 你认为"新能源汽车"的推广在资源利用方面有什么作用?

## 【案例5-4】

### 微生物采油技术①

石油是如何被开采出来的?许多人认为是地底下喷出来了,也有人认为是磕头机

---

① 《科技前沿|值得关注的微生物采油技术》,http://www.wusuobuneng.cn/archives/23598,2015年9月14日。

压出来的，其实石油开采是一件非常复杂的事，刚开始采油时，地层压力大，石油会自己喷出来，这被称为一次采油。慢慢地，地下压力没那么大了，油要想出来，就得需要用水往外赶，这就是二次采油，也称为水驱。用了段时间水驱后，地下砂岩中的较大孔隙已经被水打通，里面的油也被赶出来了，而小一些的孔隙，却再怎么注水也没用了。

这时只有15%~25%的石油被开采了出来，想要开采出更多的石油，就需要采取一些"手段"了。三次采油技术经过多年的变革，目前主要有化学驱、热力驱、注气驱和微生物驱。其中化学驱由于其成本低并且见效快而被大范围使用，聚合物驱和三元复合驱则是化学驱的"主力"。和其他驱油方式相比，化学驱有着明显的优势，但也有一个让人无法忽略的软肋：对土壤、水资源具有剧毒性污染，并为施工人员带来了影响健康的风险。

有没有一种既环保又高效的采油方式呢？近几年，一种新的采油方式开始逐渐进入各大油田试验，并且取得了较好的效果。

## 化学驱油的危害

目前国内使用最多的三次采油技术为聚合物驱和三元复合驱。聚合物驱和三元复合驱都具较高性价比，不仅价格便宜，而且见效快，增产率也不错。但其软肋是对土壤、水资源具有剧毒性污染，并为施工人员带来了影响健康的风险，这是工业生产中二次污染的环境成本。

石油在开采的过程中，如果发生泄漏会引起污染，但是却忽略了石油开采会带来的另一种污染：化学污染。化学品在推动社会进步的同时，也带来了可怕的后果。研究表明，人类患肿瘤病例的80%~85%与化学致癌物污染有关，致畸、致突变的比例就更高了。

例如聚合物驱和三元复合驱的主要成分都是聚丙烯酰胺，聚丙烯酰胺本身无毒，但它含有的单体丙烯酰胺是高毒物质，丙烯酰胺具有神经毒性，基因毒性，和致癌性。当大量聚丙烯酰胺聚集在土壤和水中，丙烯酰胺的含量就会超标。不仅会破坏脑神经中枢，还能致癌。

更可怕的是，石油主要成分是各种烷烃、环烷烃、芳香烃的混合物，本身就属于化学品，其与更多的化学成分和混合后，可能会产生更加复杂的化学反应，会带来的后果无法预计。这些化学产品进入土壤后，会直接残留在土壤中，直接对油田周边的土壤造成污染，特别是油井所在的位置在庄稼地周边，直接造成的后果就是该庄稼地附近几亩甚至几十亩的土地，在未来2~3年内是不可以耕种的。值得重视的是，即使2~3年以后，这块土壤里生长出来的农作物有可能化学含量超标，食用后会对人体造成伤害。而且，即使采用非常昂贵又费时间的方式来修复土壤，也无法回到最初的状态。

更让人担忧的是，越来越多的化学污染物通过各种方法渗入土壤体系，使得地下水污染严重。饮用污染的水可能直接导致癌症，也可能通过其他致癌因素而引起促癌作用。有调查显示，水源污染越重，肝癌发病率越高，水源污染较轻，发病率也降低。

**生物驱油的出现**

微生物采油是对油藏的无伤害处理，本身不会对土壤、地层水、原油造成混乱，原理就是生物产品的生物本质所决定的，与化学的作用完全不同，它直接作用于堵塞体又不会改变原油的特性，不会生成新的衍生物。

微生物在自然界中无处不在，从水体、土壤到空气都有，微生物及其代谢产物均是天然有机物，不会污染环境。所以，生物采油并不会对土壤造成任何的污染，即使油井在庄稼地周边，通过生物采油，不存在土地污染的问题，更不会对水造成污染。

利用微生物提高采收率的设想是由美国人贝克曼（Beckman）于1926年提出的。随后的四十多年间，工作人员就微生物对石油成因的作用和原油成分的作用做了一系列探索性试验研究，但并未取得显著的技术效果和经济效益。

人们对微生物采油技术的高度重视始于70年代初，世界石油危机的爆发加快和促进了微生物采油技术的研究和应用步伐。到80年代末90年代初，高新科学技术特别是生物基因工程在全球范围内迅速发展，人们对微生物采油的认识进一步深化，在室内研究和矿场应用方面取得了一些突破性进。

近几年，微生物驱油技术日趋成熟，已在国内外得到较广泛的现场试验和应用。目前国内各大油田也开始陆续进行生物采油的试验，有一些已经取得了阶段性进展。目前，国际上也有斯伦贝谢、贝克休斯、哈里伯顿等大型公司在微生物采油领域取得了较好的成就，而国内也有一家公司自主研发了一款较为成熟的微生物采油技术。

苏州泽方新能源技术有限公司自主研发的"BERO生物表面活性剂"，是一项用微生物发酵成生物表面活性剂来开采岩层中原油的技术，效果可以维持12个月以上，并且不需要维护。这项技术目前在美国市场推广度较高，但也属于新型产品。

微生物采油有微生物本源与异源之分，本源是将细菌从油井内采出来，之后根据细菌的情况，定期向油井注入营养液，令细菌自行在地下繁殖复制；而异源则是将外地的细菌采集来，将发酵好的菌液注入至地下。

"BERO$^{TM}$生物表面活性剂"由于它的成品是酶，是非活性蛋白质，所以，它对不同地层、油井都可以适应，不受水的矿化度、压力、温度影响，并且适用于所有油井的油层清洁，从而提高原油采收率。

在现代生物学的基本认识上，酶是一种在生物体内具有新陈代谢催化剂作用的蛋白质。它可特定地促成某个反应而它们本身却不参与反应，且具有反应效率高、反应条件温和、反应产物污染小、能耗低和反应易控制等特点。

BERO™生物表面活性剂属聚合生物酶，且作为一种水溶性产品，具有非常高的释放储层岩石颗粒表面碳氢化合物的能力。注入地层后，因其具有主动性，可长久黏附在岩层表面，使岩层的属性转化成为亲水性的生物表面，可以降低润湿角及油层岩石颗粒的界面张力，从而减少了原油在储层孔隙中的流动阻力，同时由于BERO™生物表面活性剂的生物降解作用，将不断引起油滴形变、分裂，使其从岩层中释放出来，不仅能使滞留层的原油得到松动，也使油滴变小从而更容易从岩层的微孔隙中独立渗出直至采出。

由于酶的特性将形成一种油、水、和酶以及酶基酵素等成分的温和乳化液，该乳化液对滞留层起到阻止、触及、变更的作用从而达到清洁、减注驱油，提高采收率的效果。同时，且因其不生成其他新的产物而不会有堵塞孔隙和二次污染的问题。

**经济效益**

"BERO™生物表面活性剂"通过对国内11个油田、美国德克萨斯州和怀俄明州200余口低产油井的产业化开发与实验。成功率达95%以上，平均单井年增产300吨以上，年平均增产率120%以上，效果周期长达12个月以上。而同类型生物产品的年均增产率仅为30%。如果按照投入产出比，BERO™生物表面活性剂则是在1:5。

按平均一吨BERO™生物表面活性剂用于一口老井解堵，每日增产1~1.5吨原油来算。目前中国每钻一口新井投资300万到500万元之间，以最为保守的增产50%计算，则每解堵两口老井就相当钻一口新井，原油价格按每吨2400元（以国际原油价格估算），即增加收益至少240万元。

比如胜利油田2014年的原油产量是2787万吨，如果采用"BERO生物表面活性剂"，保守估计每年可以增产1000万吨，原油产量一下子就超过了巅峰时期的3355万吨。而在环保支出上每年更是可以节约至少2亿元，有资料显示，"十一五"期间，胜利油田仅仅在水井、水质治理方面就投入资金逾11亿元。

**案例提示与思考：**

1. 与传统的采油方式相比，微生物采油有什么优缺点？
2. 你认为技术进步对资源利用方面有什么作用？

# 第六章

# 非再生资源

**教学目标**

通过本章的学习，了解非再生资源的分类方式，重点掌握霍特林定律，不可回收的可耗竭资源生产和消费的经济学分析，难点是卡特尔问题。

**关键术语**

当前储藏量　潜在储藏量　总储藏量　资源禀赋　霍特林定律　卡特尔　石油输出国组织　价格管制　国家安全

## 第一节　非再生资源分类

### 一、非再生资源的分类

使用以下三个概念对非再生资源分类（见图6-1）：

|  | 资源总量 | |
|---|---|---|
|  | 确定的 | 未探明的 |
| 经济的 | 当前储藏量 | |
| 不经济的 | | |

图6-1　非再生资源的分类

资料来源：张帆、夏凡：《环境与自然资源经济学（第三版）》，格致出版社2016年版。

（1）当前储藏量（Current Reserves）是能够在当前价格下开采而取得利润的储藏量。

（2）潜在储藏量（Potential Reserves）指在可能价格下可以开采的储藏量。

（3）总储量或资源禀赋（Resource Endowment）指地球上该种自然资源的总量。

## 二、计算资源量时常见的错误

（1）使用当前储存量代表最大潜在储存量；

（2）把整个资源的储藏量作为特定价格下的潜在储藏量。

# 第二节 非再生资源的开采与霍特林定律

非再生资源的供给包含相互联系的三个阶段：勘探（Exploration）、开发（Development）和采集（Extraction）。供给过程的每一个阶段都是为了满足下一个阶段的引致需求。

资源的开采成本不仅取决于当前的开采所使用的要素投入量（劳动、能源等）及其价格，还取决于过去开采的要素投入量、当前开采对未来资源开采收益的影响等因素。

企业或社会的目标是：给定时间偏好和对矿权的需求函数，使各时期租的总和的现值最大化。

非再生资源的消耗必须遵循以下路线：开采的资源的价格的增长率必须等于贴现率。

霍特林定律的基本思想：把埋藏在地下的资源视为特殊形式的资本财产，即把全部资本财产分为资源和其他财产。如果资源资本收益的增长率等于其他财产的利率，所有者就会对把资源保存在地下和开采出来这两种选择没有偏好。这种情况下，资源就会以最优路线来消耗。

# 第三节 不可回收的可耗竭资源

石油、天然气和煤构成能源的主要组成部分。

## 一、卡特尔组织

就非再生资源的开采来说,垄断组织可以通过减少供给来榨取比竞争的生产者可以得到的更多的稀缺租。在垄断的情况下,由于限产提价,向替代资源的转换推迟。垄断减少了社会从资源中得到的净效益。

卡特尔是资本主义国家中的垄断组织形式之一,由生产同类产品的企业联合组成。卡特尔成员企业一方面为了获得垄断利润而在价格、销售市场、生产规模和其他方面签订协定,另一方面又保持其在商品经济活动中的独立性。

世界上的大部分原油是由一个叫做"石油输出国组织"(Organization of Petroleum Exporting Countries,OPEC)的卡特尔组织生产的。这个组织运用对石油生产和销售的垄断,榨取高额利润,抬高石油价格,造成了资源配置的扭曲。

卡特尔形成的特殊因素:

(1) OPEC石油的长期和短期需求价格弹性;
(2) 石油需求的收入弹性;
(3) 非OPEC石油供应者的市场供给反应能力;
(4) OPEC成员之间的利益一致性程度。

卡特尔通常是不稳定的,其中一个问题是成员对价格和产量能不能达成一致意见。

## 二、价格管制

企业对市场的垄断破坏了市场对资源的有效配置。政府对价格的控制也破坏了资源的有效配置,使资源的开采和消费在时间上偏离最优路线。

价格管制的主要目的是防止价格过高,管制的主要方式是规定价格上限。

在资源开采的初期,过低的价格会使人们过多地开采和消费资源。价格管制下,在需求方面资源的消费量将会高于最优状态。在供给方面,当边际成本超过价格上限时,尽管需求很大,生产者由于亏本将停止生产。因此,在持久性的价格管制下,资源产量将少于没有管制时的产量,于是就出现缺口。

价格管制使资源配置显著地偏离有效配置。各种偏离中最重要的两种是:

(1) 向替代资源转换的时间提早;
(2) 转换是不连续的或突然的,价格突然跳跃到新的更高的水平。

价格管制不仅影响了向替代资源转换的时间,而且还造成向非有效的替代资源的转换。

## 三、国家安全

石油是战略性物资。对石油的垄断可以由经济性武器变为政治性武器。石油作为战略性物资，往往与国家安全有关。

战略性进口物资具有风险性，也存在额外成本问题，而市场无法反映出这种成本。国家安全是一种典型的公共物品，任何个体进口商都无法从国家安全利益出发决定正确的进口数量。

存在风险成本的情况下，政府政策必须同时考虑有效消费水平和有效进口量，政府有以下几种政策选择：

（1）建立国家战略石油储备。
（2）征收能源消费税（例如汽油税）以鼓励节约能源。
（3）鼓励对其他能源开发的税收政策。
（4）对国内供给进行补贴。
（5）征收进口关税，税额等于风险成本。
（6）规定进口配额。

## 本 章 小 结

非再生资源的总存量是固定的，储存量可以分为：当前储藏量，潜在储藏量，总储量或资源禀赋。

非再生资源的供给包含相互联系的三个阶段：勘探、开发和采集。非再生资源的消耗必须遵循以下路线：开采的资源的价格的增长率必须等于贴现率。

不可回收的可耗竭资源石油、天然气和煤构成能源的主要组成部分。石油是战略性物资，往往与国家安全有关。

**【思考题】**

1. 非再生资源是如何分类的？
2. 什么是简单的霍特林定律？为什么非再生资源的增长要遵循这一定律？
3. 为什么非再生资源供给过程的每一个阶段都是为了满足下一个阶段的需求？
4. 为什么世界石油市场危机不断，卡特尔组织依然兴盛不衰？
5. 价格管制会给非再生资源开采利用带来什么影响？
6. 为什么国家战略性物资完全自给自足不是最优的？

## 【案例 6-1】

### 哈伯特石油峰值理论[①]

"石油峰值"源于20世纪50年代,美国著名石油地质学家哈伯特(Hubbert)认为,石油作为不可再生资源,任何地区的石油产量都会达到最高点;达到峰值后该地区的石油产量将不可避免地开始下降。这是石油峰值理论的核心。

石油峰值问题真正进入公众视野缘于两个经典预测。1956年,哈伯特大胆预言美国石油产量将在1967~1971年达到峰值,以后便会下降。当时美国的石油工业蒸蒸日上,他的这一言论引来很多的批判和嘲笑,但后来美国的确于1970年达到石油峰值,历史证明了他预测的正确性。

第二个经典案例是爱尔兰地质学家坎贝尔发展了石油峰值研究。坎贝尔曾在BP、壳牌、菲纳财团、埃克森和雪佛龙等大石油公司担任首席地质学家和副总裁。他继承了哈伯特的理论,继续研究石油峰值,并成立了石油峰值研究会(ASPO)。1998年,他与法国石油地质学家胡安·拉赫雷(Jean Laherrere)发表了《廉价石油时代的终结》,在油价还十分低迷的时候得出廉价石油时代必将终结的结论。近来的高油价似乎验证了其结论,这也使其成为另一个经典的预测。随后,关于石油峰值的研究也在全球扩展开来。

参与石油峰值辩论的人群主要分为两类:

(1)基于大量数据组和分析技术,试图理解石油资源、储备、产量及消耗速度,以预测石油峰值什么时候会出现。

(2)猜测石油峰值对社会的后果。这种猜猜通常警告,世界运输燃料及廉价能源耗尽将导致能源战争及大混乱的可怕后果。

**哈伯特峰值意味着什么?**

20世纪50年代,美国是世界上最大的产油国,也是世界主要石油巨头的所在国,全球石油"七姐妹"有五家公司在美国。当时美国拥有全球最先进的石油开采、提炼、运输、销售的技术和网络。美国发达的经济、军事和交通等都是来自于强大的石油工业。美国人正在尽情地享受着石油带来的便利,根本没有人想过石油消耗完了

---

[①] 张志前、涂俊:《哈伯特峰值意味着什么》,和讯读书,http://data.book.hexun.com/chapter-3710-2-16.shtml。

《"石油峰值"再解析:人类会把地球上的石油全用光吗?》,网易财经,2016年7月20日,http://money.163.com/16/0720/16/BSEC3QLE00253B0H.html。

《石油峰值理论或已安息》,中国石化新闻网,2014年2月28日,http://www.sinopecnews.com.cn/news/content/2014-02/28/content_1381221.shtml。

之后会怎样，人们也不相信石油会在短期内耗尽。然而，作为一个地质学博士，哈伯特却在思考着一个问题：一个产区有多个单独的油井，各有其寿命周期，就整个产区而言，也应该有寿命的周期，那么一个产区的寿命周期是多少呢？如何才能预测其产量呢？

哈伯特首先研究了单个油井的寿命周期。他将单个油井的每日产量数据画在同一张图上，结果他惊奇地发现，尽管单个油井的产量有上升期、稳产期和衰竭期，且产能各不相同，但整个产区的产量相当接近于一个"钟形曲线"，其顶部就是峰值。一旦过了顶部，曲线就开始下行，整个产区的衰退不可避免。这曲线后来被称为哈伯特曲线（Hubbert Curve）。

举一个简单的例子：当一个新油田被发现的时候，起初产量很低，因为用来大规模开采的机器设备还没有装好。逐渐地，设备的规模逐渐扩大，被开发的油井越来越多，石油产量也跟着迅速上升。到了一定时间以后，产量增加的速度就开始减缓，直到完全停止。这是因为油田的储量是有限的，就像喝一瓶可乐——喝得越快，瓶里的可乐就越少。然后石油产量就开始无法逆转地下降。慢慢地，即使再挖油井、使用更先进的技术也无法抽取更多的石油。这个过程一直到抽取、运输、加工石油总计耗费的能量超过了采出的石油能量时才停止。到了此时，已经不值得再继续开发该油田了。1949年，哈伯特在《科学》杂志上发表文章，首次提出了矿物资源的"钟形曲线"问题。

哈伯特曲线是从分析单个油井得出的，后来发现，哈伯特曲线也适用于一个地区。当一个油田被发现时起初的产量是很小的，这是因为开采它所需的基础设施还没有配置好。当更多的钻井和更好的设备配置起来之后，石油的产量就开始不断地增加。在所有最好的设备和开采配置之后，石油的开采量就会达到一个峰值产量，即使技术进步或钻更多的井也不会逾越这一峰值。峰值出现之后，石油产量就会慢慢地但是却逐渐地变小。峰值点后油田枯竭之前还有一个具有重大意义的点，在这一点上，我们开采运输和加工一桶石油所消耗的能量与此桶石油所蕴含的能量相等。此时石油是不值得开采的，除非是用来做更有价值的工业原料，否则这个油田将会被人们废弃。

**美国与哈伯特"石油峰值论"**

美国曾经是石油峰值的典范。1956年，哈伯特预测美国石油产量将在1970年前后达到峰值。后来，美国本土石油产量果然在1970年达到峰值964万桶/天。峰值后的产量下降被阿拉斯加北坡油田的发现及1977年Aleyska石油运输管道的开通而打破，而这是哈伯特没有预料到的。

来自美国能源信息署（EIA）美国原油产量，显示了1900~1970年原油产量的逐渐增加。石油行业认为，这种上涨趋势会永远持续下去。当哈伯特警告"盛宴"将在1970年结束的时候,他们都感到很吃惊。阿拉斯加北坡油田的发现在下降曲线上产生了一个"肩",但除此之外,哈伯特的预测直到2008年都是对的。由于页岩油开采技术的蓬勃发展,2008~2015年间,美国石油产量几乎增长了一倍。

1985年,阿拉斯加石油产量达到第二个峰值897万桶/天,此后,产量持续下降,并在2008年触及低位500万桶/天。

1955~1970年,钻井平台总数从2683台降至1027台。与此同时,原油产量从680万桶/天升至960万桶/天。哈伯特是在1956年作出的预测。此后几年,美国原油产量大涨41%,而钻井数下降62%。难怪石油业嘲笑哈伯特。

然后1970年之后,随着石油产量逆转,钻井行业进入高速运转,运作的钻井数在1981年大幅上升至3974台的峰值。但是没有用,不论石油及钻井行业如何试图扭转局势,美国48个州(除了阿拉斯加)的石油产量继续下跌。

1981年的油价暴跌结束了钻井狂潮,钻井数量回到1000台以下,在此水平一直持续到21世纪初。油价的"熊市"在1998年结束。到2000年,美国钻井业重新开始作业,起初钻探传统的垂直井,后来在2004~2005年左右,页岩水平钻井开始。产量在2009年有所好转。

那些公然反对石油在2005年左右达到峰值的人士争辩,高油价会带来更活跃的钻井活动及技术革新,会让产量达到社会需要的任何水平。他们还指出,新的产油区会被发现,让资源基数上涨。

但这个成功故事有一个不快的收场。由于页岩油的钻探及生产成本较高,只有高油价才能让页岩油企业生存下去。但页岩油的产量过剩导致价格暴跌,使页岩油钻探企业现金流不足,导致大量企业破产。

因此,石油行业和经合组织经济体面临一个严重的难题。页岩油企业或许暂时可以生存,但在目前的市场环境下,他们无法顺利运转。要么价格需要设置在一个可以盈利的水平,要么产量需要得到控制以保护价格和市场份额。当然,这会扼杀创新,而且发生的可能性不大。

**石油峰值的反思**

石油峰值理论主要以自然力量的主导为核心。日益复杂的技术应该可以改善这一状况,曾被认为无法触及的储量也会投入生产,但现在看来石油资源似乎并非是有限的。

这是否意味全球石油产量将继续增长而不会达到峰值?答案是否定的。未来10~20年,可能会看到成本上涨与气候变化导致石油生产势头的缓慢减弱。

事实上,即使哈伯特及其追随者给出的理由不够充分,石油峰值仍会在未来出现。随着易采石油的消失,私营石油公司将被迫开采愈来愈艰难的难采储量,并推高生产成本，在气候变化和环境保护主义升温的背景下也会对投资产生潜在的消极影响。

**案例提示与思考：**

1. 你如何解读"哈伯特石油峰值理论"？
2. 你如何看待"化石能源永远用不完，当化石能源越消耗越少时，价格就会上升，就会被新的、价格低的能源所替代"这一说法？

## 【案例 6-2】

### 美国天然气政策的演变①

20世纪70年代受石油价格大幅上涨和美国对跨州天然气销售价格进行管制等因素影响，美国出现天然气短缺问题。为解决天然气供应短缺问题，美国从1978年开始实施了一系列放松管制的政策。放松管制政策虽然并未马上带来天然气市场的快速发展，但却建立了新的市场结构并为21世纪以来的页岩气革命奠定了制度基础。

美国天然气市场在过去40年实现由短缺向充裕的巨大变化表明，好的规制政策应具备三方面特征：第一，规制政策在保护消费者利益的同时，要给予生产者足够的激励；第二，规制政策要能够适应天然气市场和其他能源市场的变化；第三，规制政策要充分考虑环境政策等变化对天然气市场的影响。

**价格管制造成天然气短缺**

为保护消费者不受到垄断价格的侵害，美国联邦电力委员会开始对跨州销售天然气的井口价格直接定价，却不料这种价格限制削弱了生产商们勘探和生产的积极性，导致部分州出现天然气供给短缺。

在早期的美国天然气市场中，管道公司具有买方和卖方的双重身份，并均处于垄断地位。为防止跨州管道公司滥用市场力量，保护消费者利益，1938年美国国会通过了《1938年天然气法案》。根据该法案，国会授权联邦电力委员会（FPC）制定州际管道公司的管输费率，并负责对州际管道建设实行市场准入管理。1938~1954年，联邦电力委员会的监管范围只是跨州天然气管道，不涉及天然气生产商。生产商销售给管道公司的价格（即井口价）由管道公司直接转嫁给终端用户。因此，过高的井口价很容易抵消终端用户受到的其他价格保护。

---

① 邓郁松、杜浩然：《美国天然气政策的演变》，中国国土资源报，http：//www.gtzyb.com/guojizaixian/20160418_95737.shtml，2016年4月18日。

《美国天然气产业发展历程——从管制到竞争》，中国产业信息网，http：//www.chyxx.com/industry/201312/225016.html，2013年12月11日。

1954年，美国高院对飞利浦石油公司的案例判决改变了这种监管方式。在这个判决中，高等法院认为天然气的生产商销售天然气给跨州管道运营商，也应受到联邦电力委员会的监管。由此，联邦电力委员会对跨州销售天然气的井口价格也开始直接定价。

20世纪70年代初期，美国开始出现天然气供应短缺问题，许多州际天然气管道公司面临履约困难。1971年4月15日，联邦电力委员会颁布431号令，表达了对此情况的密切关注。在1976年和1977年，中西部很多学校和工厂因为天然气供应不足而被迫关闭。这种天然气供应短缺是供求失衡的结果，主要与三个因素有关：

一是为控制和减少空气污染，美国开始更多地使用相对清洁的天然气，由此带动天然气需求快速增长。1963年，美国国会通过了《清洁空气法案》。《清洁空气法案》的颁布加速了美国能源消费结构的调整，天然气消费量从1963年的13.97万亿立方英尺增长到1972年的22.1万亿立方英尺，增长了58.2%，而同期煤炭消费只增长了23.8%。

二是第一次石油危机造成石油价格大幅上涨，带动了天然气需求和价格同时上涨。天然气和石油相互替代性较强，天然气价格变化受石油价格变化影响较大。1973年第一次石油危机爆发，主要石油输出国的禁运政策使得油价增长了300%。大幅上涨的石油价格迫使消费者以天然气替代石油产品，并推高了天然气价格。

三是受管制的跨州天然气价格造成生产下降，供应不足。第一次石油危机后国际油价大幅上涨，州内销售的天然气由于未受到价格管制，可以灵活调整价格来适应原油市场和原油价格的变动。但是联邦电力委员会对跨州天然气销售价格的限制，造成生产商们不愿跨州销售，也削弱了其进行勘探和生产的积极性，结果造成产量下降和部分州天然气供应短缺问题。美国天然气产量1973年达22.6万亿立方英尺，此后由于价格管制，产量明显下降。

在日益增长的需求和不断减少的供给共同作用下，美国出现天然气短缺问题并持续了近10年。

**放松管制没有立见成效**

为解决天然气供应短缺问题，美国逐渐放松对天然气市场的管制，但放松管制导致了天然气价格上升、需求下降。管道公司签署的大量"照付不议"合同，为其后续经营埋下隐患。解决这些问题的过程，进一步推进了美国天然气行业改革。

由于意识到价格管制反而造成天然气供应短缺，损害了消费者利益，1978年11月美国国会颁布了《1978年天然气政策法案》（即NGPA），作为国家能源法案的一部分，开始逐步放松对天然气市场，特别是天然气价格的管制。《1978年天然气政策法案》主要有三个目标：创建一个全国一体化的天然气市场；平衡市场的供需；允许天然气的井口价格由市场决定。

提高全部天然气的价格必将面临政治上的阻力，为此，《1978年天然气政策法案》对天然气气源进行了分类，并规定了每一类别的价格上限。通过这样的方式，该法案得以提高新开发的以及成本较高的天然气井口价格。另外，作为国家监管天然气市场的实体，联邦电力委员会被联邦能源管理委员会所取代。

《1978年天然气政策法案》的实施给天然气市场带来三方面影响：一是天然气井口价格在数年间迅速攀升，虽然管道公司通过新旧销售合同的调剂，缓解了一部分价格上涨压力，但是卖给最终用户的价格仍提高较快，这在一定程度上造成需求下降。二是管道公司为防止再出现天然气供应短缺问题，签订了许多高价的"照付不议"合同，这为管道公司的后续经营埋下了隐患。三是生产商通过与管道公司签订长期订货合同增加了收入，并开始加大天然气的勘探开发力度。

针对当时供应短缺的情况，美国国会在1978年还颁布了《电厂和工业燃料使用法案》，该法案禁止新的工业锅炉和新电厂使用天然气，以保证对居民的供应。由于电厂和工业燃料用户用气量大，该法案的实施对后续天然气需求增长带来不利影响。

经历了近10年的天然气短缺后，管道公司在逐步放开井口价格时迅速签署了大量价格较高的"照付不议"合同。"照付不议"要求管道公司不管是否输送了合同规定的天然气量，都要支付合同规定数量的天然气价款。但是，天然气价格上涨造成需求下降，加之受《电厂和工业燃料使用法案》的后续影响，美国天然气需求量从1979年到1987年下降了21%。由于消费者对天然气的实际需求量明显低于管道公司"照付不议"合同所签订的数量，管道公司开始面临履行合同的困境。而为解决"照付不议"合同问题付出的努力，又进一步推进了美国天然气行业的改革。

为了保留那些计划用煤或者石油替代天然气的价格敏感型消费者，一些管道公司开始实行"特别营销计划"，允许部分用户从管道公司处购买"未捆绑"的运输服务。即这些用户可以从生产商处直接以更低的价格购买天然气，并与管道公司另行结算运输费。联邦能源管理委员会批准了"特别营销计划"，主要是允许工业用户可以直接从天然气生产商手中购买天然气，并通过管道公司进行输送。由于其他一些用户没有办法选择生产商，所以在法院的一些案例中判定"特别营销计划"涉嫌存在歧视。1985年10月31日该计划被废止。但是，这种允许用户自己购买天然气，管道公司只提供输送服务的实践并没有被放弃。事实上，它变成了联邦能源管理委员会政策的一部分，进而推动了天然气销售和输送的分离。

**改革未因供需下降停滞**

由于国际石油市场发生重大变化，放松市场管制并未带来天然气市场的快速发展，但政策调整促成管道输送服务和天然气销售分开的最终完成。尽管这一过程中，美国天然气市场的供给和需求均出现了下降,但改革并未停止。

1985 年联邦能源管理委员会颁布了第 436 号法令,规定管道公司作为天然气的输送者独立运营,而不是将销售和运输捆绑在一起。此法令适用于所有的天然气用户,这样就避免了歧视问题。

436 号法令允许管道公司应用户的要求,在其自愿的基础上为用户提供管输服务。管输服务的收费设置了上限和下限,在设定的收费区间内管道公司可以自主定价为用户提供服务。尽管 436 号法令的框架是基于自愿的原则,但被大部分管道公司采用。这促进了管道公司输送与销售业务的逐步分离,输送天然气成为管道公司的基本经营方式,管道公司开始为各种类型的用户提供天然气输送服务。天然气管道公司销售和输送业务的分离,还使天然气销售商开始成为市场的重要主体,促进了天然气供应侧的竞争。对最终用户而言,436 号法令的实施使他们可以有多种方式选择购买和输送天然气。

与此同时,436 号法令也造成终端用户从管道公司购买天然气数量的减少,这进一步加剧了管道公司承担"照付不议"合同的负担。为解决这一问题,联邦能源管理委员会在 1987 年颁布了第 500 号法令,该法令解除了管道公司在天然气短缺时期同生产商签订的"照付不议"合同,并设计了一种公平分摊机制,允许管道公司可以在合理的范围内转嫁因修改或终止"照付不议"合同而增加的部分成本给他们的用户。管道公司对不同客户的收费数额,主要依据过去一段时间内该客户在短缺时期和正常时期对天然气购买之差为标准进行征收。

尽管《1978 年天然气政策法案》中已经对天然气井口价的限制开始松动,但直到 1989 年美国国会通过了《天然气井口解除管制法案》,才真正结束对天然气井口价格的管制,实现州内和州际天然气市场的融合。

1992 年颁布的联邦能源管理委员会第 636 号法令完成了管道输送服务与销售业务分开的最后一步。该法令规定管道公司必须将管道输送服务和天然气销售分开,即管道公司不再介入天然气商品的销售,或者以捆绑的价格提供销售服务。任何用户都可以自由地选择天然气的销售商、管道的运营商以及天然气的储存商。

从 1978 年开始到 1992 年,美国经过 14 年的时间,实现了天然气行业基础架构和监管方式的根本性变革,产业链各环节的竞争性显著增强。

尽管监管机构放宽了对天然气行业的管制并更加重视市场机制的作用,但 1980~1990 年间美国天然气市场不仅未实现快速发展,市场规模甚至还出现了萎缩。天然气产量从 1980 年的 19.4 万亿立方英尺下滑至 1986 年的 16.1 万亿立方英尺,同时期的天然气用量也从 19.9 万亿立方英尺下降到 16.2 万亿立方英尺。导致市场规模下降的原因主要包括:一是 20 世纪 80 年代中期的油价骤降使天然气在同石油的价格竞争中处于不利地位,减少了天然气需求;二是 20 世纪 70 年代末期对天然气在电力和工业锅炉等领域的使用限制，造成一些用气量大行业的新增需求由天然气转向其他能源产品；三是能源利用效率的逐步提高，进一步削减了对天然气的需求。

从20世纪80年代中期开始，面对国际能源市场的巨大变化和天然气需求的低迷，美国天然气行业改革并没有停止。推进天然气行业改革的动力主要来自三方面：一是越来越多的人意识到，价格规制扭曲了市场信号，需要更加重视市场在价格决定中的作用。二是石油价格的剧烈波动给合同僵化的天然气市场带来巨大的竞争压力，迫使天然气行业进行适应性调整。三是州际管道的发展加速了管道运输之间的竞争，为进一步推进改革奠定了重要基础。

**特定环境造就页岩气革命**

21世纪初以来国际油价的持续快速上涨，是页岩气革命成功最重要的市场条件。而天然气放松管制政策，则奠定了页岩气革命的制度基础，使油气公司不再担心价格扭曲问题，并使中小型油气公司得以发展。

2007年以来，美国天然气产量开始快速增长。2007年美国天然气产量为24.66万亿立方英尺，2014年产量达到31.35万亿立方英尺，增长了27.1%。这一时期，作为非常规天然气的页岩气，成为天然气总产量增长最重要的驱动力。2007年美国页岩气产量为1.99万亿立方英尺，2014年增长到13.75万亿立方英尺，净增长量高达11.76万亿立方英尺，是同期天然气总产量净增长量的1.76倍。2014年美国页岩气产量已占当年全部天然气产量的43.88%。

页岩气产量的快速增长直接造成美国天然气价格的大幅下降，天然气井口价格从2005年的7.33美元/千立方英尺，跌至2012年的2.66美元/千立方英尺。页岩气产量的大幅增加还带来美国天然气进口量的持续下降。2007年美国天然气进口量达到历史最高的4.61万亿立方英尺，2008年开始美国天然气进口量持续下降，2014年美国天然气进口量下降到2.66万亿立方英尺。

天然气行业发展具有鲜明的阶段性特征，同时对上、中、下游协调发展的要求较高。美国从1978年开始放松对天然气行业管制时，天然气市场已过了快速发展期，总体进入到平稳发展阶段。即便如此，美国仍经历了十几年的时间才完成天然气行业的改革，建立起竞争性的市场结构和相应的监管体系。中国目前仍处在天然气市场快速发展期，在推进改革时宜充分认识到中国天然气行业所处发展阶段的特殊性，积极审慎推进相关改革，确保改革顺利推进。

**案例提示与思考：**

1. 你认为价格控制对美国天然气行业有何影响？
2. 你认为美国天然气监管经验对中国天然气资源利用有何启示？

## 【案例 6-3】

### 中国式"页岩气革命"①

据美国能源情报署估计，中国页岩气的储量世界第一，为 36 万亿立方米，近高于排名第二的美国的 24 万亿立方米，约占全球总储量的 20%。

不过，尽管开发潜力巨大，但中国的地质条件比美国复杂，技术和环保方面的挑战也增大。目前中国一共开了大约 60 口井，产气的不到 30 口。据了解，在 2015 年以前，中国的页岩气开发将仍以勘探工作为主。到 2020 年，中国的页岩气产量预计要达到 600 亿~1000 亿立方米。

**什么是页岩气？**

页岩气是种以游离或吸附状态藏身于页岩层或泥岩层中的非常规天然气。页岩气和常规天然气一样，是一种清洁、高效的优质能源。

在北京，机动车成为大气污染物的主要来源，而天然气燃料几乎不含硫、PM2.5 等有害物质，燃烧时产生二氧化碳少于其他化石燃料，因而能从根本上改善环境质量，同时相比汽油，车用天然气更省钱。

一般情况下，1 立方米天然气的行驶距离约等于 1 升汽油的行驶距离。如果以百公里油耗 8L 的轿车为例，按 1 年行驶 3 万公里计算，1 年时间，使用天然气将比使用 93 号汽油节约 11016 元。

页岩气资源一旦得到充分开发利用，不仅会激发新的能源经济，还会很大程度上替代煤炭能源，为环境保护减负。

**中国天然气对外依存度高**

在中国煤炭石油能源消费占主体的背景下，资源越来越枯竭，能源结构改革迫在眉睫。中国天然气在能源消费结构中的占比很低，仅占 5.1%，比世界平均水平低近 20 个百分点，由此看出，天然气具有巨大的增长空间，但同时，天然气对外依存度却挺高。

2013 年中国天然气消费量达到 1676 亿立方米，进口 530 亿立方米，进口依存度达 31.6%。其中，为中国提供最多天然气的国家是土库曼斯坦。

---

① 《页岩气革命在中国可行吗？》，图解财经，http://business.sohu.com/s2014/picture-talk-174/index.shtml。
《中国页岩气储量全球第一机构称全部开采会成一场灾难》，凤凰财经，http://finance.ifeng.com/a/20140904/13060594_0.shtml，2014 年 9 月 4 日。
《期待中国的页岩气革命》，搜狐财经，http://business.sohu.com/20121022/n355371975.shtml，2012 年 10 月 22 日。

**中国页岩气开采困难重重**

对世界头号能源消耗国中国而言，页岩气储量全球第一无疑是个好消息。一方面，国际能源总署此前表示，到 2035 年，中国天然气消费量或将增长五倍；另一方面，中国能源消耗总量的 70% 是煤，对煤电的依赖造成了严重的空气污染。

但世界能源研究所（WRI）在公布这个好消息的同时，也泼了一盆冷水：超过 3/5 的中国页岩油气资源位于水资源缺乏地区，而开采页岩气离不开水。现有的页岩气开采过程，是将以百万升计的水、沙子和化学药剂一起注入页岩井下，压裂岩层，使页岩气溢出。作为研究可持续资源管理的非政府研究机构，WRI 表示，在美国，仅钻井就需要 20 万～250 万升水，水力压裂环节对水的需求量则高达 700 万～2300 万升。

并非所有的开采用水都会永远消失。在钻井和水力压裂过程中，有 1/10 至 3/4 的水会回流到地表，而这些回流水中都包含有毒化学药品。开采公司可以将这些水回收，用于下次水力压裂，也可以将其储存在废水池内，还可以将其直接排入地表水。这样一来，如果回流水没有被妥当处理，就有可能污染当地地下水，进一步增加当地水资源供应风险。

WRI 表示，中国并不是唯一受此困扰的国家，储量大的页岩油气资源有很多都位于水资源匮乏地区。不幸的是，中国是受此困扰最严重的国家之一。

在中国，南方水资源更加充足，但页岩油气资源大部分位于北方。中国页岩气储备主要集中在四川盆地和塔里木盆地，这两个区域水资源供应均已非常紧张，油气开采面临巨大挑战。雪上加霜的是，页岩油气资源储量大的地区全都人口密集，这意味着如果企业想要开采，除了要挤占灌溉水源外，还要和工业用水及生活用水竞争。一旦处理不当，开采页岩油气资源将酿成水资源短缺和水污染的双重灾难。

**"页岩气革命"**

世纪之交美国掀起的页岩气本土开发热潮，是一场名副其实的能源革命，堪称 21 世纪最重大的能源创新。2000～2010 年，美国页岩气占美国天然气供给量从 1% 迅速上升至 23%。低廉的成本不仅使美国成为气价最低的国家，而且对石油的比价优势也很明显，油价是气价的 6 倍以上。美国页岩气革命改变了其能源结构，还将在未来深刻影响全球的能源格局和工业格局。由于页岩气的商业性开发，美国能源对外依存度已降至 20 世纪 80 年代以来最低水平，并于 2011 年首次超越俄罗斯成为世界最大的天然气生产国。此外，IHS 咨询公司资料显示，页岩气革命推动了美国化学工业的高速发展，并已创造了 170 万个就业机会。

中国较高的能源对外依存度使得本土页岩气的开发显得尤为迫切。虽然中国页岩气资源潜力巨大，而且政府高度重视，但是仍需要克服一系列的障碍：首先，中国地质条件较复杂，而且技术落后美国十年以上；其次，管网建设滞后，骨干网少，缺少地方管网；第三，前期投入大，需要财政补贴、税费减免等政策大力支持；第四，社会资本投资热情很高，但是需要有打破垄断、公平参与的实质性体制改变。

虽然存在现实的障碍，但是也有一些积极因素，如：目前已初步掌握页岩气压裂技术；设立页岩气为独立矿种，社会资金准入勘探开发，打破油气专营权垄断格局；优选页岩气区块，第二批探矿权招标即将完成；正在研究制定具体补贴政策，设备免征关税，减免探矿权和采矿权使用费；开展天然气价格形成机制改革试点，打开了气价的上调空间，页岩气的市场化定价可期。

**案例提示与思考：**

1. 你认为页岩气这一非常规能源利用的优点与缺点是什么？

2. 从国家安全方面你如何看待案例中"中国较高的能源对外依存度使得本土页岩气的开发显得尤为迫切"？

## 【案例6-4】

### 21世纪的绿色能源："可燃冰"[①]

天然气水合物（又被称为"可燃冰"）被认为是21世纪最具潜力的接替煤炭、石油和天然气的新型洁净能源之一。已引起世界各国尤其是发达国家及能源短缺国家的高度重视。党中央、国务院高度重视新能源的开发与利用，多次强调加快推进中国天然气水合物资源勘查与试采工作。

**什么是天然气水合物？**

天然气水合物形成于低温、高压且气体充足的环境，由水分子和气体分子组成，外貌类似冰雪，可以像固体酒精一样被点燃，因此被称为可燃冰。形成可燃冰有三个基本条件：温度、压力和充足的气源。海底的低温和高压对于天然气水合物的形成非常有利，因此世界上的天然气水合物约有97%分布于海洋中，仅3%分布在陆地冻土带。自然产出的可燃冰存在形态各异，主要有块状、脉状、结核状和分散状。标准状态下，1体积的天然气水合物大概可以分解为164体积的甲烷气体，资源密度很大。

可燃冰自其被人类发现以来就备受关注。据估算，在世界各大洋中天然气水合物

---

[①] 《中国地质调查百项成果之"中国天然气水合物资源报告"》，中国地质调查局广州海洋地质调查局，http://www.gmgs.cgs.gov.cn/cgkx_4315/201611/t20161122_417415.html，2016年11月22日。

黄进：《中国明年试采海域可燃冰》，南方日报，http://www.southcn.com/nfdaily/nis-soft/wwwroot/site1/nfrb/html/2016-04/28/content_7541014.htm，2016年4月28日。

《水合物灾害效应》，http://www.sunpetro.cn/thread-107326-1-2.html。

《水合物气候效应》，http://www.sunpetro.cn/thread-107304-1-2.html。

总资源量约为 $(1.8～2.6)\times10^{16}$ 立方米，大约相当于全球已知煤、石油和天然气总储量的两倍，可供人类使用上千年，截至 2015 年底，在全球已直接或间接发现水合物的矿点达到 232 处，其中 4 个矿点开展了试开采工作。

**中国进入可燃冰勘探强国之列**

20 世纪 70 年代以来，美国、加拿大、日本、俄罗斯、德国、印度、韩国等国纷纷投入巨资对其进行勘探研究，特别是美国、日本、印度、韩国等将其列入国家级研究开发计划。尽管如此，目前，世界上可燃冰处在勘查和试采阶段，仍然没有被商业开发和利用。

目前中国针对天然气水合物的找矿专项行动由中国地质调查局组织实施、广海局具体承担，主要在南海北部展开调查，其中，广海局是中国海域水合物调查研究的主力军和引领者，为中国先后于 2007 年、2013 年、2015 年三次在南海实现水合物资源勘查重大发现作出了重大贡献。十几年来，在天然气水合物资源勘查专项的支持下，广海局在天然气水合物勘探领域不断总结经验教训，不断推动水合物勘探理念和装备技术的进步，从无到有逐渐摸索建立了适合中国南海天然气水合物调查的一整套勘探模式和技术方法体系，而今中国已能立于水合物勘探强国之列。

"十一五"以后，南海天然气水合物调查由以全面普查为主的阶段进入到以重点目标区详查和钻探为主的阶段；"十二五"期间，广海局主要进行多个天然气水合物重点目标区详查和多次水合物钻探工作，这为下一步海域天然气水合物实验性开采的开展打下了坚实的基础。

2007 年在南海北部神狐海域首次钻获天然气水合物，使得中国成为继美国、日本、印度之后第 4 个通过国家级研发计划在海底钻获天然气水合物实物样品的国家。2013 年在南海北部珠江口盆地东部海域首次钻获高饱和度水合物，首次钻探证实超千亿方级天然气水合物矿藏。

2015 年 6 月到 9 月，广海局再次在相关海域实施 23 口天然气水合物钻探井，均发现天然气水合物，水合物矿体厚度大、储量大，呈高饱和度特征。钻井控制矿藏面积 128 平方千米，控制资源量超过 1500 亿立方米（折算成天然气），圈出 10 个规模较大的矿体，其中包括通过钻探取芯落实的 2 个大型矿体，此次钻探还首次发现 Ⅱ 型天然气水合物，与深部油气密切相关，对指导油气勘探具有重要意义。

陆域水合物勘探方面，2008 年 11 月，在青海祁连山木里地区实施的 DK-1 井首次钻获天然气水合物实物样品，使得中国成为世界上第一个在中纬度高原冻土带钻获天然气水合物实物样品的国家。2009～2015 年，在木里地区 9 口钻井发现天然气水合物实物样品。在青海祁连山冻土区成功实施陆域天然气水合物试开采，采用降压法和加热法成功将地下 130～400 米处的天然气水合物分解出天然气，使中国成为世界上第三个成功进行天然气水合物试采的国家，初步掌握了试采技术，并研发出了一套具有自主知识产权的关键试采装备，为海域天然气水合物试验性开采提供技术参考。

**天然气水合物的灾害效应**

水合物的分解可能导致大陆边缘大规模的海底滑塌，进而可以诱发严重的海底滑坡，从而使海底工程设施遭到损毁，如海底输电、通讯电缆、海洋石油钻井平台等。很多学者还推测认为百慕大三角区发生的很多匪夷所思事故的元凶就是天然气水合物。因此，水合物引发的环境地质灾害对于油气工业生产有着直接的影响，并且会对人类安全造成很大的风险。天然气水合物引发海底滑坡的最著名实例是挪威海岸的Storegga滑坡体，这也是目前为止发现的最大的海底滑坡体之一。该滑坡体形成于古近纪，迄今已因水合物的分解先后发生了3次大的滑坡事件。

**天然气水合物的气候效应**

当前气候正发生着趋暖的变化。由于对气候变化反应非常敏感，海洋和极地冻土带赋存的天然气水合物很可能会发生失稳，其中的甲烷有被大量释放出来的危险。由于甲烷是一种效能很高的温室气体，加之它的氧化产物（$CO_2$）的存在，即使仅仅有很少一部分甲烷进入大气也会引发严重的后果。

大气中甲烷含量的提高，将会导致氧化反应所需的羟基更加迅速地亏损，甲烷滞留时间的变长，因而导致甲烷诱导的气候变暖效应加剧。联合国政府间气候变化专门委员会即IPCC（2001，2007）将大约$3.75 \times 10^{-4}$Gt碳，相当于约1%的全球甲烷年排放量归因于天然气水合物的分解。还有研究表明，全球气温上升3℃，就会导致35~940GtC的甲烷释放，反过来又会使气温增加0.5℃。地质历史时期气候变暖事件时有发生，而这也与天然气水合物释放甲烷有关。

**开发利用可燃冰尚需时日**

目前为止，世界上唯一一个实现水合物开发的地方是位于西伯利亚冻土带的梅索亚哈气田，美国、加拿大也已经在陆地冻土带成功实现试开采，陆上开采技术将逐渐成熟。相比而言，海洋可燃冰开采从技术层面看要比陆地困难得多，日本、中国、美国、韩国、印度等正在加紧研究海洋可燃冰开发技术，日本于2013年成功实施海底可燃冰试采。

可燃冰的开发利用将会与其他能源资源开发利用一样，逐步走商业化道路，商业化的意义在吸引商业资本进入这种新能源开发领域，有助推动产业化进程，难点是尽快形成成熟的开发技术，降低开发成本。因此，目前仍需由国家主导可燃冰勘查开发工作，产、学、研相结合，逐步引导国家石油公司及商业资本进来，合力攻克开发技术难关，"一旦技术成熟，环境可控，成本又能降下来，距离可燃冰的商业开发就不远了。"

尽管如此，业内人士也提醒，可燃冰开采还有很多看不见的危险。首先，可燃冰本身对海洋工程的巨大威胁，可能导致井场周围海底地质灾害，引起井壁不稳定、井径扩大、井喷等事故，危害钻井平台，影响海底缆线及其他工程设施，甚至波及沿岸建筑物，危及航行安全和人们的生命财产。

此外，如果要大量开采可燃冰，必然面临能源消耗问题，在目前的技术水平下，将其从埋藏处输送至地表所需的能源消耗量，远高于其自身所含的能源量。因为可燃冰光依靠发掘不能实现自喷，而且埋藏在深海域，所以将其开采运输所需要的工程量十分巨大，自然也就带来相应的成本消费和能源消费。

可燃冰开采另一个现实问题是环保问题。可燃冰虽然号称绿色环保型资源，但是它的开采过程却可能面临破坏环境的危险。有关人士担心，如果发掘方法不当，就可能导致可燃冰大量气化，扩散至大气中，加速地球的气候变暖。

有科学研究表明，8000年前，挪威海域曾经发生过一次由于可燃冰破裂导致的天然气大量喷射，数量约为3500吨，相当于总埋藏量的3%，当时的100多个喷射口遗迹分布在1000平方公里的海底。因此，专家分析，如果目前埋藏的可燃冰气化散发到大气中，地球平均气温将在10年内上升4℃。甚至有人担心，可燃冰的气化再加上已经不断加速的地球气候变暖，将导致更大范围的可燃冰破裂，也许会将人类拖入灭亡的深渊。另外，由于开采可燃冰，需要将大量的采掘机械装载在海底，无疑会对海洋生态环境造成破坏，可能造成海底不稳定，导致地质灾害，也容易对大气环境造成影响。

从目前的情况来看，开发利用海域可燃冰仍需解决一系列问题。

**案例提示与思考：**

1. 为什么说天然气水合物利用尚需时日？
2. 你认为天然气水合物的前景如何？

# 第七章

# 可再生资源

**教学目标**

通过本章的学习，了解可再生资源与非再生资源配置的区别，重点掌握以渔业资源和森林资源作为代表的可再生资源的使用和管理，以及物种保护的问题。难点是渔业资源的有效配置和森林资源的有效开发。

**关键术语**

公共财产　资源存量　静态有效可持续捕捞量　动态有效可持续捕捞量　树木平均年增量　最优砍伐期　物种　生物多样性　非人类价值

## 第一节　可再生资源特征

可再生资源（Renewable Resources）是消耗速率低于再生速率的自然资源，即其存量可以持续地补充的资源，如果管理不善，不用可持续的方式来开采，也可能枯竭。

可再生资源的配置与非再生资源的配置区别：

（1）可再生资源往往由社会占有，模型的优化目标为社会利益最大化，由社会效用函数导出社会需求曲线，用社会需求曲线和供给曲线围成的面积（消费者剩余和生产者剩余）表示社会利益。

（2）贴现率变为社会贴现率。

（3）资源开采无中止时间限制。

（4）增加了可再生资源自然增长率变量。

## 第二节 渔业资源

对渔业资源的分析可以大体上应用于其他生物性公共财产资源（Biological Common-property Resources）。

### 一、渔业资源的生物学模型

Schaefer 模型建立了鱼类存量和鱼类存量增长之间的平均关系（见图 7-1）。

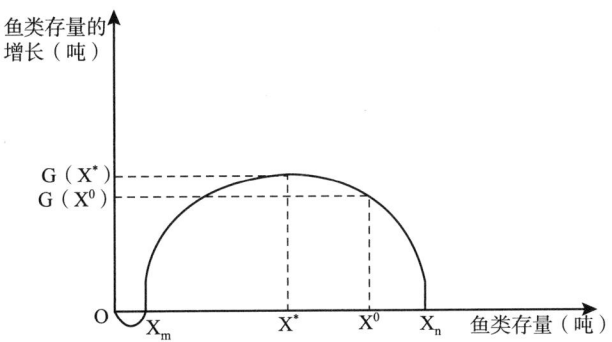

图 7-1　鱼类存量和其增长之间的关系

资料来源：张帆、夏凡：《环境与自然资源经济学（第三版）》，格致出版社 2016 年版。

横轴代表群体数量或存量，纵轴代表存量的增长，$X_m$ 到 $X_n$ 的弧线是一条可持续捕捞线。其中，$X_m$ 到 $X^*$ 范围存量增长随存量的增加而增加。$X^*$ 到 $X_n$ 范围存量增长随存量的增加而减少。在 $X_m$ 和 $X_n$ 两点，存量的增长都为 0。$X_n$ 是无外部影响的情况下持续存在的总体数量，称为自然均衡点（Natural Equilibrium）。自然均衡点是稳定的。$X_m$ 是最低可生存存量（Minimum Viable Population），又称为最小可变种群量，$X_m$ 是不稳定的。

可持续捕捞量：当捕捞量等于存量的增量时，存量可以保持不变。

### 二、静态有效性分析

有效的可持续捕捞量（Efficient Sustained Yield）指经济上效率最高的可持续捕捞量。

静态有效可持续捕捞量为不考虑贴现情况下取得最大年净效益的捕捞量（见图7-2）。

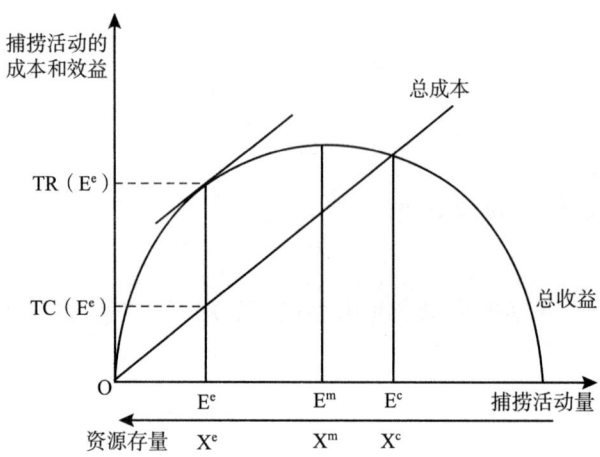

图7-2 静态有效可持续捕捞量

资料来源：张帆、夏凡：《环境与自然资源经济学（第三版）》，格致出版社2016年版。

图中，$E^e$为经济上有效的捕捞努力水平或最优捕捞水平。

渔业资源的公共财产性质产生两类问题：当前外部性和代际外部性。

## 三、动态有效性分析

动态有效可持续捕捞量（Dynamic Efficient Sustainable Yield）是考虑到贴现时的有效可持续捕捞量。

静态有效可持续捕捞量是动态有效可持续捕捞量在贴现率为0时的特殊情况。

贴现率越高，保存资源的成本越高。因此，贴现率使渔业资源的开发加速。一旦引进正的贴现率，与静态有效捕捞量相比，有效捕捞努力水平将上升。相应地，鱼类存量将减少。

## 四、有关捕鱼业的公共政策

（1）200海里领海权与私有化。

（2）早期的管制。

（3）税收。

（4）可交易配额。
（5）海洋保护区。

## 第三节 森林资源

### 一、森林的有效开发

树木平均年增量（Mean Annual Increment，MAI），等于树木生长累积体积除以树木累积生长年数。MAI 先增加后降低。

生物学决策规则是，在 MAI 最大时砍伐。

经济学认为，最优砍伐时间是净效益的现值最大之时。净效益的现值等于砍伐的收益的现值减成本的现值。

### 二、森林资源的破坏

中国森林资源破坏的主要原因：
（1）产权不明确或产权难以实施。
（2）由于经济发展前景的不确定性，经营者行为短期化，为短期利益损害子孙后代的利益。
（3）由于把经济发展作为衡量地方政府政绩的主要指标，地方政府过度追求经济发展，通过过度开发森林资源来增加总产值。
（4）政府官员和经营者勾结，为牟取非法利益，违反森林保护法规。
（5）政府监督不力，管理不善。

### 三、政府对森林资源保护的政策

政府对森林资源保护的政策包括以下方面：
（1）明确产权。
（2）征收资源税，使生产者在砍伐树木时把所有社会成本考虑进去。
（3）对森林资源保护采取一定的管制，例如对树木砍伐周期做出规定，并进行有效的监督和检查。

## 第四节 生物多样性

物种（Species）是有着一组共同基因的相对独立的可再生的生物群体。

生物多样性（Biological Diversity）指自然界中的植物、动物和微生物的种类的数量的丰富程度和每一物种活动的丰富程度。

### 一、生物多样性减少

用物种—面积关系来估算物种的灭绝由于涉及许多不可靠的假设，可能高估了物种灭绝的速度。

生物多样性遭到破坏的原因：

（1）生物多样性本身具有公共物品的特性。
（2）生物多样性往往没有相应的市场。
（3）政府失灵。
（4）人类的经济发展本身也可能造成生物多样性的破坏。

### 二、物种保护的经济利益和成本

道德是物种保护的理由之一，除此以外，生物多样性能给人类带来经济利益，这也是物种保护的原因。

在经济价值之外，还可以定义非人类价值（Nonhuman Value），这是物种自身具有的独立于人类的价值，来自物种自身的生存权利。对这种价值存在争议。

可以用意愿调查法估计生物多样性的非使用价值，即直接询问人们为保护某一自然资源的支付意愿。

### 三、物种保护的措施

物种保护的方法：

（1）建立物种保护区。保护区是由政府或非政府组织管理的、有较大面积的、相对不受人类干扰的、接近自然状态的地区。
（2）可持续地使用物种。

在不设立保护区的情况下减少对生物多样性的破坏，可以选择使用指令性控制或者经济激励手段。指令性控制作用直接、效果明显,但也容易产生副作用,对经济发展产生不必要的伤害。多数经济学家主张,在可能的情况下,尽量使用经济激励手段。

## 本 章 小 结

本章以渔业资源和森林资源作为代表来讨论可再生资源的使用和管理问题。为了保护渔业资源,私人部门和政府都开始采取措施减少捕捞量,使捕捞量达到有效的可持续捕捞量。

森林何时砍伐最适宜这个问题生物学家和经济学家的意见不同。经济学家认为,应在树木的净效益的现值最大时砍伐,而当延迟砍伐一年的边际收益等于其边际成本时净效益的现值最大。

物种减少的原因在于物种的公共产品性质、市场失灵、政府失灵和经济发展本身。生物多样性无论从道德的角度还是经济的角度来讲都是重要的。物种保护可以采取两种方法:建立物种保护区;可持续地使用物种。

【思考题】
1. 为什么可再生资源也是可能枯竭的?
2. 为什么渔业资源和森林资源都容易遭到破坏?
3. 不同的捕鱼业公共政策产生的效果有何不同?
4. 森林被砍伐后马上重新种植树木是否会影响最优的砍伐时间?
5. 为什么要保护生物的多样性?
6. 经济发展和保护生物多样性是否存在尖锐的矛盾?

【案例 7-1】

### 公地的悲剧[①]

1968 年加勒特·哈丁教授(Garrett Hardin)在《公地的悲剧》(*The Tragedy of the Commons*)一文中首先提出"公地悲剧"理论模型。

英国曾经有这样一种土地制度——封建主在自己的领地中划出一片尚未耕种的土

---

[①] 马清伟:《公地的悲剧》,人民网,2013 年 6 月 24 日,http://theory.people.com.cn/n/2013/0624/c40531-21952211.html。
《如何走出公地被滥用的悲剧?》,网易财经,2013 年 5 月 11 日,http://money.163.com/13/0511/01/8UICIJOJ00253B0H.html。

地作为牧场（称为"公地"），无偿向牧民开放。作为理性人，每个牧羊者都希望自己的收益最大化。在公共草地上，每增加一只羊会有两种结果：一是获得增加一只羊的收入；二是加重草地的负担，并有可能使草地过度放牧。经过思考，牧羊者决定不顾草地的承受能力而增加羊群数量。于是他便会因羊只的增加而收益增多。看到有利可图。许多牧羊者也纷纷加入这一行列。由于羊群的进入不受限制，所以牧场被过度使用，草地状况迅速恶化，公地牧场最终因"超载"而成为不毛之地，牧民的牛羊最终全部饿死，悲剧就这样发生了。

公地作为一项资源或财产有许多拥有者，他们中的每一个都有使用权，但没有权利阻止其他人使用，从而造成资源过度使用和枯竭。过度砍伐的森林、过度捕捞的渔业资源及污染严重的河流和空气，都是"公地悲剧"的典型例子。之所以叫悲剧，是因为每个当事人都知道资源将由于过度使用而枯竭，但每个人对阻止事态的继续恶化都感到无能为力。而且都抱着"及时捞一把"的心态加剧事态的恶化。公共物品因产权难以界定（界定产权的交易成本太高）而被竞争性地过度使用或侵占是必然的结果。

"公地悲剧"的更准确的提法是：无节制的、开放式的、资源利用的灾难。就拿环境污染来说，由于治污需要成本，私人必定千方百计企图把企业成本外部化。这就是赫尔曼·E. 戴利所称的"看不见的脚"。"看不见的脚"导致私人的自利不自觉地把公共利益踢成碎片。所以，我们必须清楚——"公地悲剧"源于公产的私人利用方式。其实，哈丁的本意也在于此。事实上，针对如何防止公地的污染，哈丁提出的对策是共同赞同的相互强制、甚至政府强制，而不是私有化。

### 如何走出公地的悲剧？

第一种是明确产权，把公地分配给每个牧民。既然公共物品容易遭到滥用和损害，那不如把它们分配给私人，使其产权明晰、权责明确。这样每个牧民在追求自身利益最大化的时候，就会自觉考虑到长期效应，从而使牧场资源得到更有效率和更可持续的利用。就中国的实践来看，家庭联产承包责任制对人民公社的取代和国有经济大规模退出竞争性领域就是这种通过产权制度安排来避免公地悲剧发生的一个应用和体现。这种解决方式的问题在于，需要依赖两个假定：一是计划者能够上知天文，下知地理，唯有如此，才能够精确地预测公共资源的变化以及最佳利用水平和时点；二是计划者还不能有私心。现实当中这两点其实都很难做到。

考虑国有情形，无私心的计划者可能理性有限，无法精确估计公共资源的最佳利用水平和时点，就只能采取保守估计，这个时候会出现资源利用不足；而有私心的计划者则可能利用手头控制的资源寻租，同样达不到资源的最佳配置效率。在私有情形下，同样面临理性局限问题，难以做到最佳配置。何况私有情况下公共资源会出现利用不足，假如公园变成私家花园了，怎么可能利用充分呢？

## 第七章 可再生资源

并不是所有公共物品都能或者适合通过产权分配的方式来避免公地悲剧的发生，尤其这里面还有社会制度等国情因素存在。在公共物品仍然保持其公有属性的情况下，我们只能通过个体之上的公共部门来规范和协调每个成员的行为，确保公共物品的合理有效利用。

这就是第二种解决方法：牧场成员组成管理机构，制定出统一的行为规范，并有专人负责监督施行。现实生活中，政府是最主要的公共部门，并且拥有强制力，因此绝大多数的公共物品由政府部门来负责管理，确保其不被滥用和损害。

比如很多地方以捕鱼为生，这些渔民就会自觉结成一伙，组成协会，依赖过往的经验大家商定一个捕鱼计划，通过这个计划的有效实施来避免公地的悲剧。但这种成功的自治也不是在所有公共资源领域都流行，因为这种做法也依赖一个德高望重的权威的存在，以及成员们相互之间的自觉监督和高昂的退出成本。假如这些条件不具备，也很难采取自治。也因为公共资源的使用方面存在各种约束，并且这些条件又经常难以满足，使得公共资源的使用一直成为经济学家困扰的问题。

中国的著名自然景观资源都是国有的，从这点上看产权明晰。特别是地方政府拥有当地自然景观的实际控制权，也在一定程度上可以弱化所谓的大家所有等于无人所有的问题。但即便是产权明晰了，自然景观的使用仍然很拥挤。因为没法在产权上做文章，于是一些专家和管理者想出了个办法——提价。其逻辑是，自然景观的管理投入太大，只有高价格才能补偿成本；提高价格可以降低客流，解决景区拥挤问题。而实际上究竟投入多少？作为公共资源的管理者并没有让成本费用透明，只能管理者自己说了算。而提价是否能解决拥挤问题？也许可以解决局部地区的拥挤，但无法解决全局的拥挤。也就是说，假如一个景区价格太高，游客会转向其他便宜的景区，导致便宜的景区拥挤。如果所有的景区都采取高价格，游客不出门旅游了，公共资源就会从拥挤转向利用不足，同样是浪费。从本质上说，自然景观的拥挤并不是价格低廉的问题，而是居民收入上升、对旅游的需求上升所致，是相对景区提供的服务来说，游客总量大所致。因此，改善拥挤的更好办法不是提价，而是拓展更多的服务，通过更多的服务来分散游客对某些景点的集中依赖。

类似的道理也在铁路上。铁路是国家所有，是公共服务，过年回家，火车票一票难求。于是一些专家发表了类似的提价言论，或者干脆说铁路私有化。首先看私有化能改进拥挤问题吗？其实不能。铁路就那么一条，无论国有还是私有，所提供的服务总量是限定的，而对铁路服务的需求还是那么大，因此，改变产权性质不可能解决拥挤问题。那么接下来要看提价问题。提价是不是能解决拥挤？其实也未必。价格上升，平时有铁路服务需求的可能会减少这种需求，但春节这种特定时候是解决不了的，高铁那么贵的票不还是需求很大？春节时期旅客的价格需求弹性是缺乏的，因此提价只能增加铁路公司的收益，但无法解决拥挤。我们再次看到和自然景观一样的问题,要试图解决铁路拥挤问题,只能更多的提供交通服务,也就是说,只有更多的建铁路线和公路线、提高铁路和公路的周转率,只有这样才能够有效解决拥挤问题。

自然资源的滥采滥用和生态环境的污染破坏,背后都有公地悲剧的影子。避免公地悲剧的发生,需要提高公民的素质和树立保护公共资源的意识,但更迫切的是,公共资源管理者应切实改进制度安排、严格监督执法——很多公共资源具有不可恢复性,一旦破坏就难以挽回,而公民道德的养成具有长期性,改变"不作为"的管理现状才是尽快避免悲剧发生的现实途径。

**案例提示与思考:**

1. 你认为"公地的悲剧"产生的原因是什么?
2. 你认为如何走出公地的悲剧?

## 【案例7-2】

### 挪威的海洋渔业管理[①]

挪威位于北欧斯堪的纳维亚半岛,是一个海洋渔业大国,面积32.4万平方公里,人口约为447.9万。挪威地处大西洋暖流和北极寒流的交汇区,形成丰富的渔场,主要的渔业资源有鳕鱼、毛鳞鱼、鲱鱼、鲑鱼等十几种。1999年海洋捕捞产量约为262万吨,海洋捕捞产值达99.12亿挪威克朗,渔船总数为13015艘(其中船长在13米以下的为11451艘,13~20米的为949艘,20米以上的渔船数为615艘),渔民19929人(其中专业渔民14259人,非专业渔民为5670人),水产品出口额近300亿挪威克郎(100挪威克郎约合89元人民币),海水产品的出口额已占整个挪威出口额的6.2%,仅次于石油和天然气居第二位。

挪威早在1946年就建立了渔业部,渔业部下设渔业局、海洋研究所、海岸局、国家渔业银行、渔民保证基金会等部门,具体负责渔业活动、海岸安全、海洋科研及渔业资金的具体管理。

挪威渔业局是具体负责渔业管理和制定实施渔业法规的部门,内设有行政管理部、信息技术部、渔业法律事务部、渔业经济部、地区管理与质量控制部、养殖部和营养研究所等部门。

挪威十分重视对海洋渔业资源的立法保护,先后颁布了一系列保护法规。如《捕鲸法》(1939年6月16日)、《拖网渔业法》(1951年4月20日)、《捕猎海豹法》(1951年12月14日)、《12海里渔业活动法》(1966年6月17日)、《渔民登记和标

---

① 王浩:《挪威的海洋渔业管理》,载《渔业现代化》2001年第4期。
方良、李纯厚、张伟:《挪威渔业资源及其管理》,载《中国渔业经济》2009年第2期。

识法》(1971 年 12 月 5 日)、《渔民注册登记法》(1972 年 6 月 12 日)、《关于从事渔业的规定》(1972 年 6 月 16 日)、《捕捞参与法》(1972 年)、《专属经济区法》(1976 年 12 月 17 日)、《外国渔船在挪威专属经济区捕鱼法》(1977 年 5 月 13 日,外国渔船其能在 12 海里~200 海里水域作业。同时,一种渔船只能有一种渔业执照,并且不得转让;渔业执照必须标明渔具、作业渔场、配额、执照有效期限、允许的渔获种类,而渔业执照亦必须存放在作业船上。渔船的标示必须清楚,并且需悬挂船籍国的国旗,必要时须接受登船检查)、《防止污染和排废条例》(1981 年)、《海洋渔业法》(1983 年 6 月 3 日,规定了实行捕捞配额制度、保护渔业资源措施和捕捞行为的限制,并授权渔业部或由渔业局决定渔船的配额、禁渔区、网目尺寸、捕捞标准、禁止与限制的渔具渔法、渔场分配、作业时间、作业船数、禁捕品种等。还包括渔获的销售、维持渔场正常作业秩序、管理者的职责、控制与监督的职责、法律责任等内容)、《港口和航道条例》(1984 年)。此外,还颁布了《网目法》、《鱼类可捕标准》、《渔区的开放、关闭时间》、《关闭特殊渔区》等。

**渔业资源管理的指导原则和制度框架**

挪威开发海洋渔业资源的基本原则是:"基于可获得的最佳科学建议,实现渔业资源的可持续利用"。可持续利用是指"持续收获可自行恢复(Viable)的资源",具体的操作原则是"捕捞量不应超过资源的增长量"。

按照这一原则,实现渔业资源的有效管理需要做好以下工作:首先,科学评估总可捕捞量(Total Allowable Catch,TAC);其次,将总可捕捞量以合理的方式具体分配到各渔业团体和渔船;最后,对渔船的捕捞实施有效监管。

(1)捕捞配额制度。

捕捞配额制度是挪威渔业资源保护的最重要的法律制度。配额的分配既包括国际捕捞配额的分配,也包括国内捕捞配额的分配。挪威 80% 的渔获量是与外国共享的渔业资源的配额,主要配额的管理鱼种有鳕、鲭、鲱、龙虾等。

在国际捕捞配额方面,是通过双边或多边的渔业谈判达成的。在配额的程序上,挪威是东北大西洋区域的国际海洋开发理事会(ICES)成员国,参加该组织定期召开的有关国家的渔业生物学家组成的工作组,负责分析、研究、集中所收集的资料,据此评估东北大西洋主要商业捕捞品种的鱼类资源状况。在此基础上,由各成员国专家组成的渔业管理咨询委员会(ACFM)负责提出下一年度这个区域的 TAC 建议。

各国渔业主管部门每年秋季轮换在各成员国进行国际谈判,讨论协商在 TAC 基础上各成员国接鱼种分享这些渔业资源的配额;在初步确定了 TAC 和配额分配捕捞之后,欧盟委员会将之提交欧盟部长理事会,部长理事会审议 TAC 和各成员国之间的捕捞配额的分配,通过后由部长理事会批准实施。在这个过程中,挪威总是尽力为国内渔民争取权益,获得更多的配额。由于在 62°N 北的鳕鱼资源属于挪威与俄罗斯的共享资源，因此两国将争议海域视为两国共同管理海域，对重要渔业资源由两国共同进行渔业资源调查，以此为依据设定TAC与配额。每年1~3月由两国的调查船在海域内进行资源调查，资源调查结果在国内汇总后，交给国际海洋开发理事会（ICES）的渔业管理咨询委员会（ACFM）资源工作小组，每年8~10月，再根据渔业管理咨询委员会对62°N以北的鳕鱼资源提出的3~5个方案供挪威与俄罗斯选择。渔业管理咨询委员会在听取了来自渔民和其他有关人士的意见后，将配额建议方案提交有关国家进行谈判。具体而言，每年11月中旬就巴伦支海资源与俄罗斯，12月中旬就北海资源与欧盟，最后就挪威专属经济区与冰岛、瑞典、格陵兰专属经济区间洄游资源与这些国家和地区举行谈判。谈判过程中有时会论及TAC的交换。

在国内捕捞配额方面，挪威在得到了挪威的渔业资源配额后，国内捕捞额度分配权在挪威渔业部，而建议方案则由渔业局作出。渔业局首先将某种鱼的限额通知渔业社团，渔业社团自己先协商确定不同作业方式的分配数量，再确定每条船的配额，然后由渔业局将分配方案上报渔业部批准，最后渔业社团将经批准确定的捕捞数额通知每条渔船。

（2）鱼类资源的科学评估。

实施健全的渔业资源管理的先决条件是对资源有充分的了解。首先是掌握鱼类资源的储量、构成、成长周期和地理分布等所有信息。此外，了解环境因素也变得日益重要。挪威每年都对所有商业开发的主要海洋鱼类资源的储量进行评估。评估工作以综合采用科学调查的数据和商业渔业数据为基础，还要将挪威的数据与合作国家的同类数据相结合。种群评估的质量同商业捕捞的数量与构成的详细信息密切相关。这些数据是现有种群资料的主体，一旦发生错误，将严重影响评估的质量。捕获报告中可能包含的严重错误会影响有关种群未来发展和捕捞的科学建议的可靠性。因此挪威渔业研究界和捕捞业必须改进种群评估工作，即更多地从科学调查中获取数据，而减少对商业数据的依赖。

（3）渔业监管。

配额制度的有效性取决于关于配额的规定能够被严格执行。按照规定，渔船除应安装规定的渔具外，还应携带捕捞许可证和配额证等文件，并安装卫星定位装置和电子报告系统；渔民在开展捕捞活动时，应准确填写捕捞日志，详细记录捕捞的种类、数量以及时间和地点，并在到岸前一小时通过电子报告系统向主管部门报告相关信息。渔民交货时，收购企业需要记录交易种类和数量，并将相关统计数据向渔民协会报告。销售记录由渔民和收购企业各保存一份，供监管机构检查。

严密的监管程序保障渔民认真遵守关于渔业配额的各项规定。对捕捞活动的全方位监管由海岸警卫队、渔业局和渔民协会合作完成。挪威的海岸警卫队负责在海上对渔民的捕捞活动进行监管。海岸警卫队的巡视船会在相关海域巡视，并对渔船进行登船检查。检查内容包括：渔民的捕捞配额，捕捞日志，以及是否存在"弃鱼"行为（即将捕获的小鱼及"不受欢迎"的鱼种重新抛入海中的行为）等。渔业局负责在陆地对交货点进行检查，包括核查相关销售记录和的其他经营账册等。渔民销售组织负责核对渔民的销售记录，并依法没收过度捕捞的渔获。挪威的《鲜鱼法》规定，渔民捕获的鱼必须经过渔民销售组织出售。此举的初衷在于保障渔民收入，但客观上使渔民销售组织成为最方便掌握销售数据的机构。基于渔民销售组织的这一优势，挪威政府将核查渔民使用配额的职责交给渔民销售组织。

**配额制度的引入过程**

挪威的捕捞配额制度于20世纪70年代引入。在此之前，北大西洋海区的作业渔船数量持续增加，捕捞设备和技术不断发展，捕捞能力迅速扩张，引发过度捕捞。导致这种情况的根本原因是海洋资源管辖权的缺失。当时，各国仅对其"领海"内的捕捞活动有管辖权，领海以外的公海渔业资源被视为公共资源，谁获得谁收益，因此，各国渔民都借助最新技术提高捕捞能力，获取更多收益。

生产能力的迅速扩张导致了部分种类渔业资源的崩溃。最引人关注的是1969年挪威鲱鱼危机。鲱鱼捕捞的繁荣始于20世纪初。大型渔船和围网的使用使捕捞量迅速增加，仅冰岛海域的年捕捞量就由1915年前的1万~2.5万吨增加到30~40年代的20多万吨。在捕捞能力和市场需求的共同推动下，到60年代，鲱鱼年捕捞量达到近200万吨。挪威海域的捕捞量于50年代达到顶峰，1954年创下146万吨的最高纪录；虽然此后捕捞量曾有所下降，但1967年再次达到121万吨的水平。捕捞业的"成功"随即导致了资源崩溃。1969年，冰岛海域的鲱鱼捕捞量迅速下降到10万吨，1973年，捕捞量更进一步跌至1万吨左右。鲱鱼资源崩溃严重打击了地方经济，使享有"鲱鱼之都"美誉的冰岛小城锡格吕菲厄泽失去财富源泉，被迫另谋他路。挪威的情况同样不乐观，1968年的捕捞量即下降70万吨左右，1969年进一步锐减至18.6万吨。1974年首次降至7.4万吨，此后10年间一直在低位徘徊，最低捕捞量纪录是1979年的1.02万吨。

早在20世纪50年代，挪威渔业局就注意到过度捕捞的风险，开始转向支持更为严格的渔业资源管理措施。1955年的《海洋渔业法》授权挪威渔业部实施渔业配额，但由于国家层面的资源管理实际上并不存在，此项规定并未土建工程有效落实。70年代，过度捕捞引起国际关注，一些国家相继引入渔业配额制度，挪威对此问题的重视程度也日益提高。1970年，挪威对鲭鱼捕捞实施配额管理，1971年，挪威与冰岛和苏联共同对鲱鱼实施捕捞配额，1972年，对毛鳞鱼实施捕捞配额。在渔民协会的推动下，1973~1974年，挪威开始对毛鳞鱼实施渔船配额。随后，这一制度被推广到鲱鱼和鲭鱼，并在1989年鳕鱼危机后推广到挪威最重要的经济鱼类——鳕鱼。

随渔船配额一起引入的是对无意识超配额捕捞的处理方式。根据渔业部与渔民协会协商的结果，1976年，《捕捞参与法》修订案授权渔民销售组织管理超配额捕捞，对于超出渔船配额的渔获物，渔民销售组织可没收对应的销售收入，无论这种过度捕捞是否合法。这种做法的出现不仅极大改善了对过度捕捞的管理效力，也减弱了渔民丢弃超配额渔获的动机，并为日后引入禁止"弃鱼"的原则奠定了基础。

在操作层面的行动开始的同时，制度层面的行动也在跟进。1972年，《捕捞参与法》授权渔业部通过捕捞配额和限制性的入渔许可来实现资源保护的目标。为维护渔民的权益，渔民协会要求渔业部在确定配额量和分配方法时，需要事先与渔民协会代表协商。1973年，渔业资源管理委员会成立，承担就渔业资源管理问题向渔业部提供建议的职能。

"专属经济区"概念的出现进一步推动了渔业政策由"维持资源开发秩序"转向"资源管理"。1975年，第三次联合国海洋法会议形成了"专属经济区"的概念，赋予沿海国对领海基线200海里以内的"专属经济区"内各类资源（包括渔业资源）的管辖权。挪威于1976年通过《专属经济区法》，并于1977年建立了专属经济区。为了更好地在专属经济区行使管理权，挪威于1977年成立海岸警卫队，接管了原来由海军负责的相关管理职能。

渔业配额管理领域的改进也在不断深入。尽管此前已经存在用于限制捕捞能力的渔船许可制度，但这一举措并不能有效解决过度捕捞的问题。挪威政府意识到，渔船许可的意义仅在于保证捕捞的经济性，只有更严格的捕捞限制措施才能达到资源保护的目的。基于这样的认识，挪威将渔业管理建立在总可捕捞量和技术法规两大支柱上。1983年，《海洋渔业法》修订案要求渔民报告捕捞的时间、地点、种类、数量以及使用的渔具类型和渔获价值等。在监督层面，该法授权海岸警卫队在海上对渔船行使相关警察权，授权海洋局对渔船和收货场所进行检查。1988年，该法被再次修订，正式引入禁止"弃鱼"的原则，将渔民销售组织没收超配额渔获的做法定义为非惩罚性措施，渔民将非法捕捞的渔获物带回还将得到适当的补偿。这一举措使得对鱼群死亡率这一关键指标的统计精度大大提升。此外，1990年的修订案授权渔民销售组织承担相应的管理职能。

2004年，挪威渔业部门进一步改革配额制度，引入完全可转让配额制度，允许渔业将分配给两条渔船的配额合并给一条渔船使用。这种配额制度被称为结构配额（Structural Quota），其目的是通过结构性调整使捕捞能力与资源储备量相匹配，使船只类型符合各海区捕捞作业的需要，以促进沿海地区社会生活的可持续发展。结构性配额包括永久性配额转让和暂时性配额转让，转让需要符合一定的限制条件，以保证生态目标和就业目标、产业目标的实现，并防止配额垄断、产业垄断和外来资本进入等问题。

近年来，中国近海渔业资源过度开发问题日益严重，严重影响渔民收入和渔业可持续发展。对于此类"公地悲剧",经济学理论提出的解决办法是清晰界定资源开发权限,同时对资源开发活动实施有效监管。挪威是渔业立法较早的国家,既有渔业资源保护、入渔方面的法律制度,又有水产品质量控制和销售方面的法律制度,从而形成了渔业管理上一整套法律、法规。挪威渔业资源管理方面积累了丰富的实践经验,可供中国学习、借鉴。

**案例提示与思考:**

1. 你认为"挪威的捕捞配额制度"有何优缺点?
2. 挪威渔业资源管理制度给中国带来什么启示?

【案例 7-3】

## 加拿大:第三方认证的全球领导者[①]

加拿大拥有丰富的森林资源。森林总面积 440 万平方公里,相当于世界森林面积的 10%、亚洲森林面积的总和。森林覆盖率为 45%,人均 18.8 公顷,是工业发达国家中按人口平均最多的国家之一。加拿大的木材资源总量达 230 亿立方米,其中经过清查的为 200 亿立方米,人均 960 立方米,几乎是中国人均木材蓄积量的 100 倍。长期以来,加拿大充分利用其森林资源丰富的优势,大力发展森林采伐及木材加工业,每年的林产品总值可达数百亿美元。1988 年林产品销售额为 490 亿美元,占当年国民经济总产值的 3.5%。按职工人数和工资总额来看,林业是加拿大最大的产业部门。直接从事林业的职工,加上间接就业人员,人数近 100 万,约占全国就业人数的 7.8%。在国际上,加拿大是世界最大的新闻纸生产国,占世界产量的 2/5。纸浆产量仅次于美国,居世界第二位,出口量则居首位。1988 年加拿大林产品出口额为 228 亿美元,占当年全国各类商品出口产值的 17%,这对平衡其外贸逆差起着积极的作用。由此可见,林业经济的发展在加拿大整个国民经济中具有举足轻重的地位。

但是,加拿大森林如今面临着巨大挑战。气候变化的影响尚不十分明朗,但人们对与火灾和虫害、生态系统、植物生长和碳循环有关的重大变化已作出预测。应对未来变化的适应策略也在环境退化常常源自人类活动,如石油和天然气勘探、水电项目、伐木,以及城市住宅向农村表林覆盖地区扩展。当前另一个挑战是野生动物栖息地的丧失。为应对这些挑战,政府及业内研究人员继续监控加拿大森林状况,研究影响森林健康发展的因素。森林使用者正越来越多地遵循可持续性管理实践,以重建及

---

① 《加拿大林业概况》,中国林业网加拿大林业,http://canada.forestry.gov.cn/article/530/531/545/2013-06/20130611-134159.html,2013 年 8 月 14 日。

《加拿大:第三方认证的全球领导者》,加拿大木业协会,http://www.canadawood.cn/env/certification.php。

保护环境。

加拿大研究人员开展大量的研究以了解气候变化如何影响本国的林业，这样决策者、林业界可以制订合适的战略。研究人员正在研究潜在的影响，包括更频繁、更大规模的自然干扰和极端的天气现象，这些都可能给现有森林的健康和完整性带来更大的压力。目前加拿大也总制订战略和行动，帮助森林和林业界适应不断变化的气候。其中，森林认证是加拿大大力推行的一项措施。

森林认证，又称森林可持续经营的认证，是一种运用市场机制来促进森林可持续经营的工具，它简称森林认证、木材认证或统称认证。森林认证包括两个基本内容，即森林经营认证和产销监管链认证。森林经营认证是根据所制定的一系列原则、标准和指标，按照规定的和公认的程序对森林经营业绩进行认证，而产销监管链认证是对木材加工企业的各个生产环节，即从原木运输、加工、流通直至最终消费者的整个链进行认证。森林认证之所以由独立的第三方进行，其目的是为了保证森林认证的公正性和透明性。

森林认证正是由环境非政府组织和民间组织在认识到一些国家在改善森林经营中出现政策失误，国际政府间组织解决森林问题效果有限，以及林产品贸易不能证明其产品源自何种森林以后，作为促进森林可持续经营的一种市场机制，在20世纪90年代初发起并逐渐发展起来的。它力图通过对森林经营活动进行独立的评估，将"绿色消费者"与寻求提高森林经营水平和扩大市场份额，以求获得更高收益的生产商联系在一起。促进森林可持续经营的传统方法（如发展援助、软贷款、技术援助和海外培训等）大多忽视了商业部门，特别是忽视了木材产品的国际贸易。在世界范围内，仅20%的林产品进入国际市场，但贸易对森林的直接影响是很明显的。人们认识到，以森林可持续经营为基础的林产品贸易也能促进环境保护。森林认证的独特之处在于它以市场为基础，并依靠贸易和国际市场来运作。

加拿大各级政府对于森林认证给予了有力的支持，将其作为一种工具展示加拿大林业管理的可持续性，同时避免不同认证体系的冲突重叠。加拿大标准协会的《可持续森林管理标准》（CSA）、《森林监管委员会标准》（FSC）和"可持续林业倡议"（SFI）等都促进了加拿大的可持续林业管理。

目前，加拿大在第三方可持续林业管理认证方面处于全球领先地位，加拿大经认证的林地面积居世界第一位。认证加强完善了加拿大全面严格的森林管理法律法规，并且受到企业界的欢迎，帮助业界改进了可持续森林管理的实践，提供了可靠的市场保障。

截至2005年12月，加拿大有11980万公顷林地经过CSA，FSC或SFI三个项目中一项认证。

三个项目都要求独立的第三方审计，由审计方根据预先决定的标准衡量现场林业运作的规划、程序、系统和绩效。这些项目都要求年度监督审计和公示审计报告结果，并且要保证受项目影响的土著居民的参与，并尊重土著居民的习俗和传统。

这些项目同时确保在被砍伐地区再造植被，以加强良好的森林管理的基础；保证相关法律不被侵犯，杜绝未经许可的砍伐行为；在林业生产之外，保护生物多样性，维护野生动物栖息地、土壤和水资源、林业砍伐的可持续性——所有这些措施都有助于可持续的林业管理。

很多加拿大企业都经过了 ISO 14001 环境管理体系的认证。

ISO 14001 并不是一项特殊的林业标准，但是却为实施林业标准和跟踪考察既定目标成果提供了极佳的环境管理体系。

为了进一步证明我们对于可持续林业管理的承诺，加拿大最大的行业协会之一的加拿大森林产品协会，是全世界第一家要求其成员企业在 2006 年底前使用 CSA, FSC 或 SFI 三种标准中任一项对其管理的林地进行认证的行业协会。FPAC 成员企业拥有加拿大绝大部分运作中的森林，而且已经在 2005 年秋季达到了该目标的 95%。

加拿大对于世界林业认证做出了巨大的贡献。CSA 和 SFI 由 PEFC 授权，按照这两项加拿大标准进行的认证占 PEFC 全球认证总数的 55%。随着 FSC 认证在加拿大的发展，加拿大也已经占到 FSC 全球认证总数的 25%。

**案例提示与思考：**

1. 你认为森林认证是否可以促进林业的可持续发展？
2. 你认为运用市场机制来促进森林可持续经营有何优缺点？

**【案例 7-4】**

## 物种灭绝趋势仍继续[①]

据英国《每日邮报》报道，美国科学家发现，当前物种消失的速度是正常情况下的 100 多倍，而这还是很保守的估计。16~19 世纪的 300 年间，地球上只有 136 个物种彻底消失，然后工业革命开始了，人类社会飞速发展，代价之一就是物种极速灭绝，200 多年来已经有 540 个物种遭殃，尤其是最近一百来年就接近 400 个。其中，哺乳动物灭绝了 26%，两栖动物灭绝了 41%，另外 16%~33% 的脊椎动物面临严重

---

① 邢春燕：《地球进入第六次物种大灭绝人类最先消失？》，腾讯文化，http://cul.qq.com/a/20150623/007199.htm。
《人类作孽：第六次物种大灭绝正式开始》，央广网，http://tech.cnr.cn/techgd/20150621/t20150621_518908007.shtml，2015 年 6 月 21 日。
刘园园：《物种灭绝趋势仍继续生物多样性莫到失去方恨晚》，中国科技网，http://h.wokeji.com/kbjh/zxbd_10031/201505/t20150522_1196223.shtml，2015 年 5 月 22 日。

威胁。

由斯坦福大学、普林斯顿大学和伯克利大学科学家联合发布的一项研究报告指出，地球已经进入第六次物种大灭绝阶段，人类可能是最早遭殃的物种之一。该研究发表在最新的《科学进展》（Science Advances）杂志上。

**当前物种灭绝速度是正常速度的114倍**

研究人员指出，通过评估化石记录，查看历史上脊椎动物的灭绝速度并进行比对，当前的物种灭绝速度是正常速度的114倍，这还是比较保守的估计。

由于人类无法确切掌握地球45亿年历史进程的点点滴滴，因此难以估算出"背景速度"（正常速度）。为此，研究人员特意把"背景速度"设定为普遍估算速度的两倍。也就是说，即便基于最保守的估计，如果每100年里每1万个脊椎动物物种中有两个哺乳动物物种灭绝，那么过去一个世纪里，脊椎动物物种的平均灭绝速度是人为活动出现前自然灭绝速度的近114倍。

2014年杜克大学生物学家斯图尔特·皮姆（Stuart Pimm）也曾发表研究报告，警告人类正在进入第六次大灭绝事件。不过皮姆的研究结果更为惊人，他得出目前的灭绝速度是过去的1000倍，而不是这次报告得出的114倍。

尽管这已经是自恐龙灭绝时代以来地球物种经历的最快灭绝速度，但报告仍然写道："我们（需要）强调的是，由于我们的目的是衡量出人类对生物多样性影响的真实下限值，这一计算结果很可能低估了（物种）灭绝危机的严重性。"

据悉，过去5.4亿年间，由于地质或天文事件，地球发生过5次大规模物种灭绝，灭绝的物种主要是海洋生物和动物。最近一次大约6500万年前，由于大流星撞击地球，造成恐龙灭绝。

"如果这样的灭绝速度持续下去，这些物种可能需要数百万年才能恢复"报告第一作者、墨西哥国立自治大学研究员热拉尔多·塞瓦约斯（Gerardo Ceballos）说，"人类自身也有可能在第六次物种大灭绝初期便消失。"

报告称，1900年以来，已经有超过400种脊椎动物灭绝。正常情况下，这样的灭绝速度应该要花上1万年。气候变化、环境污染和森林砍伐是导致灭绝速度加快的原因。不过，新一轮灭绝进程可能更缓慢，不会像恐龙灭绝那样乍然而至。

**气候变暖影响不容小觑**

生物多样性的破坏与多种因素有关。就大型食草动物而言，打猎、栖息地被破坏、与牲畜争夺食物是它们面临的主要威胁。环境学家估计，土地开垦使某些物种的栖息地支离破碎或完全被破坏，将导致地球上15%～30%的物种走向灭绝。而近日一项研究发现，全球变暖对生物多样性带来的风险正与日俱增。

科学家发现，气温越高，受到威胁的物种越多。从前工业化时代到今天，全球平均气温升高了0.8℃，这让地球上濒临灭绝的物种增加了2.8%。如果21世纪末全球平均气温升高2℃——这是全球努力追求的控制目标——那么大约5%的物种会从这个世界消失。如果温室气体排放一切照旧，这个比例将上升至16%。

就地区而言，南美洲的生物多样性受气候变化的影响最大，其次是澳大利亚和新西兰。这些地区21世纪将因气候变化失去14%~23%的物种。这些地区极其脆弱，原因是它们有大量独特的物种，只生活在独特的地区、独特的气候环境下，一旦气候变暖，这些物种就会消失。

研究认为，如果由化石燃料燃烧和土地使用改变带来的温室气体排放势头不减的话，人类相当于在21世纪末签署了"物种灭绝许可状"。显然，如果不想让越来越多的物种从视野中消失，必须保证地球的化石能源静静地躺在地下。

**力挽狂澜需要做出抉择**

生物多样性将从道德、审美和经济等多个层面使人类的生活更加丰富多彩。生物多样性遭到破坏，短期内可能不会导致人类走向灭绝，但人类的生存质量将受到严重影响。

保护生物多样性最直接有效的方法是做出改变，但在现实中，问题要复杂得多。与其说保护生物多样性是做出改变，不如说是做出抉择：在短期发展与长远发展之间做出抉择，在地区利益与全球利益之间做出抉择。

### 附：地质历史上的五次物种大灭绝

（1）奥陶纪—志留纪灭绝事件。发生在奥陶纪晚期或奥陶纪与志留纪过渡时期，4.50亿年前至4.40亿年前，约27%的科与57%的属灭种。直接原因是冈瓦纳大陆进入南极地区，影响全球环流变化，导致全球冷化进入安第斯—撒哈拉冰河时期，海面大幅度下降。

（2）泥盆纪后期灭绝事件。3.75亿年前至3.60亿年前，接近泥盆纪—石炭纪过渡时期。这次主要是海洋生物的灭绝，陆地生物受影响不显著。约19%的科、50%的属灭绝。这次大灭绝事件持续了近2000万年，期间有多次灭绝高峰期。造礁生物消失，竹节石类、腕足动物的3个目、四射珊瑚10多个科灭亡。由于灭绝事件持续时间很长，其根源很难辨识。可能的生物学原因是在此前的泥盆纪陆生植物大量繁育，导致地球大气中氧含量的增加、二氧化碳的大幅减少，地球进入卡鲁冰河时期。

（3）二叠纪—三叠纪灭绝事件。发生在2.51亿年前的二叠纪—三叠纪过渡时期。已知的地质历史上最大规模的物种灭绝事件。许多动物门类整个目或亚目在此次灭绝事件中全部灭亡。曾普遍分布的舌羊齿植物群几乎全部绝灭。早古生代繁盛的三叶虫全部消失。蜓类原有40多个属完全消失。菊石有10个科绝灭，腕足类140个属所剩无几。总共约57%的科、83%的属（53%的海洋生物的科、84%的海洋生物的属、大约96%的海洋生物的种），估计有70%的陆地生物包括昆虫的物种都灭绝了。对于植物的影响较不明确，但新植物类群在此次灭绝后开始占优势。这次大灭绝事件的可能成因包括西伯利亚大规模玄武岩喷发造成的附近浅海区可燃冰融化大量释放温室气体甲烷，盘古大陆形成后改变了地球环流与洋流系统等。

（4）三叠纪—侏罗纪灭绝事件。2.0亿年前的三叠纪—侏罗纪过渡时期。约23%的科与48%的属的生物灭绝。原因尚无定论。

（5）白垩纪—第三纪灭绝事件（K-T灭绝或K-T事件）。6500万年前，约17%的科、50%的属、75%的物种灭绝，包括大家熟悉的恐龙。这次灭绝事件被评为五次大灭绝事件的第二位，仅次于二叠纪—三叠纪灭绝事件。成因一般认为是墨西哥尤卡坦半岛的陨石撞击。

**案例提示与思考：**

1. 你如何看待部分科学家提出的"地球已经进入第六次物种大灭绝阶段"？
2. 任何物种灭绝是否都会造成严重后果？

## 【案例7-5】

### "天山精灵"伊犁鼠兔[①]

2016年5月22日，国际生物多样性日当天，新疆维吾尔自治区环境保护厅在博尔塔拉蒙古自治州精河县启动了中华伊犁鼠兔保护地项目。这是新疆首个生物多样性保护地，旨在保护和繁衍极其稀有的中国天山特有濒危物种伊犁鼠兔。活动当天，还在全疆正式发放3种文字的《我是伊犁鼠兔》保护宣传手册。

在精河县吉普克山区分布着一种中国新疆天山特有种动物——伊犁鼠兔，伊犁鼠兔属兔形目，鼠兔科，是中国特有物种，仅存于中国天山山区，这一物种1983年才被发现，1986年正式命名。这是由IUCN（世界自然保护联盟）确定的濒危级动物，同时也列入中国濒危物种红皮书中。目前，中国伊犁鼠兔的数量不到1000只。

伊犁鼠兔体型较大，成体体长可超过20厘米。很多报道中都提到伊犁鼠兔具有泰迪熊一般可爱的面容，这可能都要归功于它的一对大耳朵——实际上，伊犁鼠兔的耳长和后足长度，也确实是鼠兔属里最大的。与其他鼠兔单一的灰褐色的毛色相比，伊犁鼠兔的毛色较鲜艳，额头、头顶以及颈部两侧均有界限明显的秀棕色斑，而耳后与颈背部则有一大块浅色斑。在冬天，伊犁鼠兔的毛色会变浅。

天山南北是伊犁鼠兔的家，沿北天山至乌鲁木齐一号冰川450千米处的山地，都

---

[①] 赵娜：《新疆启动伊犁鼠兔保护地项目》，中国环境报，http://news.cenews.com.cn/html/2016-05/24/content_44543.htm，2016年5月24日。

李维东：《伊犁鼠兔发现人：我和那只"小兔子"的故事》，科学人，http://www.guokr.com/article/440109/，2015年4月1日。

有伊犁鼠兔分布。这一带陡峭的山势，众多的岩缝、岩洞，都为伊犁鼠兔提供了良好的庇护。而到了冬季，不易积雪的大岩缝和岩洞就成了伊犁鼠兔的越冬场所。它们的活动基本就固定在这些洞穴内，偶尔外出活动也仅限于洞口附近。

伊犁鼠兔为草食性动物，多以金莲花（Trollius）、虎耳草（Saxifraga）、雪莲（Saussurea）、青兰（Dracocephalum）、火绒草（Leontopodium）等高山植物为食。由于这些植物多生长于高海拔的岩壁石缝间或小台地，伊犁鼠兔要常常饿肚子。冬季到来时，伊犁鼠兔会将青兰、火绒草等植物的绿叶和少量花茎堆成小堆，作为过冬的粮食储备。它们还有许多天敌，比如白鼬、石貂、狐狸，以及各种猛禽。

与其他白天活动的鼠兔相比，伊犁鼠兔具有较强的暗视野活动能力，其活动高峰期多在夜间，只有冬季时会更常在白天出没。此外，在野外也从来没有听见过伊犁鼠兔发出叫声，这些与众不同的特点可能和它们数量稀少，栖息地片断化有关。

从20世纪开始，受气候变化的影响，许多动物开始向高海拔区域迁移，伊犁鼠兔首当其冲，因此成为反映气候变化的晴雨表。

鼠兔是耐高寒的动物类群，伊犁鼠兔更是喜欢在寒冷的地方生活。随着全球气候的变暖，新疆天山山区的冰川退缩加速，雪线明显上升。冰期结束后，伊犁鼠兔逐渐退缩到天山高海拔的裸岩山峰上，这种环境改变对其生存极为不利。

2002年、2006年和2010年，李维东他们每4年定期观察一次伊犁鼠兔分布区的各定位观测点时，使人感到意外的是在首次发现和多年定点研究伊犁鼠兔的模式标本产地，连一只鼠兔也没有发现，甚至是那特有的圆形粪便也没有了，留下的只有在岩石上的那些发黄的尿迹，从粪便风化情况分析，伊犁鼠兔在此已消失多年，在呼图壁和精河两县栖息地的观测点也出现类似的情况，其他区域的数量也在减少。据对新疆7个县市6个定位观测区的14个观测点的实地调查，在上述6个定位观测区域曾有伊犁鼠兔分布的14个观测点中，实际有9个点中的伊犁鼠兔已消失，伊犁的尼勒克县天山山区3个定位观测点内已没有了，但不排除其他区域存在的可能，其种群数量至少减少了64.48%以上。2005年伊犁鼠兔被列入中国濒危物种红皮书，2008年并被世界自然保护联盟列入濒危物种红色目录之中。

直到2014年7月11日，科研人员在新疆某地的伊犁鼠兔定位观察点布设红外相机时，才意外发现了一只伊犁鼠兔。这是时隔22年后再次发现伊犁鼠兔。

李维东去年成立了以保护伊犁鼠兔为主题的李维东自然生态保护服务工作室，进一步开展伊犁鼠兔保护工作。他表示，目前伊犁鼠兔还没有列入中国重点保护动物名录中，因此对这一物种的保护意义尤为重要。

目前，除天山一号冰川区还有较稳定的伊犁鼠兔种群外，精河县吉普克山区是中国天山特有物种伊犁鼠兔保护较好的一片栖息地。为保护好这一珍稀濒危动物，李维东和他的团队在当地蒙古族牧民的协助下，自1988年就在这个区域开展了伊犁鼠兔的保护和监测工作，数据直接上报给国家相关机构和 IUCN/SSC 兔形目专家组这一国际组织。鉴于新疆天山伊犁鼠兔种群数量减少了 71% 以上，这种小型物种比大熊猫的数量还要稀少，2014 年在专家建议下，自治区人民政府批准建立了天山一号冰川保护区域。

在此基础上，中国生物多样性保护与绿色发展基金会和精河县人民政府 2016 年 5 月在精河县南部山区合作建立了中华伊犁鼠兔保护地，自授牌之日起正式开展保护工作。这一保护地由当地利益相关者共同管理，其中以当地蒙古族牧民志愿者队伍为主体。同时，由博尔塔拉蒙古自治州精河国有林管理局的基布克和冬都精两个管护站来配合管理，共同保护好珍稀物种伊犁鼠兔及其栖息环境。

随着中华伊犁鼠兔保护地项目的开展，保护地管理者可与当地林业部门、森林公安等部门形成联动机制，并与保护地所在的乡政府和村委会建立有效联系，做好保护工作的数据收集、管理工作，对违法盗猎、破坏保护地行为的个人、单位进行登记管理和举报，同时还将开展有针对性的宣传教育工作。

据介绍，精河县人民政府高度重视区域内的生态环境和生物多样性保护工作，精河县境已有两个国家级自然保护区。但伊犁鼠兔保护地不同于自然保护区，不用设置专职机构，只是将这一区域的利益相关者联合起来，共同保护辖区内的生态环境和生物多样性，对区域经济建设和牧民的生产、生活不产生任何影响，这样的保护方式在国内刚刚开始实践，这样的保护地在新疆也是首家，是对生物多样性保护一个新的尝试。

中华伊犁鼠兔保护地的建立，标志着伊犁鼠兔的保护进入实质阶段，伊犁鼠兔在天山上有了一个自己的安全家园。通过保护地建设，不仅能保护天山特有濒危动物伊犁鼠兔，还可以促进当地生态环境和生物多样性的保护，也可以通过宣传和项目引进促进当地的经济建设。更重要的是伊犁鼠兔是这一区域生态旅游的一个热点，区域生物多样性保护带来的成效不仅是物种的保护，也是精河县生态文明建设的一大亮点。

他们期望借 2016 年天山一号冰川综合科学考察的契机，把一号冰川保护区域正式建成自然保护区，以便更好地保护伊犁鼠兔和新疆天山的生物多样性。

**案例提示与思考：**

1. 你认为为什么要保护伊犁鼠兔？
2. 除了建立伊犁鼠兔保护地以外，还可以采取哪些措施对其进行保护？

# 第八章

# 可补充但可耗竭的资源：水

### 教学目标

通过本章的学习，了解中国水资源短缺的现状，以及水资源的各项公共政策，重点掌握从微观经济学的角度水资源的有效配置进行分析，以及如何定价，难点是水资源的有效配置。

### 关键术语

地表水　地下水　竞争性　非竞争性　水资源有效配置　动态配置　价格管制　数量配给　需求移动政策　供给移动政策　递减水价　递增水价　统一水价　产权

## 第一节　水资源短缺的潜在可能

地球的水资源总量估算中，只有2.5%（14亿立方米）是淡水，其中仅有小于1%的淡水资源（仅占地球总水量的0.01%）可供人类消费及维持生态系统（Gleick，1993）。

水的可利用供给来自地表水和地下水。据联合国环境规划署（UNEP，2002）统计，90%的世界可利用淡水资源是地下水，且其中只有2.5%是可更新水，其余都是有限的、可耗竭的水资源。中国水资源比较紧缺。2014年水资源总量28370亿立方米，人均水资源2079.5立方米。

水资源短缺有三种类型：水质型缺水、资源型缺水、工程型缺水。

水的质量也是一个重要问题。许多现行可利用的水都受到了化学物质、放射性物质、盐类物质以及细菌的污染。

地下水供给量的耗尽对未来使用者具有潜在的伤害，人类不断地抽取地下水，该部分水资源不可能被补充。从蓄水层过量取水还会导致地面沉降。

## 第二节 水资源的有效配置

从整个社会的角度看,水资源的有效配置是使所有使用者的总的净效益最大。

### 一、水的总需求曲线

社会对水的需求是由单个生产者和消费者的需求曲线加总而成的。
水的需求曲线与其他物品相比的特点:
(1) 水的纯度不同,加工成本不同;
(2) 非竞争性;
(3) 重复使用。

### 二、水在竞争性用途之间的配置

在假定不存在重复使用的前提下,可以把不同竞争性用途的需求横向相加,得到总需求曲线(见图 8-1)。

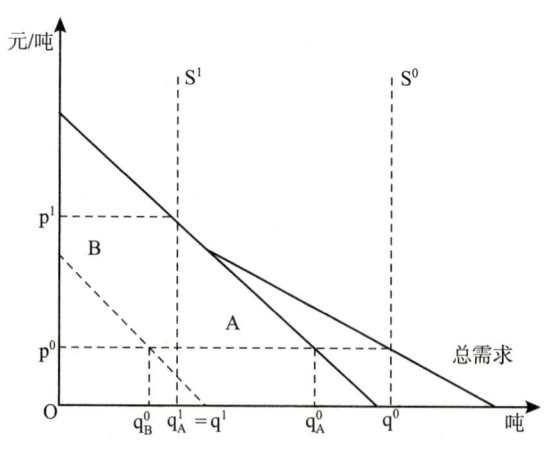

图 8-1 水在竞争性用途之间的配置

资料来源:张帆、夏凡:《环境与自然资源经济学(第三版)》,格致出版社 2016 年版。

A、B 分别为两种竞争性用途的需求曲线。水资源在两种用途之间配置的原则是,两种用途的边际净效益相等(两者都等于价格)。

### 三、不同用途之间的非竞争性

不同用途之间的非竞争性，总需求是不同用途的需求曲线的纵向相加（见图8-2）。因为同一单位水满足了两种（或两种以上）不同需求，这一单位水带来的总价值是两种用途各自带来的价值之和。

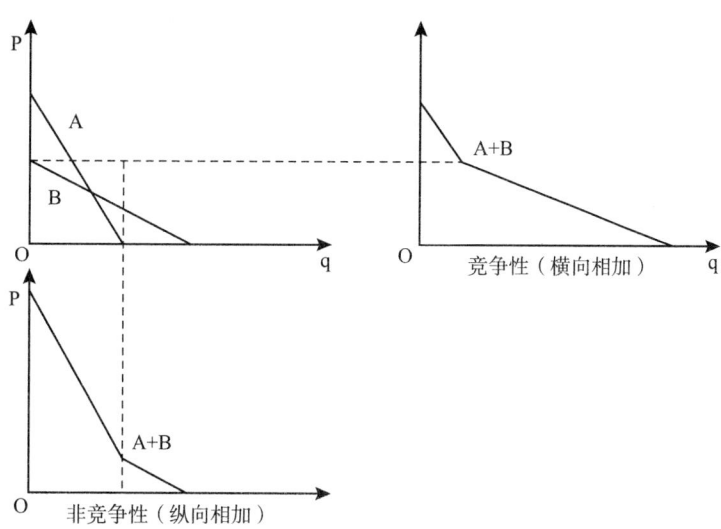

图8-2 不同用途之间的竞争与非竞争性

资料来源：张帆、夏凡：《环境与自然资源经济学（第三版）》，格致出版社2016年版。

### 四、水资源的动态配置

在动态配置问题中，不同时期的净效益需要用折旧率换算成现值。动态最大化的问题是通过选择一组使用量使各期净效益的现值之和最大。

这类最大化问题可以用于解答每期地下水的开采量，水库的每期放水量，每期灌溉用水量。

## 第三节 水资源的政策

水资源政策可以分为需求管理和供给促进两方面。

## 一、价格管制

政府对水价格的管制，如果偏离均衡点，就可能对生产者和消费者的福利产生影响。

在计划经济时代，中国的水价长期低于均衡水平，生产者不能弥补生产成本，把产量压低，与均衡状态相比，消费者剩余减少面积，生产者剩余减少面积。

20世纪80年代以来，政府一直在提高水价，水价总体上更接近均衡价格。这使消费者剩余和生产者剩余都增加了。如果政府把水价提高到均衡价格以上，消费者无力支付过高的水价，生产者和消费者剩余的总和又会减少。

## 二、数量配给

政府对水的消费量和生产量进行直接控制，如果控制数量低于均衡数量，结果与价格管制类似。

## 三、需求移动政策

一些政策工具使需求曲线发生移动或扭转。这些政策包括通过教育使消费者节约，通过税收或补贴使消费者使用新技术来减少消费或转移到其他替代资源。

## 四、供给移动政策

政府可能采取的另一项政策是增加供给或使供给曲线右移的政策。

# 第四节 水资源定价

## 一、水价的构成

水价包括两部分：使用的水量的费用和不基于使用量的费用。

基于水量的费用通常采取三种形式，递减水价（Decreasing Block Rate Structure）、递增水价（Increasing Block Rate Structure）和统一水价（Uniform Rate Structure）。

水费中一般有两个不以使用量为基础的固定费用，水表费和连接费。

## 二、水价制定的经济学原则

在市场经济中，供水企业一般是在政府的管制下制定水价。传统的水价制定方法是平均成本法，即用总成本除以总水量。这种水价不能有效地配置水资源。

水价制定的经济学原则包括以下两点：

（1）水价必须反映水资源的边际成本。

（2）水价必须反映供水系统的基本建设的边际成本，这些成本主要体现在提供新地点用户的边际成本上。

## 三、产权和法规对水资源配置的作用

除了价格不合理，产权缺位或产权不清晰也是水资源配置低效率的重要原因。而法律和规则是界定、清晰产权的重要途径。

总的来说，中国的水资源产权制度已经开始建立，但还存在许多问题。

## 本 章 小 结

水是一种可以补充但可能耗尽的资源。水的供应来源包括地表水和地下水。中国的水资源比较紧缺。

从社会的角度看，水资源的有效配置是使所有使用者的总的净效益最大。在最优配置点，各组使用者的边际净效益相等。把竞争性用途的需求横向相加，得到水的总需求曲线。在水的不同用途之间无竞争性的情况下，总需求是不同用途的需求曲线的纵向相加。在动态的情况下，水资源的资源配置是选择一组使用量使各期净效益的现值最大。

价格管制，如果偏离均衡点，就会使福利减少。数量配给也会产生类似的效果。使需求曲线或供给曲线移动的政策，也会使福利发生变化。

水价包括以使用量为基础的部分和不以使用量为基础的部分。与水量相关的水价通常采取递减、递增和统一的形式。水价是配置水资源的工具，水价制定必须反映水资源和供水系统基本建设的边际成本。产权缺位或产权不清是水资源配置不当的重要原因。

【思考题】

1. 为什么说水资源短缺有潜在可能性？

2. 为什么地下水供给量的耗竭对未来使用者具有潜在的伤害?
3. 水资源不同用途之间竞争性和非竞争性需求曲线有何区别?
4. 用经济学原理分析,政府采取的水资源管理政策有何利弊?
5. 在你的家乡,公共供水的定价系统是怎样的,是否合理?

## 【案例 8-1】

### 中国的"水困局"①

在中国经济快速增长、在国际舞台上扮演越来越重要角色的背景下,缺水的国情经常被人忽视。中国人均水资源占有量仅为世界平均水平的28%,近2/3城市不同程度缺水。从现在到2030年,预计将有3亿多人转变为城市居民,由于不断扩张的城市需要更多的水资源,因此中国迅猛的城市化进程使缺水问题更加紧迫。

**世界缺水情况**

地球表面超过70%的面积为海洋所覆盖,但只有2.5%的淡水能够供人类活动使用;世界近1/5的人口生活在缺水地区,7.48亿人无法获得净化改善的饮用水来源;每年约350万人的死因与供水不足和卫生状况不佳有关;每8秒就有1个儿童因水污染死亡。

**中国缺水情况**

中国被列为世界上13个人均水资源最贫乏的国家之一;人均淡水资源占有量仅为世界的28%;正常年份,全国缺水量达500多亿立方米;近2/3的城市不同程度缺水,全国地下水超采面积约为30万平方公里。

**中国因为缺水的经济损失**

2016年9月25日,由中国小康建设研究会主办的"第四届水与国家安全研讨会暨中国绿色环保产业发展高峰论坛"在北京召开。逾千名相关领域的政、商、学届人士与会,就水污染治理、推动中国环保事业健康发展等议题展开深入探讨。

在研讨会上,中国工业环保促进会会长杨朝飞介绍了这样一组数据——中国的人均水资源只有世界水平的1/4;70%的城市供水不足;20%的城市严重缺水;每年因缺水造成的经济损失在2000亿~3000亿元。

"中国的水资源分布严重不均,资源性缺水趋势加重。"杨朝飞分析称,面临当前的形势,"保好水,治差水"是当务之急。

而对此,国务院去年印发的《水污染防治行动计划》就提出了一系列明确目标,

---

① 《中国直面"水困局"》,新华网,http://news.xinhuanet.com/local/2016-01/18/c_1117809865.htm,2016年1月18日。

其中包括到2020年，长江、黄河、珠江、松花江、淮河、海河、辽河等七大重点流域水质优良（达到或优于Ⅲ类）比例总体达到70%以上；全国地下水质量极差的比例控制在15%左右等。

国家发改委社会发展研究所所长杨宜勇在论坛上分析称，随着人口膨胀、人均生活用水量提高，缺水问题愈发凸显，这一问题甚至会影响到社会经济发展。作为一个缺水的国家，中国更应该在节水、重复用水等领域进行深入研究。

杨宜勇以同样是缺水国家的新加坡为例，介绍说，该国近年来特别注重雨水的回收利用，力争做到"一滴雨水都不白白流走"，目前基本实现了不依赖外界供水，这样的经验值得借鉴。

"国内很多城市一下雨就看海，那么为什么不想办法把这些水留住？"杨宜勇认为，相比之下，中国在这方面做的功课还较欠缺，应该在增加地下蓄水、发展重复用水、无水工业、海水淡化等领域投入更多精力。同时，政府、企业以及公民都应当积极参与打造全新的水安全社会。

"水是一种战略性资源，和国家安全、人类的未来密切相关，对水安全的重视要提升到前所未有的高度。"杨宜勇说。

**"水污染"也是突出的问题**

水利部监测数据显示，中国有27.2%的河流、67.8%的湖泊水质为三类以下，无法饮用，23.1%的湖泊处于富营养化污染，水功能区水质达标率为67.9%。

"一方面水资源紧张，另一方面用水方式粗放，中国缺水与浪费并存，矛盾十分突出。"中国水科院水资源所所长王建华说。

"农业是中国的用水大户，约占全社会用水的60%以上。粗放的"大水漫灌"，使得农田灌溉水有效利用系数为0.532，这意味着每使用1立方米的水资源，仅有0.532立方米被农作物吸收利用，与发达国家已达0.7以上的农田灌溉水有效利用系数有不小的差距。

在城市里"看不见的浪费"同样触目惊心。一边是"水荒"逼近，一边却是打着"宜居城市"等旗号大规模圈水造景，搞房地产。几乎每个北方设区市都已建成或规划建设"生态水景"。特别是黄河流域沿岸城市，城城造水景，已到泛滥程度。

在开启"十三五"的关键阶段，面对长期困扰着中国社会、生态等领域的可持续发展的"水荒"问题，中国迫切需要重塑新时期大国治水战略以应对"水困局"。

**案例提示与思考：**

1. 为什么水被认为是一种战略性资源？
2. 你认为有哪些措施可以缓解中国水资源紧缺这一国情？

## 【案例8-2】

### 叶尔羌河灌区地表水、地下水资源配置[①]

叶尔羌河是塔里木河的源流，叶尔羌河灌区是中国四大灌区之一，位于中国新疆维吾尔自治区喀什地区，呈带状分布。灌区光热资源充足，干旱少雨，蒸发强烈，具有典型的内陆干旱气候特点。灌区现有灌溉面积660万亩，人口180万人。渠系是灌区最主要输水设施，目前4级渠道总长27372千米，防渗渠道总长5734千米，传统的土渠输水渗漏损失量大，目前灌区渠系水利用系数仅为0.45左右，地表水资源利用率低。

**水资源概况**

叶尔羌河多年平均径流量为$65.48 \times 10^8$立方米，占流域总径流量的87%。灌区地下水资源量约$40.0 \times 10^8$立方米，埋藏深度沿地形梯度递减，矿化度却呈递增趋势，在缺水季节分区适量开采地下水是补充地表水不足的有效方法。

叶尔羌河春季3~5月水量仅为年径流量的7.0%，6~9月水量占年径流量的80%。而春季灌区农业、林业的需水量占全年需水量的35%左右，河川径流时空分布不均致使春季供需水矛盾十分突出。目前灌区虽有平原水库进行调节，使春旱得到一定的缓解，但仍缺15%~20%的水量，为满足农业灌溉需水，一方面优化地表水的配置，调整产业结构和种植结构，另一方面开采地下水增加可供水量，春季是地下水的最大利用期。

夏季灌溉用水供需得以缓解，但是农业用水与生态供水的纷争凸现，首先在不同保证率水情条件下，按既定指标下放塔里木河生态水量及下游灌区的额定配水，还要考虑下游平原水库的蓄水量和生态林的环保水量，这一阶段地表水的优化调度显得尤为重要。冬季农业灌溉用水减少，此时是上游平原水库的蓄水期，同时也要配置一定的人工林地灌溉用水，来保护生态农业的持续发展。

**水资源优化配置**

河川径流在配置灌溉用水的同时也要考虑叶尔羌河下游生态需水又要保证向塔里木河下放指令性的生态水，只有落实统一的灌溉制度，执行既定的配水指标，才可以兼顾灌区自身的经济发展和环境保护。为有效利用水资源，只在汛期河道输水外，其余时期采用渠道输水以减少损失，坚持科学发展观，优化整合地表水、地下水的资源效益，灌区农业才能实现可持续发展的目标。

叶尔羌河灌区面积大，地形、气候、土壤的物理和化学性质、地下水埋深及矿化

---

[①] 张明煊：《浅谈叶尔羌河灌区地表水、地下水资源配置与优化调度》，载《硅谷》2009年第3期。

度等自然条件不同,研究时将灌区分为三个子灌区:即山前平原区、中游平原区、下游平原区。

(1) 山前平原区。

该区位于叶尔羌河和提孜那甫河冲积扇溢出带以上,地形坡度较大,一般为 1/200~1/600,海拔 1500~1200 米,岩相粒径较大,地下水径流条件好,埋藏深度 3~8 米,矿化度低于 1g/L。在保障山前坡地植被的生存需水和下游地下水补给状况下,地下水利用适合小集中、大分散的开采方式,此区为地下水控制开采区。

根据气候和地理特征,结合地表水时空情况,该区采取稳粮促棉、发展畜牧业和扩大特色林果业的产业结构;在种植结构上以小麦为主适当控制棉花种植和扩大复播面积的策略,利用作物需水时差配置地表水。结合区域特性和灌排渠系较完善特点,灌溉以地表水为主,地下水作为补充水源,在溢出带附近集中进行地下水开发,控制地下水位,在地下水埋深较大区域,分散开采地下水,解决时段性缺水问题。

(2) 下游平原区。

该区从巴楚县阿拉根乡至图木舒克垦区,地形坡度 1/1500~1/4000,海拔 1170~1110 米。地下水埋深 1~1.5 米,矿化度 4~8g/L。该区灌溉在充分利用夏季洪水同时分散开采矿化度较低的地下水,利用地下水开采控制地下水位和解决供需水矛盾,夏洪期利用地表水漫灌的形式达到洗盐冲碱改良土壤的目的。该区排灌系统完善,关键是控制地下水位,防治土壤盐渍化。

根据地表水时空情况,该区采取稳棉促粮、发展畜牧业的产业结构;在种植结构上,以棉花为主适当控制小麦种植和扩大玉米播种面积,利用作物需水时差充分利用地表水。在地表水和地下水的配置上,地表水稍大于地下水。在地下水水质较好区域,采用节水灌溉技术,发展特色林果业和设施农业,利用荒漠面积大的特点发展畜牧业。

(3) 中游平原区。

上述两区间为中游平原区,该区地形坡度 1/600~1/1500,海拔 1200~1150 米,岩相为细沙和粉沙,地下水水质较好,埋藏深 2~3 米,矿化度 1~2g/L。此区地域面积大,土壤肥力强,渠系配套完善,井网密度合理,中小型平原水库较多,是灌区重要经济带,也是地表水、地下水配置优化的重点区域。该区是地表水常年受益区,在农作物生长需水季节,核定配额的地表水不能满足灌溉用水需求时,地下水开发占有一定的比例,地下水开发采用集中与分散相结合的开采方式,但要控制开采总量,此区为地下水调蓄区,在防治土壤盐渍化上要灌排结合,重点完善排灌设施,控制地下水位。

该区采取稳粮稳棉、扩大复播玉米和特色林果业的种植面积,大力发展设施农业和鼓励农民利用秸秆开展畜禽养殖业的产业结构;在种植结构上,提倡粮棉、棉果、粮果套种，推广大棚果蔬业和经济作物的种植，充分发挥地表水和地下水的资源互补作用。

该区由于种植结构和种植面积的客观实际，春秋季节地下水开采量最大，一般春季大于秋季；7～8月在控制地下水位埋深或解决区域性缺水时适量开采地下水，冬季地表水基本被该区平原水库所接纳。

就干旱区地表水和地下水水资源配置与优化调度来讲，前者是解决供需平衡，后者是权衡供需效益的产出。在生态环境脆弱的叶尔羌河灌区，首先在保证下游生态用水和周边环境不断改善的基础上，使灌区经济持续发展。对一个地区而言，水资源量是基本稳定的，要在定量的水资源上保持经济的持续发展，只有节减耗水量，所节减的水资源量才是持续发展的资源支撑，也是水资源开发利用中优化调度的意义所在。

**案例提示与思考：**

1. 你认为叶尔羌河灌区的地表水、地下水是否实现了有效配置？
2. 你认为该案例中水资源配置是否合理？

## 【案例8-3】

### 南水　打开城市供水新格局①

2016年12月27日是南水北调中线一期工程来水进京两周年。记者从北京市南水北调办获悉，两年来，北京累计收水19.4亿立方米，而水质始终稳定在地表水环境质量标准二类以上。目前，"南水"已成为北京城区供水的主力水源，全市直接受益人口超过1100万。

目前北京接纳南水北调来水的水厂共7座，总规模超过300万立方米。"南水"入京量稳定在日均340万立方米左右，其中在夏季供水高峰期，水厂日取用"南水"量达225万立方米，占城区日供水量超过七成。"南水"供水范围已基本覆盖全市中心城区、丰台河西地区及大兴、门头沟等新城。此外，昌平、通州部分地区居民也能喝上"南水"。

按照"喝、存、补"的用水原则，进京江水有13.2亿立方米用于自来水厂供水，2.8亿立方米存入大中型水库，3.4亿立方米用于回补地下水和中心城区河湖环境。目前，南水已成为城区供水的主力水源，中心城区供水安全系数由1.0提升至1.2。

---

① 朱松梅：《南水　打开城市供水新格局》，载《北京日报》2017年1月6日。
贺勇：《南水进京　地下水回升近半米》，载《人民日报》2016年12月29日。
魏梦佳：《"南水"进京两年：北京收水19.4亿方　受益人口超千万》，中国政府网，http://www.gov.cn/xinwen/2016-12/27/content_5153532.htm，2016年12月27日。

据介绍，南水进京两年来，北京共压采地下水约 2.5 亿立方米，提前完成国务院下达的到 2020 年的压采任务。2015 年，北京地下水水位不再呈现继续下降趋势，与 2014 年基本持平，今年更比去年同期回升近半米。

城市供水更加安全，地下水得以休养生息。不仅如此，这个稳定的新水源，为北京"以水定城"，在落实城市功能定位、疏解非首都功能、推进京津冀协同发展上提供了有力支撑。

**为城市副中心备足水源**

打开北京市的南水供水图，顺五环路修建的供水环线将城区环抱其中，几道放射状输水线直抵郊区新城，周边是星星点点的水厂。不但是中心城区用上了南水，通州、房山、大兴、门头沟也全部规划了骨干水厂，引南水入新城，支撑区域发展。

目前，通州新城 155 平方公里的用水需求，全靠一座日供水量 8 万立方米的水厂支撑。在城市副中心的建设中，还将有 40 万人口疏解至通州，现有的水就更不够用了。

2015 年，北京市结合国家战略实施以及重点区域的城市规划、用水需求，研究优化了配套工程建设计划，提前启动了南水北调通州支线和通州水厂的建设。这两个项目也成为城市副中心第一批建成的基础设施，每天增加 20 万立方米的清水。

京南 40 公里，星罗棋布的塔吊施工正忙，大兴新机场航站楼已露出地面。为了给新机场的建设、运营提供充足的水资源，今年开春，南水北调大兴支线工程就将开工，把南水引入大兴，并配套建设新机场水厂。

**南水占城区自来水七成**

由于水资源紧张，北京多年来不得不靠超采地下水来保障用水需求。自 1999 年起，地下水位连续 15 年每年下降 1 米。

南水来了，地下水也终于能松口气儿了，两年来总共减采地下水 2.5 亿立方米。监测显示，南水进京头一年，地下水位没有明显下降，2016 年 11 月，地下水位比上一年同期回升 42 厘米。

南水的到来改变了全市的供水格局。城区自来水中超过七成是南水，丹江水已经成为北京的主力水源。

南水进京之前，城区各水厂的日供水能力是 320 万立方米，而近几年夏季用水高峰时，日需水量总会在 310 万立方米的线上徘徊，逼近供水极限。2016 年夏天，城区用水最高峰日达到了破纪录的 337 万立方米，但供水非常平稳。

一部分富余的南水还回补到地下，涵养水源，弥补欠账。

2015 年底，南水经京密引水渠反向输水至水源地，24 平方公里范围内的地下水位都有回升，最大回升 13.98 米。

**将再打通两路入京水道**

目前,南水北调已配套建设了供水环线、支线工程及密云水库调蓄工程,形成了"地表水、地下水、外调水"三水联调、环向输水、放射供水、高效用水的安全保障格局,本市人均水资源从100立方米提高到150立方米。即便如此,本市水资源紧张的状况并没有从根本上得到缓解。

除了目前从南部入京的调水线路之外,本市未来还将从东、西方向各打造一条调水线路。市南水北调办相关负责人介绍,从西侧入京的水源为黄河水,将从万家寨调山西、内蒙古等省份的黄河水到官厅水库,计划每年引水1.1亿立方米,工程2017年即将启动。东侧入京的水源也是长江水,是利用南水北调东线工程,从江苏引水,经天津,再到北京,计划每年引水8亿~10亿立方米。方案目前已得到水利部批复。

此外,北京市还将在京北的张家口、承德地区建设水源涵养区,为官厅水库和密云水库涵养水源,增加北向来水量。

随着外调水规模的逐渐扩大,北京市将在2020年前后沿六环新建第二条供水环路。未来,北京将形成四方来水、双环供水的新格局,进一步保障城市供水安全。

**案例提示与思考:**

1. 你认为南水北调工程是否能缓解北京市地下水的压力?
2. 为什么南水北调工程能改变城市的供水格局?

## 【案例8-4】

### 加拿大水价管理制度[①]

加拿大位于北美洲北半部,国土面积997.6万平方公里,居世界第二位。加拿大年均降水量约为72545亿立方米,降水深度接近730毫米,但降水分布严重不均,降水深度在全国范围内变化幅度为125~2700毫米。境内多年平均河川径流量估计为29010亿立方米,居世界第三位,其中可利用水量约12330亿立方米。按1990年全国人口2664.7万人计,人均年径流量约为10.89万立方米,居世界第一位。另外,加拿大地下水资源丰富,地下水是城市供水和旱季河流补水的重要来源。

加拿大人均用水量在世界上居第一位,然而水价却一直较低,是发达国家中最低的。由于加拿大经济为市场调节和公共需要两者混合的经济,因此加拿大人习惯于享受由政府补贴的低价水,而政府也只强调供水方面的管理,忽视用水方面的管理。加拿大水费过低造成了滥用水和浪费水资源、水污染现象日益严重,并由此造成水处理

---

① 黄涛珍:《加拿大水价制度研究》,载《水利经济》2001年第2期。
孙雪涛:《加拿大联邦水资源管理体制改革及对我国的启示》,载《中国水利》2005年第8期。

设施建设费用不断增大,使政府财力难以承受。加拿大政府认识到:过低的水价不利于节省水资源、回收投资和技术进步,而且更不利于可持续发展的经济发展战略方针。为此,1987年颁布了"加拿大联邦水政策"。该水政策的两个中心问题是水价和水环境保护。

在水价方面,联邦政策主要提出了以下几点:

①运用经济杠杆作用,采用金融方面的鼓励、刺激性措施(回扣、税收和信贷等)和抑制性措施(高价、罚款等)来调节水需求,促进水的有效利用。

②深入研究水定价方面的问题。

③提倡按水的实际成本收费,以促进节约用水。以实际水费作为控制需求的直接措施,增加水费收入,以满足工程开发与管理经费的需求。

④考虑提高水价以及其他节水措施对未来用水量的影响。

⑤在水费上体现出对水资源保护的概念,合理收取排污及污水处理费、超额用水费,以促进生活及工业废水的循环利用。

由此可见,即使在"加拿大联邦水政策"中,对水价的构成也仅仅是考虑完全成本,没有包括利润和税金,这与加拿大目前水价标准低、改革难度大不无关系。加拿大全国用水按用水对象大体上分为城市用水、工业用水和农业灌溉用水。各类用水占总用水量的比例大约为:城市用水12%、工业用水80%,农业用水8%。

**加拿大城市用水**

加拿大80%以上人口居住在城市。市政用水户分为居民用水户、商业用水户、机关事业单位用水户以及少数使用市政供水系统的工业用水户。市政用水量约占全国总用水量的12%左右。据环境部20世纪90年代初对1500个城市进行调查,加拿大市政用水水价按各个市政当局制定的费率,归结起来主要有4种:统一费率、累退费率、固定费率和累进费率。

统一费率是一种与用水量无关、边际成本为0的费率,非常不利于节水。1991年调查结果为40%的城市采用此种费率。

累退费率是用水量越多,单位水价越低。1991年调查结果为30%的城市采用此种费率。

固定费率是单位水价不变。1991年调查结果为20%的城市采用此种费率。

累进费率是最有利于节水的一种费率,用水量越多,水价越高。1991年调查结果为8%的城市采用此种费率。

此外,还有2%的城市同时采用上述几种费率收取水费。

调查结果表明,1991年加拿大全国综合市政用水水价为0.77加元/立方米,确实便宜。而各省之间水价差异较大,这种差异反映了各省市政水服务平均成本的变化和自然条件的优势以及省的交叉补贴。

加拿大现行水价只与提供水的服务成本有关，而没考虑水本身的价值和整个供水系统的兴建、维护、更新改造的费用。由此用户得到一个错误信息：水是一种便宜的商品，不必保护。

调查结果还表明，加拿大现需要450亿加元进行市政供水设施的更新改造和扩建。政府已不愿像原来那样投资，因此要筹集到这笔资金，只能将现有水价提高2.8倍，据有关 1 介绍这是一个很严峻很难操作的问题。

加拿大污水费通常与水费一起征收。计算污水费有几种形式，最常用的一种形式是按统一污水费率计算。第二种形式是按水费乘以一个百分比计算，在大多数情况中，这个百分数相当高，常超过40%，有的超过100%。

### 加拿大工业用水

加拿大大多数工业区位于水资源丰富地区。工业是最大的用水户，占全国总取水量的80%左右。至今大多数工业用水户采用自己的供水系统从水源取水，因此取水设施的财政问题只是私人部门的问题，不属水工业范畴。

加拿大水资源的所有权和控制权由省负责，工业取水收费也由省负责，差别很大。六个省对工业取水完全不收费；四个省收费但按累退费率收费，最高才达0.175加元/立方米；只有马尼托巴省按累进费率收费；艾伯塔省仅对从省属水工程中取水的工业收费，水费为0.081加元/立方米，用户从河道取水，艾伯塔省《水法》只规定对水电取水实行收费，所得收入交省财政，三年前调整收费标准后（按发电量每千瓦小时每年收60加分），新增加的收费部分由环保厅建立环保专项基金，用于环境保护，其中包括发生水灾后所需支出。

加拿大从1971年开始每5年对工业用水进行一次调查，结果发现工业用水价格不到水输送成本的1/5。工业用水便宜造成用水浪费和水体污染加剧。目前加拿大考虑的工业取水定价的中心问题是刺激节水和对用后水的处理。

### 加拿大农业灌溉用水

加拿大农业取水占全国总取水量的8%左右。农业用水高度依赖气候变化，因此年际差别很大。农业用水中88%左右为灌溉用水。

灌溉用水一般是要交费的，但其费用大大低于灌溉水成本，而且是根据灌溉面积收费，不是按实际用水量收费。因此对水需求管理没多大刺激，灌溉用水效率仅35%。

各省收费办法不同。如在不列颠哥伦比亚省，省政府要求私人用户和地方当局支付灌溉取水费，而且地方配水者能收回农业水处理和输水服务费。在萨斯喀彻温省和艾伯塔省，农业取水不收费，地方配水者（灌区）只收取灌区服务费（灌区蓄水、输水、行政管理的费用）。

省内收费办法也有所不同。如在萨斯喀彻温省，某些地区在服务成本基础上对私人灌溉者按水量收费。不列颠哥伦比亚省收费从39加元/公顷至407加元/公顷不等。

艾伯塔省从不收费到44.46加元/公顷。

总之,加拿大现行水价体制中,无论哪种用水对象,其水价标准都远低于供水成本,更谈不上供水利润。加拿大作为世界发达国家之一,其水管理和水价管理体制都具有自己的特点,长期以来在整个国民经济中发挥了不可低估的作用。但随着经济的不断发展和世界水资源的日益紧张状况的加剧,其水价制度也暴露出一些问题。经过一系列改革后,加拿大的水管理体制和水价管理体制必将更适应国民经济的发展需要,适应市场经济、资源经济和合理可持续使用的需要。

**案例提示与思考:**

1. 你认为加拿大水价制度是基于什么原理制定的?
2. 你认为加拿大水价制度对中国有何启示?

# 第九章

# 土地资源与土地利用变化

**教学目标**

通过本章的学习，了解土地资源的基本属性和基本功能，重点掌握土地无效利用和利用转变的原因，缓解土地无效利用的政策，难点是土地的无效利用。

**关键术语**

自然属性　社会经济属性　土地利用　稀缺性　资产性　土地配置　城市蔓延　蛙跳式发展　负外部性　舒适性　土地税　市场势力　政策修复

## 第一节　土地配置的经济学分析

### 一、土地资源基本属性

土地资源的基本属性可以分为自然属性和社会经济属性两大类。自然属性是土地固有的属性，与人类土地的利用与否及利用方式没有必然的联系。社会经济属性则是在人们利用的过程中，出现的一些生产力和生产关系方面的特性，是通过人类社会经济活动赋予土地的属性，这些特性在土地被利用之前是不存在的。

土地资源的重要社会经济属性体现在以下几个方面：

(1) 供给稀缺性；

(2) 用途多样性；

(3) 用途变更困难性；

（4）资产性。

## 二、土地的基本功能

从土地作为社会经济资产角度理解，土地资源具有养育功能、承载功能、美学功能和资产功能四大功能。

## 三、土地利用

与其他资源一样，市场配置土地的特点是追求最高使用价值。

假设土地利用方式有三种：居住用地、农业用地和荒野。按照最高使用价值配置土地的市场过程是将距离中心最近的土地用于居住用地，次优价值的土地用于农业，距离市场最远的土地保持荒野状态，这种配置方式能最大化社会从土地中得到的净效益。

当隐含的投标租金函数移动时，土地利用方式就会发生改变。

# 第二节 土地无效利用和利用转变的原因

## 一、城市蔓延和蛙跳式发展

基于经济学观点，城市蔓延是指土地利用方式在某一特定区域是无效率的分散，而不是比较有效的集中。

蛙跳式发展相关问题是指新的发展不是选择在当前发展的边缘位置，而是在更远处。因此开发者的蛙跳式发展造成了土地开发的不连续，可能出现空虚地带，新的开发地带远离经济活动的中心。

分散式的发展使一些环境问题更加突出。长距离意味着更多的能源消耗，以及造成更严重的空气污染排放水平。

## 二、不相容的土地利用方式

土地的价值不仅受到其位置的影响，也受到其邻近土地利用方式的影响。

土地交易中非常普遍存在负外部性。土地所有人可能没有承担与该块土地利用有关的一些成本，这些成本由邻近土地的所有人承担。

解决这种不相容的土地利用问题的一种传统方法是采取分区的法律手段。分区就是颁布条令，规定土地利用的限制措施，在区域内，开展准许的和特定的土地利用。分区的一个主要障碍是事实上促进了城市蔓延。

### 三、低估环境舒适性

正外部性是上述负外部性的镜像。一些土地利用方式带来的服务，土地是唯一的受益者。因此，土地所有人可能低估一些特定的土地利用方式。

针对环境舒适性的解决办法是采用管制措施或条令直接保护环境资产，出现正的外部性，扭转无效率。

### 四、税收对土地利用方式转变的影响

土地税是政府收入的一个重要来源，也能影响人们转变土地利用方式的动机，即使这种转变并不是有效率的。

### 五、市场势力

可供各种使用目的土地的总供应量是固定的。由于每块土地的位置是独一无二的，这种缺乏替代品的情况有时会引起市场势力问题。市场势力的存在使出售者可以获得对于全体社会而言无效率的高价格，避免土地用途向增加社会价值方向转变，因此阻碍了能够促进效率实现的市场能力。市场势力阻碍政府推进一些公共目标就是一个例证。

## 第三节 基于市场的新型政策修复

消除土地配置中市场失灵的一种方式是在市场和政府间建立某种补充的角色。可采取的政策手段如下：

（1）建立产权；

（2）可转让的开发权；

（3）湿地银行；

（4）保护银行；

（5）安全港协议；

（6）放牧权；

（7）保护地役权；

（8）土地信托；

（9）生态旅游；

（10）开发影响费；

（11）调整房产税。

## 本章小结

  土地是一种重要的环境资源。土地的配置是人类与环境和谐关系的关键理论上，市场会配置土地到价值最高且最好的用途。

  实际中，土地的一些属性和配置方式导致无效率、不可持续性或者不公平的结果。无效率的原因包括不清晰的产权、市场力量和外部性以及无效率的税收结构和使用者收费结构。

  有一些政策手段可用于抵消部分土地配置中的市场失灵，包括：建立产权保护所有者的土地免受侵害；开展生态旅游为保护提供资金；可转让的开发权；开展湿地和保护银行业为实现环境目标提供更多的弹性；保护地役权和土地信托都能降低成本，提高开展有效保护行动的可能性；改变不动产税和遗产税的结构和征收开发影响费，消除无效动机，促进有效的土地使用决策。尽管这一系列政策可以修正土地配置过程中的一些失衡，但还不能完全实现效率和可持续性。

【思考题】

1. 如何理解土地资源的多功能性？
2. 土地利用的特征是什么？
3. 城市蔓延和蛙跳式发展的原因是什么？
4. 为什么邻近土地的利用方式会影响土地的价值？
5. 为什么说市场的新型政策修复不能完全实现效率和可持续性？

【案例 9-1】

### 世界土地资源结构[①]

  世界土地资源由所有国家的土地资源所组成，一般还要另加南极洲的面积。两项

---

① С. П. Горшков、跃辉：《世界和各大陆的土地资源结构》，载《地理译报》1988 年第 4 期。

加在一起等于陆地面积和内流水体之和，估算数字为149亿公顷。但是，联合国粮食及农业组织的统计手册中所计算的面积没有包括南极洲大陆和冰川格陵兰，其计算结果为133.9亿公顷。

在联合国粮食及农业组织的年鉴中公布了5个大陆和整个陆地的面积，而陆地空间被分成耕地，牧场、林业用地和其他土地。其他土地是指没有生产能力的土地（凹凸不平、石质空间和沙地等），属于这一类的还有没有使用的但有生产能力的土地以及建筑用地（城市和村庄）、交通道路用地、矿山用地和其他经济和国防用地。

1961～1983年，耕地面积大约增加0.08亿公顷，牧场增加0.12亿公顷，陆地的绿化面积减少0.1亿公顷，其他土地面积也有类似的减少。

尽管作了最大的努力，可耕地面积增加的不多，因此，可耕地对人类的保证率从0.45减少到0.31公顷/人，牧场用地的保证率相应从0.98降到0.67公顷/人。林业用地从1.35公顷降到0.87公顷/人。陆地上的森林覆盖率减少150万公顷/年。

世界和各国的土地资源保证率极其不同，大约有1/13的可耕地面积辟为种植业，1/7耕地和种植园采用灌溉。在林业用地中，大约有50%面积为没有木本植物的开阔空间。占世界土地资源1.1%～1.5%的其他用地为城市建筑、交通道路和矿山用地，这些一般被称为专门利用的土地。

如果将土地资源结构的主要指标（1961～1983年）进行对比，可看出其变化不大。主要土地等级规模之间近似不变这一事实说明，世界土地资源结构具有相对的稳定性。

但是，在这些变化很小的数字后面，潜伏着土地资源人为负荷的迅速增长。

世界各地的人为负荷相差很大，有关人口密度的资料充分说明这一点。对人口的密度作了如下的划分：人口特别密集的欧洲和亚洲（103人/平方公里）、人口密度相对适宜的北美（18人/平方公里）、非洲（18人/平方公里）、南美（15人/平方公里）和人口较少的澳洲和大洋洲（3人/平方公里）。

苏联拥有辽阔的土地资源，农业用地所占比例在6亿公顷，其中耕地和多年生林木占地2.32亿公顷，牧场和割草地占地3.73亿公顷。林业用地9.2亿公顷。其他土地2.63亿公顷。苏联大部分地区属于寒冷气候条件，农业生产只能利用湿润不足的地区，因此大约有70%的农地，其中60%以上为耕地，位于干旱区。同时有上百万农业用地已沼泽化，其中有21%的面积遭受不同程度的盐渍化，约有15%已酸化。

据1985年的资料，欧洲土地资源的面积为4.73亿公顷，其中1.1亿公顷为耕地和种植园，1.55亿公顷为林业用地，9200万公顷为其他用地。整体来看，尽管欧洲人口密度相当高，但土地资源利用率也相当有效。和其他地区相比，这里无肥力和不宜耕作的土地所占的比例最少，这里的气候和地形适宜发展农业。欧洲的平均海拔高度为 310 米，绝大部分欧洲国家的经济发展水平都比较高，因此农业在整个土地资源中所占比重相当高（18%）。

亚洲土地资源结构的主要特点与欧洲成鲜明的对比，土地资源贫乏，因为这里有不适宜农业的干旱、特干旱和特湿润的气候，这类地区几乎占 60%。而且山地分布广泛，大约占一半面积。耕地和种植园面积占地 1.56 亿公顷，牧场占地 6.45 亿公顷，林业用地 5.61 亿公顷，其他用地 10.17 亿公顷。在人口密度相当高的国家（日本、印度、中国、孟加拉、韩国、朝鲜等）土地资源匮乏问题相当突出。

非洲的土地资源情况极为特殊，非洲人口密度几乎不到欧洲的 1/6，14.1% 的土地属于其他等级土地类型，总面积几乎等于三个欧洲，这里是广阔的干旱区。非洲耕地和种植园占地 1.83 亿公顷，其中 820 万公顷为灌溉地，牧场占地 7.78 亿公顷，林业用地 6.88 亿公顷，其他用地为 13.16 亿公顷。

北美洲拥有广阔的位于高纬度的空间。可耕地和种植园占地 2.73 亿公顷，林业用地占 6.61 亿公顷，其他用地占 8.15 亿公顷。北美约有 90% 的可耕地和 65% 的牧场，主要分布在美国相邻的 18 个州内，18 个州的陆地面积略微超过北美洲土地资源的 1/3。

南美洲占世界土地总资源的 13.5%。特点是人口密度不高，有较好的热量和水分保证，地形较平坦。耕地和种植园占地 1.39 亿公顷，林地 9.29 亿公顷，其他土地约 2.3 亿公顷。

澳洲和大洋洲土地资源 8.13 亿公顷，耕地所占比例不大，总计 1800 万公顷。牧场占地面积较多，4.6 亿公顷。林用地占 1.53 亿公顷，其他土地占地 1.83 亿公顷，尽管澳洲地形以平原为主，热量保证充足，但由于水分明显不足，所以土地资源生产潜力不大。

**案例提示与思考：**
1. 目前的世界土地资源结构和案例中展示的 1983 年相比，有何变化？
2. 为什么人口密度相当高的国家土地资源匮乏问题相当突出？

## 【案例 9-2】

### 34 年中国城市建设用地增加 6.44 倍[①]

中国市长协会发布《中国城市发展报告（2015）》（以下简称《报告》）显示，中国城市建设用地扩张速度明显高于人口增长速度，在过去的 34 年里，中国设市城

---

① 沈佳旎：《34 年城市建设用地增加 6.44 倍专家称要遏制城市蔓延》，第一财经，http://www.yicai.com/news/5043000.html，2016 年 7 月 14 日。
何玉宏：《中国城市郊区化进程中的蔓延危害及应对——基于美国的经验与教训比较》，载《社会科学家》2014 年第 12 期。

市建设用地增长了 6.44 倍,年均增长率达 6.27%。

### 中国城市建设用地面积剧增

《报告》指出,《中国城市建设统计年鉴(2014 年)》的数据显示:中国城市建设用地面积从 1981 年的 6720 平方公里扩增至 2014 年的 4.99 万平方公里,增长了 6.44 倍,年均增长率达 6.27%,呈现明显扩张态势。同时年均增长面积方面,1981~2014 年净增长 4.33 万平方公里,其中,2000 年以来年均净增长高达 1940 平方公里。

不同规模、等级城市间的城市建设用地也存在差异。《报告》指出,大中小城市建设用地的占比基本保持在 5:2:3,大城市数量最少,却消耗了最多的城市建设用地面积。具体来看,省会城市和计划单列市建设用地占比高达全国 1/3 以上,且有增加趋势。报告指出,2000 年 31 个省会城市和 5 个单列市的建成区面积分别占全国城市建成区总面积的 27.4% 和 34%,而到 2014 年,其占比分别提升至 34% 和 34.1%。

同时,人均城市建设用地也居高不下。数据显示,2014 年中国城市人均建设面积为 129.57 平方米,大大超出国家标准的 85.1~105.0 平方米/人,也明显高于发达国家人均 84.4 平方米和其他发展中国家人均 83.3 平方米的水平。

对此,专家表示,近年来中国城市建设用地无序蔓延问题严重,人均建设用地居高不下,明显高于发达国家水平。在此背景下,随着城市化的快速推进和大量农村人口的转移,未来仍不排除在局部区域甚至全国出现城市蔓延的可能。因此,遏制城市蔓延仍是城市建设用地管理的核心任务。

### 城市蔓延

"城市蔓延"(Urban Sprawl)一词最早被社会学家威廉·富特·怀特(William Foote Whyte)在 1958 年的《财富》杂志开篇所使用,用以指代城市郊区飞地式开发的现象。20 世纪 60 年代开始,城市蔓延一词被公众和学者广泛接受,用来指代造成不希望得到的社会影响的城市开发模式。

城市蔓延是指一种低密度的、依赖交通工具而发展起来的居住模式(Dowling,2000)。即侵入了工作与服务范围以外的乡村与未开发地区(Chen,2000),是由于城市远郊土地的开发与利用所带来的新型城市空间形态特征。

美国作为郊区化最早的国家,同时也是城市蔓延出现最早、最为典型的国家:早在 20 世纪 20~50 年代,美国前往郊区的主要是经济收入较高、拥有私人汽车的白人中产阶级。到了 20 世纪 70 年代,随着经济的发展,私人汽车进一步普及,蓝领阶层等普通民众也有能力迁往近郊,早期郊区的中产阶级则到更远的郊区寻觅新居,加剧了人口和城市空间的进一步扩张。到了 80 年代以后,不仅是居住区,新的工厂区、办公园区(Office Park)也纷纷前往郊区。郊区工作岗位的增加又进一步促进了城市人口甚至政府税收的外迁。这一时期,城市扩张的触角开始伸向原来的森林和农田。

佛罗里达国际学院的 R. 埃文教授列举了广泛认可的蔓延的特征:跳跃式开发或

散播式开发；商业走廊开发；低密度；大规模单一功能区的开发；难于接近，交通不便（私人汽车支配了交通）；缺少功能性开放空间等。

奥利佛·吉勒姆把城市化看成是一个总类，蔓延是城市化的子类，并把埃文描述的有关蔓延的特征和指标转化为一个宽泛的定义：蔓延（无论它是城市的蔓延还是郊区的蔓延）是城市化的一种形式，它的特征是跳跃式开发、商业走廊、低密度、土地使用功能分离、私家车在交通上的主导地位和最小空间。

蔓延是20世纪后期郊区化发展的典型形式。城市蔓延作为城市化研究的热点问题，鲜明地反映了理论界对于城市发展的价值判断，体现了可持续发展的主流思想。

总的来说，城市蔓延是指城市化地区失控扩展与蔓延的现象，它使原来主要集中在中心区的城市活动扩散到城市外围，城市形态呈现出分散、低密度、区域功能单一和依赖汽车交通的特点。

**遏制城市蔓延**

改革开放后，中国逐步从传统的计划经济向市场经济转型，进入了城市化快速发展时期。与此同时，由于城市中心区人口、就业岗位、工商服务、企事业单位等迁往城市外围郊区地带，形成了一种相对于城市集中的离心分散化现象，即城市郊区化。事实上作为城市化的一种方式，中国式城市郊区化与其说是郊区化还不如说是一种"摊大饼"式城市蔓延。

中国科学院地理科学与资源研究所研究员方创琳指出，不可否认，建设用地快速扩张为支撑经济快速发展、满足城市居民的社会需求提供了保障。但值得注意的是，其同时也带来了相应的社会经济、生态环境问题，加剧了城市病的发生。

方创琳表示，中国城市建设用地无序蔓延问题严重，尤其是新城新区的无序扩张蔓延，动辄几百平方公里甚至上千平方公里，进一步助长了城市蔓延。此外，城市建设用地结构不够合理，居住、公业、道路广场和绿地四大类用地占比已经处于合理区间边缘；用地结构也存在"两低两高"现象，即：绿地和道路广场占比偏低，居住和工业用地占比较高。

在现有情况下，城镇化和经济增长还是过于依赖建设用地。同时，基于政绩的考虑和对土地财政的依赖，短期内地方发展经济对建设用地仍将保持大量的需求，管控难度较大。

对此，方创琳建议，要实现有效、高效的城市建设用地调控和管理目标，首先，必须针对不同区域和不同规模等级的城市，量身制定差异化的调控政策措施。其次，应科学地划定城市增长边界，将城市规划由扩张性规划向限定城市增长边界规划转变。最后，应优化城市建设用地结构和功能，实现城市精明集约增长。随着城市发展对城市功能多样化需求的变化，城市用地应逐步增加其多样化水平；新城新区建设需积极推进产城融合发展、增加基础设施和公共服务设施配套，实现用地功能的均衡协调,逐步缓解大城市病。

**案例提示与思考:**
1. 为什么说中国城市建设用地面积剧增有一部分原因是城市蔓延?
2. 你认为如何遏制中国的城市蔓延?

# 【案例 9-3】

## 香港地铁为何能赚钱?[①]

年报显示,2013 年港铁利润高达 130.25 亿港元。时值北京地铁调价征询意见收官之际,票价机制如何厘定才能兼顾社会服务功能与企业运营的平衡?地铁公司除了依靠政府补贴和提高票价,是否还有其他合理的生存之道?

### 港铁 2013 年赚进 130 亿港元

钱果丰,担任香港铁路有限公司主席已经超过 10 年,同时还是恒生银行的董事长。钱果丰说,港铁近年收入稳步增长,也让港铁被冠以"地铁霸权",不时受到一些指责。

港铁在 2000 年上市,香港特区政府拥有港铁 77% 的股份。作为社会公共服务体系的一部分,港铁不可避免地具有公益性和政府色彩。事实上,在港铁董事局中,即有三位特区政府高官身兼董事。然而,作为上市公司,钱果丰说:"在香港我们是一个上市公司,它有上市条例,上市条例主要是保护小股东的利益。所以,任何在港铁当董事的人,他首要考虑的其实是企业本身的利益。"简言之,港铁不仅要为港人出行提供安全稳定的服务,同时也担负为所有股东赚钱的责任。

根据港铁年报,2013 年港铁总收入为 387.07 亿港元,盈利则为 130.25 亿港元。与此同时,港铁的准点率达到 99.9%。港铁副执行总裁梁国权表示:"港铁运营 35 年,之所以比较成功,有两个主要原因,一是铁路加物业的模式,二是港铁目前实行的可加可减的票价模式。这两者都具有可持续发展的特点。"

港铁有关人士介绍,目前港铁的收入来源主要有四部分:一是客票收入,二是站内广告商铺收益,三是投资物业收益,四是物业发展收益,四者比例大致相若。显然,物业是港铁赚钱的其中一个主要原因。

### "铁路 + 物业"令港铁日进斗金

那么,为人津津乐道的铁路加物业模式究竟是如何运作的呢?

港铁的模式是,在新铁路沿线,政府给予港铁"土地发展权",对地块进行总体规划。港铁按照该地块建地铁前的估值,向政府支付地价。土地转让完成后,港铁一

---

[①] 吴琳琳:《港铁去年赚进 130 亿港元 香港地铁为何能赚钱》,载《北京青年报》2014 年 7 月 27 日。

方面兴建铁路，同时在地铁沿线与开发商合作发展商业及居住等物业，港铁与开发商约定分成的方式，以获得相应收益。以港铁的经验来看，所有地铁沿线的物业都会因地铁的综合效应而升值。物业升值后，港铁公司再将物业价值提升所获得的利润，用于投资兴建新铁路或为轨道日常运营提供财政支持。

一般来说，港铁倾向于在所开发项目中留取部分物业，以获得长期稳定收益。截止到2013年，港铁旗下可出租总面积已经超过26.8万平方米，占总物业面积的80%，办公楼面积超过4万平方米，约占总物业面积的15%。租金总收入则高达35.47亿港元，可谓日进斗金。事实上，内地人熟悉的中环IFC国际金融中心，就是港铁主导开发的综合物业，而港铁本身则在国际金融中心二期这栋寸土寸金的大厦里拥有18层办公楼。

港铁每一站的修建，都与城市的发展和规划密切相关，以IFC国际金融中心所在的香港站为例，香港站的综合规划，确保了香港中环作为国际金融中心的持续发展。

**港铁沿线楼盘10年涨3倍**

在港铁的港岛线中，中环站是重要的两线转车站。从中环站，乘客不仅可以步行至机场快线所在的香港站，同时可以中转荃湾线，经海底隧道往返九龙及新界。进入新世纪后，原有的中环金融核心区已经没有继续发展的空间。港铁依据政府的发展理念，规划机场快线时重点建设了香港站，并在其上盖设计了国际金融中心。这个项目成功把中环CBD扩展到港岛的新填海区，为中环提供发展空间。由于香港站往返九龙高档居住区乘地铁仅一站之地，方便很多外籍金融高管日常通勤，遂使港岛核心区的商业吸引力得以持续保持。

8.1的容积率让这里的居住空间看上去略显逼仄。2004年，"君临天下"开盘时，每平方英尺售价1万港元。到2014年，二手房的均价已经高达每平方英尺3万港元，10年间上涨3倍。以内地单位换算，每平方米的价格约30万元人民币。除了售卖部分住宅单位的收益，港铁目前还负责"君临天下"的物业管理，每年可持续获得收入。

目前港铁沿线一半的地铁站进行了综合开发，25万居民住在港铁开发的物业中。这些物业多数密度很高。然而，正是这样的高密度，使得香港在经过多年开发后，郊野公园的面积仍能保持在特区总面积的40%。

**"可加可减"机制下票价连涨5年**

香港居民刚刚经历了港铁连续第5年的票价上涨。2007年，港铁与九广铁路合并，因为这次合并，港铁方面与香港政府签订正式合同，确定了香港地铁现有的"可加可减"调价机制。

2014年，按"可加可减"机制方程式代入最新数据，港铁宣布于6月自动加价3.6%，加幅超过去年的2.7%。有香港媒体报道，按照3.6%的涨幅，长途车程例如元朗至中环，成人八达通收费由每程24.5港元上涨到25.4港元。

对于公众而言，任何形式的涨价都不是令人愉快的事情，哪怕是在高度商业化社会中，依合约精神而进行的涨价。由于票价年年涨，香港人戏称港铁实行的是"可加不可减"机制。

实际上，按既定利润分享机制，会赚钱的港铁在调价的同时，还要拨出 1.25 亿港元纳入票价优惠基金。此外，港铁还与政府约定将由于港铁方面造成的延误等原因产生的罚款也以票价优惠方案的形式回馈给民众，2013 年累计金额约 2750 万港元。

**港铁经验内地能否参考**

尽管面对公众质疑，港府每五年检讨港铁的调价机制。但毋庸置疑，港铁的整体运营仍处于良性循环。目前，港铁每程地铁的平均票价约 7 港元，无需政府补贴。

对于港铁在国内的运营，港铁中国事务 CEO 易珉态度谨慎。他说，当然，我们也获得了政府补贴。但这显然不是港铁有优势的模式。对于北京市目前讨论的地铁调价，易珉认为市场调节势在必行。按照建设规划，北京市将在 2020 年新增 12 条线路，未来投资建设任务仍然非常繁重。易珉说，目前北京每公里地铁的平均建设成本约 10 亿元，有些路段甚至达到十几个亿，建设和运营全部依靠财政拨款，政府将不堪重负。

相比内地，港铁公司的融资方式更为多元化。作为香港最大的土地储备商，港铁与开发商合作进行土地开发运营工作，得到分红。

标普负责主权及国际公共产业评级的董事钟良认为，内地可以从中借鉴，有实力的地方政府可以在开发区兴建地铁，通过超前发展基础设施来发展沿线房地产，从而创造土地出让收益，带动就业和创造经济效益，转而反哺地铁公司。

港铁目前在北京以公私合营方式运营地铁 4 号线和 14 号线，同时还有意投标 16 号线。即使以全球视野来看，城市轨道建设对于城市管理者来说，都是一个难为而不得不为的课题。港铁的经验并非完美。然而，土地的高效利用、与轨道建设相结合的城市可持续发展，当是成功的不二法门。

**案例提示与思考：**

1. 用经济学原理解释为什么港铁沿线楼盘 10 年涨 3 倍？
2. 为什么土地的高效利用与轨道建设相结合可以推进城市的可持续发展？

## 【案例 9-4】

### 湿地补偿银行①

湿地面积减少，是世界各国一种普遍现象。抑制湿地面积减少已成为世界湿地保

---

① 沈洪涛、任树伟、何志鹏等：《湿地缓解银行——美国湿地保护的制度创新》，载《环境保护》2008 年第 12 期。
张立：《美国补偿湿地及湿地补偿银行机制现状》，载《湿地科学与管理》2008 年第 4 期。

护政策的核心，一些国家也正在尝试通过立法、政策调整和经济手段解决湿地减少及其功能退化问题。相对于一些发达国家，中国在湿地保护政策，特别是湿地增加和恢复政策方面就相对滞后得多，主要是通过建立湿地保护区或湿地公园等形式对重要湿地加以保护和恢复，这在一定程度上限制了对土地的合理开发和湿地的可持续利用。补偿湿地（Mitigation Wetland）和湿地补偿银行（Mitigation Wetland Bank）是美国独有的，它是美国保护湿地，保护环境政策的产物。

美国现有湿地面积1.11亿公顷左右，约占国土面积的12%，是世界上湿地面积第二大的国家，仅次于加拿大。在过去相当长的时间内，人们一直将湿地视为一种公共有害品，认为它是滋生蚊虫、传播疟疾和其他疾病的一个重要载体。基于这种认识，美国政府从其建国到20世纪70年代以前，一直采取鼓励湿地开发的政策，以改善公共健康水平并推动经济发展。这一政策导致美国一半以上的天然湿地从地球上消失。20世纪70年代，美国开始转而实行湿地保护政策。1988年，布什总统提出实现美国湿地"零净损失"（No Net Loss）目标；1993年，克林顿政府出台了一份执行"政府湿地计划"（the Administration's Wetland Plan）的联邦指导，对保证湿地功能与价值得到保护的严格程序和政策都做出了概述，并规定美国湿地保护的目标为保持美国现有湿地的"零净损失"；2004年，小布什总统提出了超越"零净损失"的新政策目标——全面增加湿地数量和改善湿地质量的"总体增长"（Overall Increase）目标。为实现这一目标，联邦政府承诺，在未来的5年内，美国将至少增加湿地面积300万英亩。在湿地保护实践中，美国进行了多方面的制度创新。其中，湿地补偿银行尤为引人注目，受到政府和民间环保组织的普遍认同和推介。

**湿地补偿银行含义**

湿地补偿行在运行方式上同货币银行非常相似，但补偿银行是用湿地面积来量化存款和借款的。传统上是由具有恢复、提高或保护现有湿地或者新建湿地等明确意图的银行主办者所购买的一个广阔地域。一切运转（如泥土搬运、物种引进和水文条件等）都由银行主办者负责管理，从而新建将被用作存款的真实的湿地面积数量。银行主办者既可以是公共机构如州交通部门也可以是私人企业家。开发者可以从补偿银行那里购买湿地"信用"存款（开发者在补偿银行所购买的湿地面积数量）以补偿开发项目所引起的任何损失或借款（补偿银行将支付给开发者的湿地面积数量）。

与金融银行账户不同，开发者或业主所购买的信用只能在陆军工程兵团授予许可并且批准第三方缓解的情况下使用，陆军工程兵团的工程师负责对破坏湿地是否无法避免并且补偿银行是不是补偿缓解的一种有利形式进行核实。此外，陆军工程兵团还负责确定可测量的湿地损失是否比得上在湿地银行所确定的存款数量。由于很难对一块湿地的功能和定性上的价值做出评定，所以存款和借款是以简单英亩数来维持收支平衡的。这个方法的好处主要体现在两个方面：一方面，湿地的新建和恢复过程是由在湿地科学方面比较专业的银行主办者来执行的,这种技术优势是多数开发者所缺乏的;另一方面,补偿银行的存在相当于在开发者对湿地造成破坏之前就已经进行了相应的新建、恢复和维护工作。

**湿地补偿银行的运作**

1995 年 11 月,补偿银行设立、使用及运营联邦指导同环保局、陆军工程兵团、自然资源保护局、鱼类与野生动植物局以及国家海洋渔业局 5 个联邦机构一起被纳入联邦公报(the Federal Register)。环保局和陆军工程兵团是执行《清洁水法》404 条款的两个管制机构。在湿地中的所有开发活动均由陆军工程兵团审查并决定许可的授予与否,而许可授予应遵循的标准则由环保署制定,且环保局作为主要机构有权否决与标准不一致的陆军工程兵团的许可。正如联邦公报所描述的,湿地补偿银行承担:"恢复、新建、增加以及在特殊情况下保护湿地和(或者)水生资源,特别是在对类似资源授权产生影响之前提供补偿缓解。"所以,认识到将被开发的土地在产生任何损害之前需要补偿缓解是很重要的。而且,根据陆军工程兵团,只有在对现有环境造成损害是完全不可避免的时候才能使用补偿银行。补偿银行由银行主办者所有和经营。

**湿地补偿银行发展**

最近 10 年,补偿银行作为一种补偿缓解方式所引起的兴趣正急剧上升。美国环境法律学会(ELI)在 1993 年所进行的一项调查发现全国有 46 家处于不同功能阶段的银行。到 2001 年 12 月,已有 219 家银行被批准并且开始运营。在不到 10 年的时间里,数量增加了 376%。由于东南部地区有数量众多的湿地,所以那里自然也就成为补偿银行的集结地。

湿地补偿银行在实现美国湿地政策目标方面发挥了很大作用,已成为美国湿地补偿与补偿的一个重要途径。尽管在美国现行的管制框架下,补偿银行还面临着一些限制其功效充分发挥的因素,而且其本身也存在一些有待完善之处。但总体而言,作为湿地保护方面的一项制度创新,补偿银行在实现湿地"零净损失"和"总体增长"的政策目标方面是一个有效的工具,而且它是目前市场化运作程度最高的一种湿地补偿与补偿方式,并与更为宽泛的管制领域的激励性管制的发展方向相吻合。这意味着随着它所处的管制环境的变化和自身的完善,补偿银行不仅会在湿地补偿与补偿发面发挥越来越重要的作用,而且也向人们显示了湿地保护制度创新方面的一个重要方向和演进路径。

**案例提示与思考:**

1. 你认为湿地补偿银行在美国得以顺利推行的原因是什么?

2. 为什么说补偿银行在实现湿地"零净损失"和"总体增长"的政策目标方面是一个有效的工具?

# 第十章

# 污染控制经济学

**教学目标**

通过本章的学习，了解污染控制的不同思路，重点掌握什么是最优外部性，以及如何确定最优的污染水平，难点是科斯定理的理解。

**关键术语**

最优外部性　边际私人净效益　边际外部成本　损害成本　边际控制成本　指令控制　市场激励方法　排污者付费　责任法　产权　科斯定理

## 第一节　最优外部性

外部性指一个人或企业的行为影响了其他人的福利，但是不存在激励机制使产生影响的人或企业在决策时考虑这种对别人的影响。

外部性一般要满足以下条件：甲的效用或生产函数所包含的真实（非货币的）变量的值由乙来选择，而乙在作出选择时并未考虑甲的福利。

外部性可以分为公共外部性（Public Externalities）和私人外部性（Private Externalities）。

### 一、最优外部性

边际私人净效益（MNPB）是经济活动水平的一单位变动所得到的追加的净效益。边际外部成本（MEC）是生产活动产生的未由生产者承担的成本。

边际私人净效益和边际外部成本曲线的交点决定最优经济活动水平（$Q^*$）。最优外部性由三角形 OYQ* 代表（见图 10-1）。

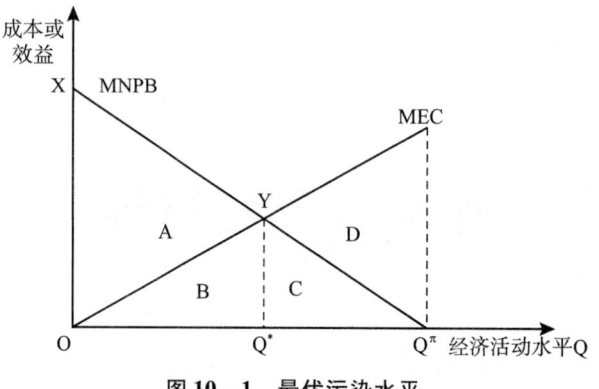

图 10-1 最优污染水平

资料来源：张帆、夏凡：《环境与自然资源经济学（第三版）》，格致出版社 2016 年版。

## 二、修正的最优外部性模型

自然界对污染有一定的吸收能力，当污染量小于某一值时，自然界可以把污染物吸收并转化为无害物。

环境对污染的吸收能力由 MEC 曲线的起始点表示，MEC 在经济活动水平为正的 $Q_a$ 点开始（见图 10-2）。在此点左侧，外部性为零，污染被环境吸收。零污染仍不是最优污染，但零污染不再需要零经济活动了。

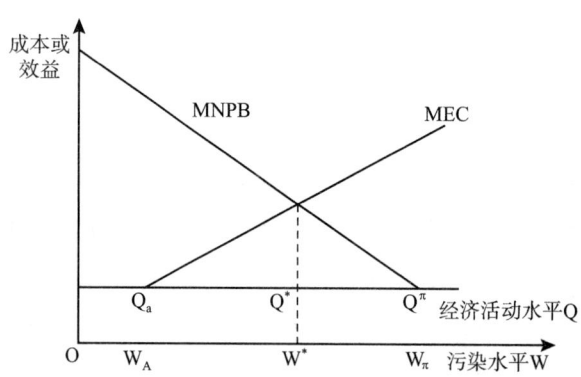

图 10-2 环境有吸收能力情况下的最优污染水平

资料来源：张帆、夏凡：《环境与自然资源经济学（第三版）》，格致出版社 2016 年版。

## 第二节 成本有效配置

以上研究是从净效益最大化的角度进行的。换个角度，从损害成本和控制污染的成本的最小化入手来确定最优污染水平。

由于环境可以很容易地吸收少量污染，通常污染的边际损害成本随污染物排放量的增加而增加。边际控制成本通常随控制量（污染减少量）的增加而增加，随污染量的增加而减少。

当边际控制成本等于边际损害成本时，即 MAC = MEC，总成本最低，达到最优污染，$W^*$ 是最优效率的（见图 10-3）。

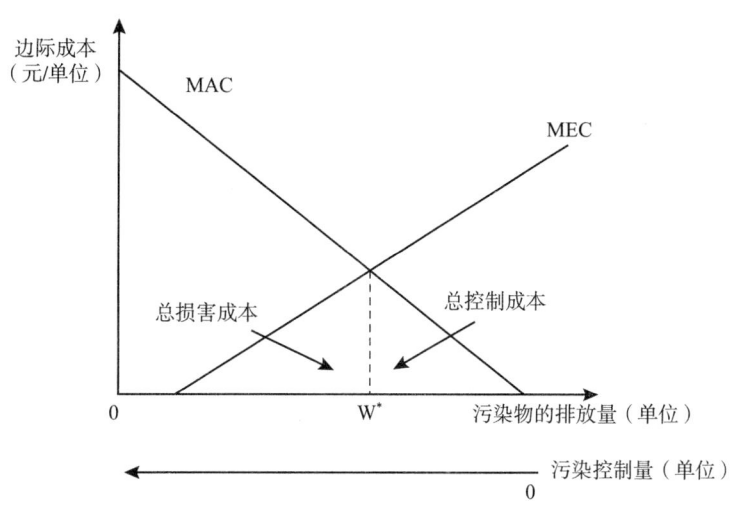

**图 10-3　边际控制成本与边际损害成本**

资料来源：张帆、夏凡：《环境与自然资源经济学（第三版）》，格致出版社 2016 年版。

在一个经济社会中，可能存在多个污染源，只有当所有排污者的边际控制成本相等时，控制污染的总成本才会最小。

## 第三节　污染控制的思路

在如何控制污染的问题上主要存在两种思路：

（1）指令控制（Command-and-Control）或直接管制方法（Direct Regulatory Approach），指设定环境质量指标通过立法手段强制执行，简单易行，见效较快。

（2）市场激励方法（Market-based Incentive Approach），指利用修正的市场机制保护环境。

经济学家一般认为，市场激励方法比指令控制方法更有效率。然而目前很多国家实际使用的污染控制方法多为指令控制方法。

指令控制方法至少有以下低效率问题：政府取得企业污染控制信息需要耗费追加的成本。市场激励方法使排污者可以自行选择采取什么方式减少排污，如何根据本企业的情况对排污标准作出反应。

"排污者付费原则"（Polluter Pays Principle）被很多国家作为环境政策所基于的经济性原则。该原则认为，产品或服务的价格应当反映全部的生产成本，反映生产过程中所耗费的全部资源的成本。

## 第四节 责任法与产权

上节的两种思路是从政府干预角度出发的，另一种思路是从主体和市场的角度出发，通过明确主体的责任和权利使他们参与并自发解决环境污染问题。

### 一、责任法

法律责任意味着行为人因违反了法定义务或契约义务，或不当行使法律权利、权力所产生的，由行为人承担的不利后果。

若将责任法简单地看做"污染者负担"，也就是说污染者需对其污染行为引起的损害负责。

责任法的效果不仅在于使受到污染损害的人得到赔偿，更在于使污染者将原本忽视的外部成本内部化，从而做出社会最优的决策。

### 二、产权

科斯定理：指在无交易费用的情况下，产权安排通过有关各方的谈判使资源配置达到最优。无论排污者还是受害者拥有产权，存在向社会最优点移动的自然趋势。

科斯认为，在资源的产权有保障的前提下，应当由排污者和该污染的受害者谈判，通过贿赂或补偿来自行解决污染问题。

科斯定理的一些假设条件在现实中不能满足：
（1）如果竞争是不完全的，科斯定理就不成立。
（2）如果交易费用过高，交易就难以成功。
（3）信息不完全。
（4）在多方参与的情况下，谈判可能会变得过于复杂。

(5) 科斯定理认为，无论是排污者还是受害者拥有产权都不会影响交易的结果。

# 本 章 小 结

污染在很多场合是一种外部性。外部性也有最优值。边际私人净效益和边际外部成本曲线的交点决定最优经济活动水平。

污染控制的经济原则是：只有当所有排污者的边际控制成本相等时，控制污染的总成本才会最小。

在如何控制污染的问题上主要存在两种思路，指令控制方法和市场激励方法。市场激励方法一般来说比指令控制方法更有效率。第三种思路是完全不要政府干预，通过责任法或产权制度让市场自己来达到最优。

"污染者负担"的法律原则下，污染者会将污染行为产生的外部性内部化，从而达到社会最优。明确的产权安排下，排污者和受害者可以通过谈判等途径自行解决环境问题，这一思想被称为科斯定理。

【思考题】

1. 如何确定环境的最优外部性？
2. 为什么要将最优外部性模型进行修正？
3. 比较污染控制两种思路的利弊。
4. 为什么说科斯定理在现实生活中不一定能实现？
5. 在中国目前的情况下，污染控制应当遵循哪种思路？

【案例 10-1】

## 纺织印染工业污染控制的经济学分析[①]

纺织印染工业的高速发展给环境带来了巨大压力。纺织印染工业生产会释放出大量废水、废气、废渣和噪声，其中，印染行业环境污染问题尤为突出。

**纺织印染工业环境污染问题**

（1）废水污染。纺织印染工业从纤维生产到纺织品生产加工，几乎每一道工序都使用了化学品，其中印染行业所带来的环境污染问题最为严重。当前染整加工过程绝大部分仍以湿态为主，废水约占纺织印染工业总废水量的80%。水温偏高，通常

---

① 洪枫：《纺织印染工业污染控制的经济学分析》，载《印染》2004年第20期。

为30~40℃，有时高达40℃以上，造成热污染；PH值高达9~12，有时可高达13，使得水质碱化；废水组分复杂，含有大量有机物，排入水体后厌氧分解产生$H_2S$等有毒气体，并产生恶臭。

（2）甲醛及粉尘污染。在纤维素纤维的免烫整理中由于使用了N–羟甲基树脂，从而产生游离甲醛；一些固色剂、防水剂、柔软剂也能在织物上残留甲醛。在纺织品加工生产中和产品使用过程中不断释放的甲醛，直接对生产者和消费者的健康构成危害。游离甲醛问题已引起世界各国高度重视，纷纷制订出纺织品甲醛释放限量标准。

纺织印染工业每年燃烧千万吨煤炭，产生$CO_2$、$SO_2$、$H_2S$及NO等废气；加工过程中机械作用和化学作用去除的短纤、绒絮等；此外，染整、干燥过程中，苯类和醇类等易挥发物以及染料粉尘和气味等，均对大气造成污染，危及人类健康和生态环境。

（3）噪声及废渣污染。纺织业的噪声污染大多由机器和设备造成。梭织机车间内噪声高达100dB以上，细纱车间噪声为95dB。我国规定工业噪声标准为85dB，噪声危害人体健康，对周围环境也造成一定影响。

纺织业中固体废物主要是锅炉废渣和一些下脚料（譬如蚕蛹和人造毛皮行业中的剪毛短绒下脚料等）。锅炉废渣绝大多数已被利用于铺路、制砖等。

**纺织印染工业污染的外部不经济性分析**

纺织印染工业环境污染问题是外部不经济性的必然结果。纺织印染工业在生产过程中向环境排放废水、废气及废渣，给社会和他人带来负面影响，且不对受害者进行补偿，从而产生生产的外部不经济性；产品在消费过程中给他人带来坏的影响，而不对受害者进行补偿；从而产生消费的外部不经济性，如免烫服装中的游离甲醛会产生消费的外部不经济性。在此，主要讨论纺织印染工业生产所造成的外部不经济性。

纺织印染工业生产过程中所产生的"三废"可以通过以下方式处理：（1）直接排放到环境中；（2）对废物治理，无害化后再使用或排入环境。第一种方式符合企业追逐利润最大化的目标，可以节省治理费用（私人成本），而污染物直接排入环境会造成环境污染，给社会造成经济损失（社会成本）；第二种方式因为要投入一定的人力、物力和财力，致使企业成本增加，利润下降。

根据环境经济学理论，纺织品的成本应由三部分组成：生产成本（直接的生产成本）、使用成本（现在使用环境资源而放弃其未来效益的价值）和外部成本（生产所造成的环境污染），这三项成本应该全部由生产者承担。目前，生产者一般只承担生产成本，由于无偿或低偿使用资源，以及向社会只缴纳低额排污费，甚至逃避缴纳排污费。因此，生产者并没有承担使用成本和外部成本（或只承担其中一小部分），而是由社会承担了这两部分成本。所以我们一般把这两项成本称为社会成本,即私人成本社会化。

一般来说,环境污染造成的社会成本远大于私人成本。既然企业生产造成环境污染,就应该由企业承担社会化的私人成本。为了解决这一问题,必须使私人成本内部化,或者说,使外部不经济性内部化。

### 最适污染水平

纺织印染工业环境污染是由于生产过程中废弃物排放速度超过自然净化速度而造成的。如果把废弃物排放控制在一定范围,即处于一个适度污染水平,在生态环境的承载能力范围内,就不致破坏环境。

生产水平与排污量之间存在一定关系,即生产水平越高,排污量越大。对企业而言,生产的目的是追求利润最大化,受利益驱动,企业不考虑环境污染的外部不经济性,把废弃物直接排放到环境中,当边际私人成本等于纺织印染企业的边际收益时,企业达到最适排污量。若考虑社会成本,则企业最适排污量在边际社会成本等于纺织印染企业的边际收益时达到。

环境问题的实质是外部不经济性,是资源代谢在时间、空间尺度上的滞留或耗竭,系统耦合在结构、功能上的破碎和板结,社会行为在经济和生态关系上的冲突和失调。纺织印染工业的生产与生态管理职能条块分割,以产量产值为企业单一目标,以及企业生态意识低下等因素都是造成环境恶化的原因。使纺织印染工业生产外部不经济性内部化,必须通过市场机制、政府干预和公众参与等多种手段,才能实现环境与经济可持续发展的"双赢"。

**案例提示与思考:**

1. 你认为什么时候能达到纺织印染工业企业的最优污染水平?
2. 针对本案例,你认为可以采取哪些手段实现环境与经济可持续发展的"双赢"?

## 【案例 10-2】

### 工业废水零排放不是神话[①]

北方药业污水处理车间内正在加紧进行调试,该公司环保部经理余晓峰表示,正因为有了超滤净化系统的支撑,这个国内最大的抗生素原料药企业将能确保在3月初投产。

---

① 张晔:《南工大破解世界难题工业废水零排放不是神话》,中国科技网－科技日报, http://www.stdaily.com/index/yaowen/2017-01/17/content_504269.shtml, 2017年1月17日。

数千公里之外的南通经济技术开发区,又黑又臭的造纸制浆废水,正源源不断地从王子造纸公司输送到能达水务公司,经过预处理、膜过滤、蒸发结晶等工序后,化为涓涓清流和可回收利用的工业用盐和干泥。这套日处理4万吨的装备已经稳定运行3年多。

这一切的幕后功臣,都是南京工业大学膜科学团队展现的"零排放"技术。

**"惯例"背后是环保与发展之争**

启东,是长江入海口的小县城,这里三面环水,水产丰富。5年前,当江苏王子制纸公司将配建一条制浆废水排海管道的消息传到启东,世代以渔业为生的老百姓,开始担心造纸制浆废水会影响生态和近海渔业养殖。

民众认为,造纸废水直排大海,污染环境、危及生态、破坏渔业资源。而在行业内,造纸制浆废水经处理后直排大海是国际"惯例"。王子公司是世界第三、亚洲第一大造纸企业,在日本国内和其他发达国家都采用同样的工艺和处理方法。

专家表示,包括造纸行业在内的一批工业项目,尽管是达标排放,但对水环境的伤害仍然不小,长此以往必然会造成水体不堪重负。这是一场事关发展与保护、经济利益与生态效益之间的冲突。

为了帮助地方与企业走出困局,南京工业大学以徐南平院士为首的膜科学团队主动请缨,接下了造纸制浆废水"零排放"的世界性技术难题。

他们将要完成的任务是全天候、24小时无条件运行,将制浆废水变成可回收利用的中水、工业用盐及干泥,实现废水全量回收利用。

**制浆废水"零排放"并非天方夜谭**

要实现"零排放",科学锁定制浆废水的成分十分重要。过去,造纸制浆废水处理有三大技术障碍无法逾越:一是成分复杂,有300~600种物质,特别是含有大量的胶体物质、木质素、短纤维等,极易造成纳米级的过滤膜污染堵塞,3个月必须更换,成本极高;二是含有高浓度的有机物,使得脱水不彻底,副产盐无法结晶;三是预处理过程中的臭气难以控制,影响环境。

在对水样科学分析的基础上,团队提出了成套设计工艺。

这套装置的工艺分为预处理、膜集成和蒸发结晶3个流程,每个流程都包含着诸多复杂技术与工艺,环环相扣,缺一不可。如预处理中,科研人员采用生物膜降解技术,不仅可将臭味去除,还有效解决了过滤膜的污染堵塞难题。

膜集成是关键环节,占到处理水量的90%多。通过膜材料这个特殊的"筛子",将大部分好水过滤出来,是实现零排放的重要保障。最终,滤出的纯水COD(化学需氧量)小于3,电导率小于150,比自来水都好。

此时,几万吨废水中还剩下几百吨高盐水需要处理。团队采取了机械再压缩蒸发结晶技术,实现了有效结晶。前来采购的精细化工厂都不敢相信,这白花花的工业盐竟然出自制浆废水。

最后剩余的干泥,含有钙、镁等成份,用在建筑工程中,实惠又安全。

3个月完成设计,6个月完成建设与安装,一年实现试运营。看似"天方夜谭"的世界级难题,攻克了!

**"水环境"政策倒逼工业废水零排放**

"到2020年,全国年用水总量控制在6700亿立方米以内,万元国内生产总值用水量、万元工业增加值用水量分别比2015年下降23%和20%……"

去年年底,水利部、国家发改委提出,全面实施水资源消耗总量和强度双控行动。同时,环保部即将启动造纸排污许可证管理制度试点。

这意味着,不管水资源消耗与污染,只求GDP增长的时代一去不复返。对地方政府和企业来说,新上造纸、制药、化工等大项目将面临更严苛的政策与技术门槛。

位于湖北黄冈的晨鸣造纸厂,总投资280亿元,年产25万吨粘胶,每天排放的废水量达十几万吨。该项目的制浆废水,水质更恶化,硬度高,杂质成分多。因受污染限排的制约,这个大型项目变得命运多舛,正是有了王子造纸项目的成功先例,对方慕名上门求援,转机出现了。

地方政府和企业的焦虑,折射出政策倒逼的强大高压。在长江经济带和北方缺水地区,水资源取水和污水排放,都将实施更加严格的措施,缓解因地方经济总量增加而带来的水资源与水环境压力。

南通能达公司负责人表示,每吨中水运行成本约为5元,与当地工业用水价格持平,地方财政给予一定补贴后,由于售价低、水质好,这些中水已成为企业争抢的香饽饽,仅王子公司每天就引中水1.2万吨。园区每年因此可节水2000万吨,并减少向水体排放COD、BOD(生化需氧量)分别达1500吨和400吨。

而北方药业投产后,自备电厂需要开采大量地下水,价格在8~12元/吨。对制药废水治理后每天产生中水1万吨,每吨运行成本低于5元,原本是"赔本买卖"的污水治理反而为企业创造出可观的效益。

一项"零排放"技术不仅释放出大量的环境容量指标,还带来可观的效益。

徐南平表示,近几年的成功实践,让他们有信心解决几乎所有工业废水的处理问题,实现全部零排放。如果各地政府能够下定决心进行推广,这项技术将对中国乃至世界的水资源保护、水环境治理发挥不可估量的作用。

**案例提示与思考:**

1. 你认为该案例中"工业废水零排放"技术前景如何?
2. 你如何理解"零污染就是零生产"这句话?

【案例 10-3】

## 常州毒地事件①

2016年5月20日,也就是常州毒地事件曝光一个多月后,位于北京市朝阳区的民间环保组织自然之友环境研究所(以下简称自然之友)收到了江苏省常州市中级人民法院寄来的受理案件通知书。相隔一天,涉案企业之一的深圳诺普信农化股份有限公司(以下简称诺普信公司)也发布公告称:其参股公司江苏常隆化工有限公司(以下简称常隆化工)收到了法院的起诉书。这意味着常州毒地事件正式进入司法程序。

常州毒地事件曝光后不久的4月29日,自然之友针对常州市常隆地块场地污染正式向常州市中级人民法院递交环境公益诉讼立案材料,请求法院判令已搬离污染场地的三家企业消除其原厂址对周围环境的影响,并承担生态环境修复费用和因本诉讼而支出的其他费用,同时在媒体上向公众赔礼道歉。

根据中国目前的法律,"谁污染,谁治理"仅是一项原则性规定,在具体实践中则形成了政府回收污染土地、组织修复,继而出让的做法。在法律与实践不统一的情况下,自然之友、中国生物多样性保护与绿色发展基金会共同起诉原址三家企业承担修复责任的举动,正是为落实"污染者负担"原则做的有益探索。

**毒地事件中的土壤修复问题**

常州毒地事件的爆发源于中央电视台于2016年4月17日播发的一则调查新闻。2015年9月,常州外国语学校(以下简称常外)迁入新校址后,该校493人出现皮炎、湿疹、支气管炎、血液指标异常等症状,个别人还被查出罹患淋巴癌、白血病等恶性疾病。许多家长怀疑孩子的病症与学校旁边的污染地块有关。

家长口中的"污染地块"指的是学校北边一片总面积26.2公顷的化工厂旧址。这里曾是常隆化工、常州市华达化工厂和常州市华宇化工有限公司的原厂址所在地。持有常隆化工35%股权的诺普信公司表示,常隆化工已于2010年8月完成整体搬迁,土地所有权已归属常州市新北国土储备中心。

网上公开的常州市环境科学研究院编制的《常隆(华达、常宇)公司原厂址地块污染场地土壤修复调整工程验收技术方案》显示,随着区域内工业企业的逐步搬迁及规划调整,这三家企业已经陆续搬离。该《方案》还显示,常州市原环境科学研

---

① 吕佳臻:《常州毒地事件追问:"污染者负担原则"如何落地?》,载《法律与生活》2016年第12期。
《常州外国语学校毒地污染事件始末》,搜狐网,http://mt.sohu.com/20160511/n448858259.shtml,2016年5月11日。

究所是受常州市新北区政府委托对这一地块的土壤和地下水进行评估的。评估结果表明，这一地块"土壤和地下水环境污染较重，用于商业开发的环境风险不可接受，必须对污染场地实施修复"。也就是说，涉事企业已与当地政府完成了土地交接，具体的修复工程由当地政府组织实施。事实上，采取这种做法的地区并不限于常州市。

随着城市规模的发展扩大，在某些地方，部分国有化工企业原厂址所在地从过去无人问津的郊区变成了今天受人追捧的黄金地带。为了更好地进行商业用地开发，当地土地储备中心或城市建设投资公司与这些国有企业达成搬迁协议，使土地回到政府手中，并由这些部门或企业代表政府对土地进行平整修复，重新开发为居住、商业或者绿化用地。在土壤修复责任的承担上，中国法律还处于真空状态。

**民间探索提起环保公益诉讼**

自然之友在递交的民事起诉书中表示，"被告在生产经营过程中，严重污染了原厂址常隆地块后搬离，但均未对该污染场地进行妥善修复"，常外学生的环境异常反应说明该污染场地对周围环境仍有严重影响，其主要是污染地下水及周围土壤、大气环境，损害社会公共利益，其行为违反了《环境保护法》《固体废物污染环境防治法》等法律法规，应承担环境侵权的法律责任。

其实，在此次寻求法律手段解决常州毒地事件之前，为了厘清土壤修复责任的承担问题，以自然之友为代表的众多民间环保组织一直在做新的尝试。

梁思成和林徽因之子梁从诫是自然之友创始人之一。在他的带领下，这支团队致力于推动公众参与环境保护，支持全国各地的会员和志愿者关注本地的环境挑战。自然之友从2005年开始推动公益诉讼制度，是民间最早提出建立这一制度的组织；2008年，该民间组织成立法治项目，并在2011年就当时引发公众关注的云南曲靖铬渣案提起公益诉讼。

云南曲靖铬渣案是国内首例由民间环保组织提起环境公益诉讼的案件。当时，云南省陆良化工实业有限公司将5000余吨剧毒铬渣非法倾倒在云南曲靖市麒麟区农村，使附近农村牲畜死亡，农田遭到严重污染。为了取证，自然之友团队携专家、律师划着小皮划艇，在南盘江上采底泥。历经4年，自然之友团队才取得该案的重要证据。

就常州毒地事件提起公益诉讼而言，葛枫说："我们起诉的直接目的在于让涉事企业承担修复责任。但更宏观的目的是借助个案反映的问题提出可行的解决办法，从而为立法者提供一些参考。"不过，她也坦言，要想达成此目的并非易事，环境公益诉讼的主要难点在于确定环境修复费用和筹集环境损害鉴定评估资金。"从技术层面说，目前，中国污染场地的修复技术还不够成熟，对修复工程的监管也有待加强。这都使修复费用处于未知状态。"葛枫解释道，"同时，中国环境类损害鉴定评估费用高昂，对公益环保组织来说是一笔巨大的开支。根据2013年的询价情况，一次环境损害评估大约需要500万元人民币。"

20世纪70年代，美国纽约州因为在倾倒了大量有毒废弃物的拉夫运河上建造住宅和学校，导致居民不断发生各种怪病，孕妇流产、儿童夭折、婴儿畸形等病症频频发生，这就是举世瞩目的拉夫运河事件，拉夫运河事件唤醒了全世界对化学废弃物的认识。

在环境敏感区建设学校，本应慎之又慎。然而，这起事件中，选址、建校、环保监测等多链条全线失守让人担忧，更是让这所学校师生的健康长期笼罩在巨大的危险之中。

**案例提示与思考：**

1. 你认为"环保公益诉讼"在污染控制中起到什么作用？
2. 你认为"污染者负担原则"在中国该如何落地？

## 【案例10-4】

### 科斯定理与陕北故事[①]

尽管科斯定理已经成为新制度经济学的理论核心，但是科斯本人并没有给所谓的科斯定理下过明确的定义，实际上，科斯定理就蕴含在科斯所叙述的一个关于山洞的故事。

新发现的山洞是属于发现山洞的人，还是属于山洞入口处的土地所有者，或属于山洞顶上的土地所有者无疑取决于财产法。但是法律只确定谁是想获得山洞使用权的人必须与之签约的人。至于山洞是用于贮藏银行账簿，还是作为天然气贮存库，或养殖蘑菇与《财产法》没有关系，而与银行、天然气公司、蘑菇企业为使用山洞而付费多寡有关。

科斯所举的这个山洞的例子是出于推理的方便而设想的一个假定，但是真正的例子就出现在我们的生活中。12月23日中央电视台的"焦点访谈"就报道了陕北的几个农民因为当地开采石油而破坏了他们的耕地、水源、空气等生活和环境资源而"告天天高，告地地厚"的生活处境。

我们可以把这个问题转化为一个科斯式的叙述：陕北地下新发现的煤、石油、天然气和盐，究竟是属于祖祖辈辈生活在这个地方的农民，还是属于当地的政府，还是属于中央政府，这无疑取决于国家的法律。但是，法律只确定是谁想获得煤、石油、天然气和盐的使用权人必须与之签约的人。至于煤、石油、天然气和盐是当地开采使用，还是运到北京改善首都的大气环境，或是运到上海解决能源问题与国家的法律无关，而与当地政府、中央政府为使用这些能源而付费多寡有关。

---

① 强世功：《科斯定理与陕北故事》，载《读书》2001年第8期。

在科斯来看，地下矿藏的初始所有权的界定确实不重要，因为假定了交易费用为零的情况下，无论法律上将地下的矿藏的产权界定给当地的农民、地方政府还是中央政府，只要存在交易费用为零的自由市场交易，那么，地下的矿藏最终会落入到出价最高也就是认为该资源的效用最高的买主手中，这意味着地下的资源通过市场交易进行了最有效率的配置。

假定地下的矿藏是属于当地农民的，那么他们可以不开采这些矿藏而享受清洁的耕地、水源和环境，如果国家、地方政府或者外地商人认为这些矿藏对他们很重要，比如在"焦点访谈"中，中央政府的官员就认为这些资源属于国家的"战略资源"，那么他们就会通过市场的竞价从农民手中买来这些资源的开采权，这样农民就可以得到足够的补偿，他们可以用这些钱买来粮食而放弃耕地、买来清洁的饮水或者为了享受金钱带来的其他好处而忍受污染了的空气，甚至可以用这笔钱举家迁徙，移居到城里。

假如这些地下资源是属于中央政府的，那么如果当地农民如果想要享受不受污染的耕地、水源和空气，也可以支付一笔费用让国家和地方政府不要来开采，由此他们就可以享受不受污染的耕地、水源和空气等。

如果我们用科斯定理来理解"焦点访谈"中陕北农民面临的问题的话。这里实际上存在两个问题，一个问题就是上面提到的地下的矿藏的产权属于谁的问题，是属于当地的农民还是属于地方政府的抑或中央政府的；另一个问题就是无论这些矿藏属于谁，只要有一个交易市场存在，只要开采这些矿藏，那么就必然会产生污染耕地、水源和空气，因为没有污染的开采是不可能的。由此带来的问题就是这种不可避免的污染如何弥补对当地农民构成的侵害？

在开采矿藏带来的污染的侵权中，实际上涉及科斯所说的"权利的相互性"问题。对于这种问题，科斯依然采取讲故事的方式来说明，尽管这次讲的是1879年的一个真实的案例。一个糖果制造商和一个医生毗邻而居，糖果制造商在生产中使用了两个研钵和杵，要发出很大的噪音。但是，最初这样的噪音并没有对医生产生影响，后来医生在紧挨糖果制造商的炉灶处建了一种诊所，他发现糖果制造商的机器发出的噪音和震动影响了他用听诊器给病人检查肺部疾病。于是他对法院提出起诉，法院听从了医生的建议而给糖果制造商发出了停止噪音的禁令。同样，我们也可以按照这个故事的模式来表述陕北农民面临的问题，只不过这些农民没有获得法律的救济，而处于"告天天高，告地地厚"的绝境中。

科斯所说的权利的相互性实际上依然是对科斯定理的进一步说明或者运用。从效率的角度来讲，初始权利的界定并不重要，重要的是在行使权力面临着科斯所说的权利的相互性问题，科斯批评法院在案件中仅仅依据医生需要安静的环境这一权利来判定糖果制造商侵权，这实际上意味着医生需要安静的权利成为一种绝对的权利，而忽略了糖果制造商生产的权利。因为在科斯看来，究竟是糖果制造商侵害的医生的权利，而是医生侵害糖果制造商生产糖果并由此获得利润的权利，这还是一个问题。从权利的相互性的角度来看，这是一种彼此的侵权，因为医生和糖果制造商的主张的权利都不是绝对的。因此，在这样的事例中，问题就转化为我们究竟允许糖果制造商侵害医生的权利，而是允许医生侵害糖果制造商的权利？换句话说，我们是允许石油的开采者侵害陕北农民的享受不受污染的耕地、水源和空气的权利，而是允许公民享受这些权利的同时侵害政府或其他石油开采者的开采矿藏的权利，这是一种算账问题。毕竟石油的开采给国家和地方带来高额的税收，而这些税收作为政府的财政会使其他人受益，石油的开采还给其他的农民带来工作的机会等。

科斯对法院判决体现的主张绝对权利的法律思维的不满就在于这种判决没有给双方留下讨价还价以至实现效用最大化的空间。在科斯看来，重要的不是通过法律的禁令来禁止损害的发生，"关键在于避免较严重的损害"，也就是说，我们要权衡一下，究竟是要陕北农民享受清洁的耕地、水源和空气重要，还是北京的居民享受清洁的空气（因为陕北开采的石油天然气已经运送到了北京），这是一个"鱼与熊掌不可得兼"的计算问题。在科斯看来，这样的计算不能依据法律由单方面来决定，而应当交由市场交易来执行。但是，科斯设想的这种交易可能吗？

尽管科斯定理中总是强调初始权利的配置是不重要的，但是，这里所说的不重要是指究竟配置给哪一个是不重要的，但是权利的初始配置行为本身是重要的。科斯明确地指出："法律体系的目标之一就是建立清晰的权利界限，使权利能够在此基础上通过市场进行转移与重新组合。"如果我们不知道一个东西是属于谁的，如何进行交易呢？最后可能就是大家一起去抢，这种彼此争抢就是霍布斯所说的契约交易之前的自然状态："人对人是狼的战争状态"。这绝对不是"科斯定理"所设想的人类行为的状态。

因此，无论是对于科斯的故事还是陕北故事而言，法律上究竟将矿藏的财产权利配置给中央政府、地方政府还是当地农民并不是重要的，但是地下矿藏的产权必须是明晰的，而不能含糊不清。那么，这些地下的矿藏的财产权究竟是属于当地农民的，还是地方政府的或者是中央政府的？在我们的法律体系中，这种权利的界定是清晰的吗？

《中华人民共和国矿产资源法》（1996）明确规定："矿产资源属于国家所有，由国务院行使国家对矿产资源的所有权。"在法律规定的字面上，陕北地下的矿产的权属是明确的，但是在科斯所追求的"真实的生活中"，这样财产权的界定依然含糊的。这种财产权界定的不清晰就体现在交易的过程中，究竟谁是交易中"与之签约的人"？如果我想在陕北开一个煤矿，我要与谁签约？难道我必须要和作为国务院法人代表的总理签约吗？现实生活中肯定不是如此，因为这样的话，交易成本太高，交易几乎不可能完成。

就地下的矿藏而言，我们发现在同一块土地上，叠加着各级地方政府层次不同的产权。以前陕北地下的能源没有被大规模勘探发现，当地乡、县政府一直拥有审批开发的权利，"开煤窑、背黑炭"与其说是通过交易获得权利，不如说本来就是他们祖祖辈辈的生活方式。等到大规模的勘探发现了地下丰富的煤、石油、天然气之后，市、省和中央政府纷纷来"圈地"，通过法律的方式来圈定自己的开采审批权的范围。中央政府以最终的所有权为后盾，禁止各级地方政府小规模的、破坏自然和破坏能源本身的乱开采。于是，中央和各级地方之间就如何划定彼此的产权范围进行讨价还价。中央政府的开采尽管可以给地方政府带来不少利益，但是，无法改变"人吃猪肉，我喝油汤"的局面。于是，尽管中央三令五申禁止地方乱开采，严厉批评地方政府越权审批，地方"违法"的局部性开采并不能从根本上禁止。因为中央对地方的治理主要依赖地方政府，而"违法"的局部性开采与地方政府的地方性以及解决自身财政困难等利益有着千丝万缕的联系。地方政府不仅是这些局部性开采的审批者、纵容者甚至是保护者。

正是因为中央政府和各级地方政府之间在地下矿藏的产权划分在法律上明晰的但是在实践中是含糊不清的，由此对当地的资源开发带来了额外的交易费用。正是由于中央政府与地方政府之间就矿藏资源的产权界限取决于它们之间的彼此容忍程度，导致开采商在陕北的矿藏开采变成了一次赌博，一项冒险活动，从而导致短期行为的破坏性开采，导致掠夺性开采对环境的破坏，以及对这种破坏采取一种逃避的办法，而不是积极地赔偿。由于产权界定处于变动之中，法律无法保护曾经有效的交易行为（开采审批），为了尽可能地保护交易安全，他们只能寻求政府官员的庇护，于是，开发商和地方政府以及个别政府官员联合起来，采取了对上级政府乃至中央政府阳奉阴违的规避和对当地百姓不负责任的侵害。由此，陕北村民的耕地、水源和空气增到破坏且得不到赔偿不过是科斯定理中产权不清晰增加交易费用所导致的后果而已。

**案例提示与思考：**

1. 你如何看科斯定理中"强调初始权利的配置是不重要的"？
2. 什么原因导致了陕北的资源开发带来了额外的交易费用？

# 第十一章

# 直接控制与排污标准

**教学目标**

通过本章的学习，了解直接控制的特性以及优缺点，重点掌握如何确定排污标准，难点是如何达到最优排污标准。

**关键术语**

直接控制　排污标准　最优排污量　排污源

## 第一节　直接控制的特性

政府对污染的控制可以分为两大类，直接控制与利用经济手段的间接控制。

政府控制污染的政策工具大体可以分为三大类，即排污标准、排污费和排污权交易。

排污标准是目前世界上使用最广泛的污染直接控制方法。排污标准是由管制部门制定并依法强制实施的每一污染源特定污染物排放的最高限度。

政府对环境质量的直接控制通常包括以下要素。各级立法机构通过有关环境保护的法律。通过立法建立环境保护的专职行政机构，规定环境保护机构的职能。政府其他机构承担一部分环境保护职能。

政府负责对排污标准作出规定，对污染物的排放实行直接控制。排污标准规定了一定时间一定地点排污量的上限。

政府控制污染的活动必须遵循法治的原则和法律程序。

## 第二节　排污标准的问题

排污标准至少存在两方面问题：

（1）由于政府和企业之间信息的不对称，只有在极特殊的情况下，排污标准碰巧才能达到最优排污量。

（2）在有多个污染源的情况下，对每一个污染源制定不同的排污标准成本太高，由于成本原因，政府对不同的污染源设立的统一排污标准不是最优的。

在使用排污标准的情况下，要达到最优排污水平，必须同时满足以下条件：

（1）排污标准为最优排污量；

（2）罚款为与最优排污量对应的罚款；

（3）罚款的实施还必须是完全确定的，即违规后被罚款的概率为100%。

## 本 章 小 结

污染控制可以分为直接控制和利用经济手段的间接控制。控制污染的政策工具大体可以分为三大类，即排污标准、排污费和排污权交易。排污标准是是由管制部门制定并依法强制实施的每一污染源特定污染物排放的最高限度。目前在中国直接控制是最重要的污染控制方法。排污标准的实施需要依靠法律手段和舆论监督。

排污标准至少有两个问题：（1）由于政府和企业之间信息的不对称，只有在极特殊的情况下，排污标准碰巧才能达到最优排污量。（2）在有多个污染源的情况下，政府对不同的污染源设立的统一排污标准不是最优的。

**【思考题】**

1. 政府对污染直接控制有什么特性？
2. 为什么政府制定的排污标准很难在经济上达到最优？
3. 为什么对不同污染源设立统一的排污标准不是最优的？

**【案例11-1】**

### 中国大气污染防治标准的立法演变[①]

2015年8月29日，第十二届全国人大常委会第十六次会议修订通过了《中华人民共和国大气污染防治法》，这是自1987年首次颁布以来的第二次修订。

**标准制度初创期（1973~1986年）**

这一阶段提出并制定了国家污染物排放标准和卫生标准，支撑了环境保护工作初

---

① 张国宁等：《中国大气污染防治标准的立法演变和发展研究》，中国社会科学网，http：//www.ccpph.com.cn/xsts/fl/201606/t20160607_226934.htm，2016年6月7日。

期的环境管理，拉开了中国"三废"治理的序幕；提出制定地方排放标准；明确了超标排放的法律责任，标志着中国环境标准制度的初步创立。

（1）国家标准的提出与配套标准。中国环境保护工作始自1973年的第一次全国环境保护会议，其标志性成果是审议通过了《关于保护和改善环境的若干规定》，明确了标准制定主体和标准类型，即"由国家环境保护部门会同卫生等部门，拟订和修订污染物排放标准、卫生标准，并颁布试行"。要求"对于目前还不能综合利用的'三废'，尽可能实行净化处理。结合具体情况采用机械的、化学的、生物的和其他方法，使排出物不超过国家颁布的排放标准"，这是对达标排放的最早规定。

（2）超标排放的法律责任。上述《规定》和标准虽然明确了相关标准体系框架，强调应遵守排放标准，但没有规定相应的超标责任，因此，在法律上是不完备的。这一问题在1979年《环境保护法（试行）》中得到部分解决，明确了排放标准的执行方式：一时达不到国家标准的要限期治理；逾期达不到国家标准的，要限制企业的生产规模；超过国家规定的标准排放污染物，要按照排放污染物的数量和浓度，根据规定收取排污费。

**法律框架建成期（1987~1999年）**

这一阶段对大气污染防治标准的体系、层级、制定原则等进行系统规范，明确了大气环境质量标准的概念和层级，提出了环境质量地方政府负责制；明确了污染物排放标准层级和制定原则；也对个别产品的环境有害因素提出了控制要求。自此中国环保标准的立法框架长期固定下来。

（1）大气环境质量标准的提出。1987年中国首次颁布《大气污染防治法》，这是第一部对中国大气环境标准制度进行比较系统规范的法律，标志着中国大气污染防治标准的法律框架初步建成。该法正式提出了大气环境质量标准的概念，明确国务院环境保护部门制定国家大气环境质量标准；省、自治区、直辖市人民政府对国家大气环境质量标准中未作规定的项目，可以制定地方标准，并报国务院环境保护部门备案。从此不再由卫生部门制定卫生标准管理大气环境质量。

（2）明确排放标准制定原则。对于排放标准，法律进一步明确了两级体制：国务院环境保护部门制定国家大气污染物排放标准；省、自治区、直辖市人民政府可以补充（对国家大气污染物排放标准中未作规定的项目）或加严（对国家大气污染物排放标准中已作规定的项目）制定地方大气污染物排放标准，地方排放标准须报国务院环境保护部门备案。

**标准作用强化期（2000~2014年）**

这一阶段最重要的立法进展，一是明确了大气环境质量标准的法定环境目标作用；二是明确了超标违法原则，加大了处罚力度。

(1) 大气环境质量标准成为环境目标。2000年《大气污染防治法》虽然对标准制定条款没有改动，但标准定位更加明确，强化了标准实施要求。对于环境质量标准实施，明确了地方各级人民政府有责任使本辖区的大气环境质量达到规定的标准；未达到大气环境质量标准的大气污染防治重点城市应当制定限期达标规划，采取更加严格的措施，在国家规定的期限内达到大气环境质量标准。

(2) 超标违法原则的确定。对于排放标准的实施，法律不再将排放达标与否与排污收费挂钩，只要排污就要收费，为此国务院修改了原来的收费规定，于2003年重新发布了《排污费征收使用管理条例》。回归了排放标准的强制拘束力，规定：向大气排放污染物的，其污染物排放浓度不得超过国家和地方规定的排放标准；违反本法规定，向大气排放污染物超过国家和地方规定排放标准的，应当限期治理，并由所在地县级以上地方人民政府环境保护行政主管部门处1万元以上10万元以下罚款。从此，从大气污染防治领域开始，"超标违法"作为环境保护的一项基本法律原则得到承认，这是自1979年《环境保护法（试行）》以来历经21年环境保护实践后，环境保护法律原则的重大突破。至此，中国污染物排放标准恢复了其应有本质，与国外发达国家和地区一样，成为必须遵守的法律规范。

(3) 加大超标处罚力度。2000年《大气污染防治法》虽然明确了"超标违法"，但处罚过轻，受到公众的广泛诟病。针对长期困扰中国环境保护工作的"违法成本低"问题，2014年修订《环境保护法》做出了重大改变，取消限期治理制度，全新改写了超标的法律责任：责令改正或者限制生产、停产整治；情节严重的，责令停业、关闭；罚款及按日连续计罚。

**标准条款完善期（2015年至今）**

经过40年的变迁，大气污染防治标准的法律框架基本固定下来，标准作用和实施力度显著增强。以2015年新修订发布的《大气污染防治法》为标志，对大气污染防治标准的立法进入到标准条款完善期。

(1) 标准体系和层级。新《大气污染防治法》对标准体系和层级的表述非常清晰，设立第二章"大气污染防治标准和限期达标规划"，通过专章的形式对大气环境质量标准（国家、地方）、大气污染物排放标准（国家、地方）、产品中的环境有害因素限制三类大气污染防治标准进行系统规定。

(2) 环境质量标准的实施。新《大气污染防治法》除了重申了地方政府对本辖区的环境质量负责，要求制定规划，采取措施，使大气环境质量达到规定的标准外，更加细化了限期达标规划要求。未达到国家大气环境质量标准的城市应及时编制限期达标规划，采取措施按规定期限达标。

(3) 污染物排放标准的实施。新《大气污染防治法》落实2014年《环境保护法》关于超标处罚的最新要求，明确超标的法律责任，显著增大了处罚力度。对超标排污的，由县级以上人民政府环境保护主管部门责令改正或者限制生产、停产整治，并处 10 万元以上 100 万元以下罚款；情节严重的，报经有批准权的人民政府批准，责令停业、关闭。受到罚款处罚，被责令改正，拒不改正的，可按照原处罚数额按日连续计罚。

中国自 1973 年环境保护事业伊始，就有目的、有组织地开展了环境保护标准制度、理论和体系建设，目前大气污染防治标准立法已相对成熟，但对比国外发达国家和地区的标准立法工作，我们在不同类型环保标准的定位、制定原则、技术依据、标准体系和内容等方面还存在不足，应加强对这些方面的标准立法，提高标准制定的可操作性。

**案例提示与思考：**
1. 中国环境保护标准制度发展过程中各阶段有什么特征？
2. 你认为中国大气污染防治标准立法还有什么可以改进的地方？

## 【案例 11-2】

### "合格污水"引众怒[①]

河北邢台市边村位于石家庄市"排污沟"洨河边，村民卜宪存指着远处的农田说，去年秋天种了 5 亩玉米，玉米秀穗的时候，用河水浇了一次，结果玉米只长了膝盖高，玉米棒芯都变黑了，没结一粒米。

洨河河水颜色较深，散发着刺鼻异味，不少地方泛着白色泡沫。但石家庄市环保局有关负责人在接受采访时却表示，排入洨河的水都是经过污水厂处理过的达标的水，从近年来的监测数据看，水质总体呈现不断改善的趋势。

一边是环保部门宣称"污水达标"，另一边是民众意见很大忧虑很重，冰火两重天的差距根源何在？环保专家认为，现行水污染物排放标准未能和环境需求无缝对接，污水虽达标，却对环境仍会造成污染，是重要原因之一，应当尽快推动排污标准与环境需求无缝对接。

**水质达标群众不买账**

环保人士认为，污水排放标准与地表水标准不接轨，是造成环保部门宣称水质达标、百姓却认为污染的重要原因。目前，中国水污染物排放标准规定的一些主要污染物排放限值，远远高于地表水环境质量标准，造成了达标的污水依然污染环境的尴尬局面。

---

[①] 刘宝森、王昆、程士华等：《排污标准过低"合格污水"引众怒》，经济参考网，http://jjckb.xinhuanet.com/2013-08/13/content_461255.htm，2013 年 8 月 13 日。

以作为Ⅰ类污染物的重金属铅为例，根据地表水环境质量标准，地表水含铅量高于0.1mg/L则为劣Ⅴ类水，就已经基本丧失水体功能，但涉铅企业排污含铅标准却定在1mg/L，两者差距极大。在长期缺水的地区，企业所排污水已经成为一些河流沟渠的主要补给水源，环境稀释能力几乎完全丧失，被严重污染的水体随后又将重金属污染传递给土壤、农作物，造成更大范围内的污染。

虽然经过处理的污水达标排放，但生活在排污河流周边的群众仍然有很大的意见。

此外，公众对水质是否达标的评价除了抽象的指标外，主要是气味和颜色，而当前的水污染物排放标准执行的效果在很多地区与群众"蓝天碧水"的期待仍有差距，一些河流污水的气味和颜色未能有效处理，更让他们误认为污染治理收效不佳。

石家庄赵县屈西章村村民赵京新说，洨河的水浇了可以省化肥，到了六七月份河水味道很大，如今村里也不敢用河水灌溉，都换成了机井灌溉，因为邻村有用河水浇死庄稼的情况。

中国人民大学环境学院院长马中说，排污单位花很少的钱，就能把污水处理成达标水排放了。处理之后，排出去污水的污染物浓度要比地表水环境浓度高，也就是说达标排放的水依然是污水。长期以来，我们的工业污水和生活污水都是按照低标准排放。

**达标污水依然污染环境**

山东省环保厅厅长张波介绍说，不同行业的排放标准，在区域管理中，难以有效约束区域排污总量，从而导致虽然所有排污单位都完全达标，但水体的质量与地表水功能区划的要求仍然相去甚远。

部分行业排污依据本行业的排放标准，没有行业标准的企业排污执行《污水综合排放标准》。在行业标准中，以《炼焦化学工业污染物排放标准》为例，其对主要水污染物COD（化学需氧量）的排放限值为100毫克/升，这意味着只要企业将COD指标处理到100毫克/升就可以直接排入环境。

但百姓切身感受的环境却是其生存环境之内的水体。这类水体主要是地表水，而评价地表水质量好坏的标准主要依据《地表水环境质量标准》。这一标准将地表水划分为Ⅰ～Ⅴ类[①]，以其中的主要污染物之一COD为例，这个标准基本项目标准值中规定COD大于40毫克/升就为劣Ⅴ类水。这就会产生一个尴尬的局面：企业遵守标准排放的达标污水对地表水体仍然会产生影响。

---

① 《地表水环境质量标准》将地表水划分为Ⅰ类～Ⅴ类。Ⅰ类主要适用于源头水、国家自然保护区；Ⅱ类主要适用于集中式生活饮用水地表水源地一级保护区、珍稀水生生物栖息地、鱼虾类产场、仔稚幼鱼的索饵场等；Ⅲ类主要适用于集中式生活饮用水地表水源地二级保护区、鱼虾类越冬场、洄游通道、水产养殖区等渔业水域及游泳区；Ⅳ类主要适用于一般工业用水区及人体非直接接触的娱乐用水区；Ⅴ类主要适用于农业用水区及一般景观要求水域。

河北石家庄市环保局副局长牛新国告诉记者,当地的企业污水排放主要依据《污水综合排放标准》,这一标准对COD的限制标准分为三级,其中直接排入地表水环境的允许浓度最高标准为100毫克/升,经过污水处理厂处理的污水最高为60毫克/升,但当地几乎没有地表径流,因此排入环境后仍是劣V类水。

不仅是排污企业,城镇污水处理厂排放的污水标准也高于地表水的标准。北京碧水源科技股份有限公司总经理戴日成说,现行污水处理厂一级A标准中COD允许排放浓度最高标准为50毫克/升,而《地表水环境质量标准》中Ⅳ类水COD标准限值为30毫克/升。"本身是一个干净的湖泊,如果按照这样的标准去排放,就会导致河流和湖泊向V类或劣V类水体转变。"

马中认为,目前污水排放标准过低。目前污水处理厂排放标准中的COD一级A标准是地表Ⅰ类水标准的3倍多,工业排放标准更是地表Ⅰ类水的几十倍,甚至上百倍。2008年以来,中国提高了部分工业行业的污染物排放标准,但仍远远低于地表水的标准。达标排放的工业污水依然比城镇污水污染物浓度高出几倍。

专家认为,要加强企业污染源头监管,制定更严格的工业企业废水排放标准,使其排放限值与水环境质量标准相协调。

### 国内大部分行业排污标准不存在过低

针对近日有媒体报道的"国内排污标准过低导致合格污水污染地表水体水质"的问题,环保部科技标准司独家回应:目前国内大部分行业标准不存在过低。

环保部科技标准司司长赵英民解释,在推理过程中,存在对于工业排污标准和水体质量标准两个概念的混淆。排放标准制定的依据是这个行业的技术可达性和经济可行性,但环境质量标准的更多的是依据人的健康,与环境容量有关。标准只是环境管理中其中的一个环节,需要和排污许可证,环评配合作用。比如说,造纸厂的排放标准在制修订时并没有考虑它要在哪里建。如果你在饮用水源地,即便这个企业可以达标排放,但由于它会影响饮水安全,那环境影响评价就不会允许它建。

赵英民进一步解释,企业污染排放与环境质量达标的关系,应通过总量控制的手段来确保排污总量不超出环境容量,从而确保当地的环境质量达标。以目前来看,中国环境标准总数已超过1400项,各行业排放标准总体上正逐步接近发达国家标准水平。

我们国家"十一五"期间行业排放标准只要修订无一例外都是加严的,目前很多行业标准已经接近或者达到发达国家水平,所以不能说目前的标准还很松。不过,赵英民也坦承,国家排放标准是工业企业在全国范围内需要执行的最低门槛。对于部分缺水地区或者是环境已经受到严重污染的地区,企业排污应该有更高要求。

**案例提示与思考：**

1. 为什么排放的污水达标依然会污染环境？
2. 你认为国内大部分行业排污标准是否存在过低现象？

## 【案例 11-3】

### "天价罚单"背后的环保较量①

洛阳新安县一企业氮氧化物排放超标，一年半内整改不到位，按日计罚上不封顶，罚款金额达令人咋舌的 9600 多万元！这是在新环保法和新大气污染防治法相继实施后，出现的金额较为巨大的行政执法案件。按日计罚的处罚方法，可以让污染企业付出巨大代价。

**超标排放氮氧化物，接到近亿元罚单**

截至 2016 年 6 月 30 日，洛阳香江万基铝业有限公司已接到新安县环保局 9663 万元罚单。6 月 30 日，也是该公司两台完成脱硝改造的锅炉实现达标排放的日子。

什么原因让这个企业背负近亿元的罚款？一是 2015 年 1 月至 2016 年 6 月 30 日期间的氮氧化物连续超标排放问题，二是环保部门对其实行了新环保法所规定的按日计罚的处罚方式。

2014 年 7 月 1 日后，国家实行的排放标准变化，氮氧化物排放浓度从不得高于 600 毫克/立方米变化为不得高于 100 毫克/立方米。而当时企业的实际排放浓度是在 400 毫克/立方米左右，已超过了新标准。氮氧化物超标主要原因是脱硝处理没到位，在接到环保部门的整改通知和罚单后，他们也对氮氧化物超标问题进行过整改，但脱硝的改造进程却十分缓慢。该企业称是因为资金吃紧，对锅炉的改造迟迟没有进行。

2015 年 1 月 1 日，新环保法正式施行，而按日计罚的处罚条款在全国铺开。一年半内，该公司接到新安县环保局连续 31 期的罚款通知，金额迅速累积到近亿元。

**这张罚单对企业意味着什么？**

公司上述负责人说，近几年国内铝业市场很不景气，企业每年利润只有三千多万，要还清所有的罚款，至少需要三年时间。这也就意味着，公司要熬过三年零利润期。为了让企业生存下去，他们不得不在节能降耗方面下功夫，尽可能减少运营成本。

**这么高金额的罚款，是如何产生的？**

这张罚单的产生，是受了新环保法和新大气污染防治法双重影响。

---

① 《近一个亿！河南天价环保罚单开出》，搜狐财经，http://business.sohu.com/20160817/n164719131.shtml，2016 年 8 月 17 日。

2015年1月1日，开始实施的新环保法第59条明确规定，企业事业单位和其他生产经营者违法排放污染物，受到罚款处罚，被责令改正拒不改正的，依法作出处罚决定的行政机关可以自责令改正之日的次日起，按照原处罚数额按日连续处罚。

新安县环境监察支队大队长郭淑霞说，他们先后给该企业下达了31期处罚通知，而每次的按日计罚周期也有长有短。比如，这次下发整改通知书后，一个月后去督察，企业仍未整改，他们就从下发整改通知书之日起，累计处罚1个月。有时是半个月后督察，发现仍未整改，就按照半个月的累计时间。但最长累计时间，不能超过30天。

按照当时的处罚规定，按日计罚的金额是每天8万元。然而到了今年1月1日，新的大气污染防治法开始施行，按日计罚的金额有所变化，并且上不封顶。环保部门根据最新版的河南省行政处罚自由裁量权实施细则，按日计罚金额可在10万~100万之间浮动，综合考虑该企业的实际情况，对其处于每天70万元的处罚。

**罚款缴到国库企业违法成本提高**

以前，不少企业违法排污后，处罚金额少则一两万元，多则一二十万元，很多企业都有"花钱买污染"的想法。现在，企业违法成本大大提高。再加上多个部门联动，直接对企业生产设备进行查封、扣押，对污染企业采取行政代执行，将污染企业有关责任人直接移送公安，对造成重大环境污染行为的责任人追究刑事责任。这样一来，企业再想违法超标排污，不得不三思了。

**新法威慑力已初步显现**

值得注意的是，2015年新环保法实施后，当年1~7月份因环境违法，全国按日计罚的处罚件数共348件，罚款超过2.82亿元。而河南省当时实施的按日连续处罚件数和罚款金额居全国第一。

一年多过去了，河南省的按日连续处罚件数和罚款金额，均呈现明显的下降。2016年1~6月，河南省共立案环境行政处罚案件1487起，已下达处罚决定1099起，罚款金额10504.19万元，分别是去年同期的75.3%、71.2%和61.1%。这说明新法威慑力已初步显现，排污单位的守法意识有所增强。

据介绍，下一步，河南省将在钢铁、水泥制造、平板玻璃制造、煤炭、电解铝行业执法检查方面，对污染物超标排放的企业依法采取按日计罚、停产整治等措施，促进产业结构调整。

**案例提示与思考：**

1. 你认为"天价罚单"对污染控制是否有效？
2. 你认为排污标准是否应该和惩罚相联系？

## 【案例 11-4】

### 机动车排污标准与大气环境质量[①]

2005~2013年，中国乘用车生产量以年均22.1%的增速持续提高，自2009年乘用车产量超越日本提升到第一位后，已连续5年位居榜首。汽车保有量已达1.37亿辆。中国汽车工业的高速发展令世界为之侧目的同时，城市环境的恶劣态势日益凸显，特别是大中型城市，雾霾天气逐年增加，机动车污染防治的紧迫性日益凸显。汽车是大气污染物总量的主要贡献者，其排放的$NO_x$和PM超过90%，HC和CO超过70%。按车型分类，全国货车排放的$NO_x$和PM明显高于客车，其中重型货车是主要贡献者；而客车CO和HC排放量则明显高于货车。按燃料分类，全国柴油车排放的$NO_x$接近汽车排放量总量的70%，PM超过90%；而汽油车CO和HC排放量则较高，超过排放总量的70%。按排放标准分类，占汽车保有量7.8%的国Ⅰ前标准汽车，其排放的四种主要污染物占排放总量的35%以上；而占保有量61.6%的国Ⅲ及以上标准汽车，其排放量还不到排放总量的30%。按环保标志分类，仅占汽车保有量13.4%的"黄标车"却排放了58.2%的$NO_x$、81.9%的PM、52.5%的CO和56.8%的HC。良好的空气指数已成为民生改善的当务之急，而机动车尾气排放正是环境污染的重要来源。如何有效地控制汽车工业与环境改善的协调发展，成为亟待解决的问题。欧洲、美国和日本汽车工业的发展走在中国的前列，纵观他们面对环境与汽车工业协调问题的解决办法，无一例外的都是逐步严格机动车排放法规，改善排放控制技术水平，消减控制单车污染排放量。

**中国机动车排放标准在机动车排放控制中起到了重要作用**

1983年，中国正式颁布了第一批"怠速法"汽车排放标准，涉及汽油车怠速和柴油车烟度的3项排放限值国家标准（GB 3842《汽油车怠速污染排放标准》、GB 3843《柴油车自由加速烟度排放标准》、GB 3844《柴油车全负荷烟度排放标准》）和3项相对应的排放测量方法标准（GB3845-3847），这一批标准的制定和实施，标志着中国汽车排放控制从无到有，从此开启了覆盖各种机动车和非道路车辆的排放控制之路。

此后近17年间，一直在探索从怠速到模拟实际运行工况的排放控制、从尾气排放扩展到曲轴箱和油箱蒸发排放控制，初步建立起了汽车排放控制体系。1999年国家相继出台了多项汽车、柴油机工况法排放控制国家标准。由此，从国Ⅰ、国Ⅱ到2005年发布国Ⅲ、国Ⅳ、国Ⅴ排放标准，逐步缩小了与发达国家的排放标准差距。

---

[①] 李孟良、李菁元，王计广：《大气环境改善需严控机动车排污标准》，载《环境保护》2014年第24期。

这期间，汽车行业与石化行业形成了"汽车排放控制水平与油品质量需要适配"的共识。在摩托车、低速汽车、非道路移动机械用柴油机以及非道路移动机械用小型点燃式发动机等方面也建立了相应的排放控制标准。目前，已建立了比较完善的机动车排放管理体系。部分地区实施了汽油车国Ⅴ、全国国Ⅳ标准。从2015年开始，迟延多年的重型柴油车国Ⅳ排放标准也将正式实施。2015年，启动汽车"国Ⅵ"排放标准研究，计划在2016年年底完成。船舶、机车等方面的排放控制标准将开始制定。

尽管机动车排放污染量很大，但因为汽车排放标准的实施取得了很大的成绩。与1980年相比，全国机动车保有量增加了30倍，达到20754.6万辆；其中，汽车9266.4万辆，低速汽车1228.0万辆，摩托车10260.2万辆。在机动车保有量增加的同时，尾气排放总量仅增加了14倍，远低于机动车总量的增长。汽车主要排放污染物的增长势头自2000年后（全国实施汽车排放标准国Ⅰ）得到了一定的减缓或得到了一定的初步控制。

机动车的标准并不能在实践中得到完全的反映，效果往往要比标准预期差。有研究表明，车企不同品牌的初次检验的合格率，不同的品牌之间达标的水平有很大的差别，有的品牌车辆到16万公里仍有90%左右的一次合格率，有的品牌车辆到两三万公里合格率就降至70%左右，大量车辆很难达到新车的排放水平。又比如重型车排放，以国Ⅳ公交车为例，通过实车道路的测试，发现氮氧化物大约是国Ⅲ发动机标准的3~6倍。这些差距的原因有些是管理问题，有些是技术问题，有些是技术适应性问题。机动车污染控制在实践中，由于标准的适应性不合适、在用车的污染控制力度不够，现行的在用车污染控制监督管理体系存在着法律不健全、管理体制不完善、检测质量没有保证、数据缺少代表性等问题，制约了排放控制取得实际的效果。

2014年10月24日，国家发展改革委等12部委联合发布了《加强"车、油、路"统筹加快推进机动车污染综合防治方案》，按照"标本兼治、综合施策、落实责任、限期完成"的原则，加强改革创新，建立强有力的工作协调和推进机制，统筹推进"车、油、路"各项工作，显著降低机动车尾气污染。文中提出了加快淘汰黄标车和老旧车、大力推广新能源汽车、加快油品质量升级、加强城市交通管理等主要目标。在严格新生产车辆管理（提高机动车排放标准要求、完善机动车准入许可和强制认证制度、强化机动车生产、销售等环节监督检查、实施机动车环保召回制度），强化在用车监管（加快黄标车和老旧车淘汰进度、完善环保检验制度、加强道路行驶车辆环保达标监督检查）等方面提出了许多新的举措。严控机动车排放标准，就要首先严格新车标准，进而严格实施、严格管理。完善的排放标准体系，会提供完备的排放管理的抓手。提高机动车排放标准和标准适应性以及充分利用技术进步强化在用车有效监管将是未来一段时期内机动车排放控制的主要课题。

**建立有助于排放管理的符合中国实际的排放标准体系**

中国机动车排放标准一直沿用欧洲对应法规，经历了三次大的变化。第一次，国Ⅰ、国Ⅱ比国0的限值降了80%以上。第二次，国Ⅲ、国Ⅳ、国Ⅴ，提出了一些其他项目的要求。第一次主要是工况加严。一是工况由原来是城市工况，增加了一个高速工况，形成了"NEDC"（新欧洲工况），二是增加了蒸发实验，三是增加了耐久实验。第二次变化是在国Ⅲ的时候。首先还是工况变化，工况增加了冷启动的要求，工况从发动机启动就直接开始测排放；第二是蒸发，从1个小时变成24个小时，模拟昼间的呼吸；第三是增加低温实验、零下七度实验；第四是增加了车载诊断系统（OBD）；第五是增加了在用车排放符合性管理，从标准上保障车辆实际运营排放达标。

这两次变化基本上就是照搬欧洲的变化。2008年中国按计划实施国Ⅲ排放标准以来，逐步发现照搬欧洲汽车排放标准的诸多弊病，包括技术上的，诸如油品指标最低要求，排放控制技术路线适应性，试验工况的中国代表性等，也发现标准实施过程中管理方面的许多漏洞亟需杜绝。在国Ⅴ特别是"京Ⅴ"，针对排放控制实际中发现的问题，做出了多项改进来促进排放控制管理，比如引进贵金属含量检查；又比如重型车辆排放标准，在之前只进行发动机工况试验的基础上，增补重型车辆整车工况测试，缩小发动机试验工况与车辆实际使用工况之间存在的明显差异。这些改进为严格机动车排放管理提供了有效手段。

当然，还有空调使用带来的超常规排放（高于常规排放3~5倍）。欧洲海拔不太高，温度相对稳定温和。而中国空调使用很普遍。另外，高海拔的实际排放量偏高在中国也是一个实际问题。OBD在现在和将来越来越重要，是保证排放标准严格实施的重要手段。相对欧洲的OBD来说，美国法规的检测项目多了很多，以适应不断进步的车辆技术的实践管理。

我们应该通过不断严格的排放标准，改进排放控制实践中发现的缺陷和不足，在新的标准中提出完善的管理要求和相应的管理手段，提高标准实施成效。

**案例提示与思考：**

1. 你认为机动车排污标准对大气环境改善是否有效？
2. 你认为我国机动车排放标准与欧洲排放标准有何区别？

# 第十二章

# 庇古税与排污权交易

**教学目标**

通过本章的学习，了解经济激励手段的优缺点，重点掌握经济激励手段中的庇古税和排污权交易的确定方法，难点是庇古税由谁支付，以及如何选择污染控制方式。

**关键术语**

经济激励手段　污染控制　庇古税　边际私人净效益　边际外部成本　排污收费　控制成本　需求曲线　排污权交易　垄断　环境税收　环境金融工具　补贴

## 第一节　庇　古　税

庇古税：应当根据污染所造成的危害对排污者征税，用税收来弥补私人成本和社会成本之间的差距，使二者相等。

实践中庇古税也被称为"排污收费"。

### 一、用边际私人净效益来确定庇古税

最优庇古税可以定义为：在最优污染水平等于边际外部成本（边际污染损害）时的排污收费（$t^*$）（见图 12-1）。

庇古税的特点是对排污者而不是受害者征税。

信息不对称问题是庇古税实施的一个重要障碍。

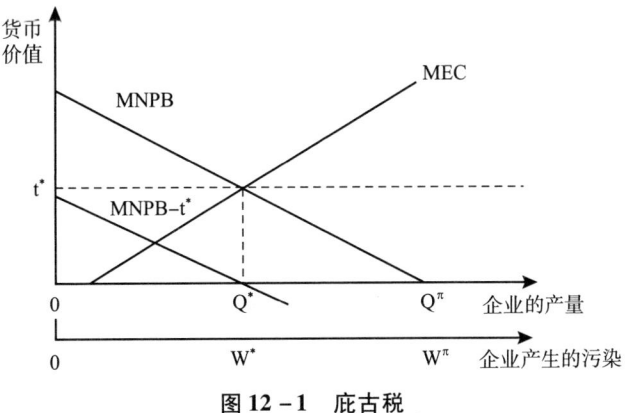

图 12-1　庇古税

资料来源：张帆、夏凡：《环境与自然资源经济学（第三版）》，格致出版社 2016 年版。

## 二、用控制成本来确定庇古税

排污收费的目的之一是鼓励企业安装污染处理设备，这些设备的价值是企业控制污染的成本。

最有效率的控制或污染排放量是总成本（总损害成本加总控制成本）最低的控制或污染排放量。当边际控制成本等于边际损害成本时，总成本最低，达到最优污染。最优庇古税（$t^*$）等于最优污染水平的边际外部成本（MEC）或边际控制成本（MAC）（见图 12-2）。

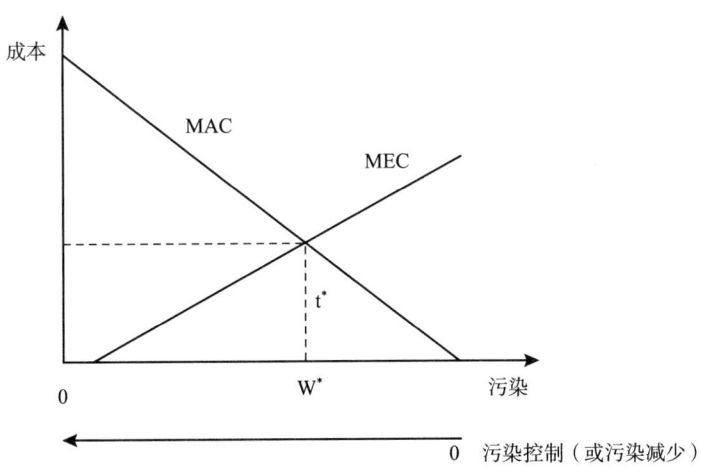

图 12-2　用控制成本—外部成本方法确定最优庇古税

资料来源：张帆、夏凡：《环境与自然资源经济学（第三版）》，格致出版社 2016 年版。

### 三、庇古税的优点

与排污标准相比：
（1）庇古税可以达到最优排污量，而排污标准并不总是可以达到最优排污量。
（2）在同样达到最优排污量的情况下，庇古税的成本较低。

### 四、庇古税的缺点

最大的问题是缺乏确定最优庇古税所必需的信息。首先，准确地确定边际外部成本是十分困难的。其次，政府管制部门不容易了解企业的边际私人净效益曲线和边际控制成本曲线。

### 五、由谁支付庇古税

在有庇古税的情况下，企业被惩罚两次，第一次，为避税减少产量牺牲私人净效益；第二次，生产最优产量时，仍需缴纳庇古税。

消费者和生产者分担了庇古税。根据微观经济学的基本理论，谁付得多这取决于需求曲线和供给曲线的相对斜率。

需求曲线相对较陡，或者说需求曲线弹性较小，价格升高消费者仅仅少量减少购买量。在这种情况下，消费者负担大部分庇古税。

需求曲线相对较平，弹性较大，价格升高消费者大量减少购买量。在这种情况下，生产者负担大部分庇古税。

## 第二节 排污权交易

排污权交易是利用激励机制来鼓励个人和企业保护环境的一种政策工具。

排污权交易（Marketable Pollution Permits）指管制当局制定总排污量上限，按此上限发放排污许可，排污许可可以在市场上买卖。排污权交易提供了激励机制来降低污染控制的成本。

最优排污权的数量为 $Q^*$，排污权的最优价格为 $P^*$。如果管制当局希望达到帕累托最优，应当发放 $Q^*$ 排污权（见图 12-3）。

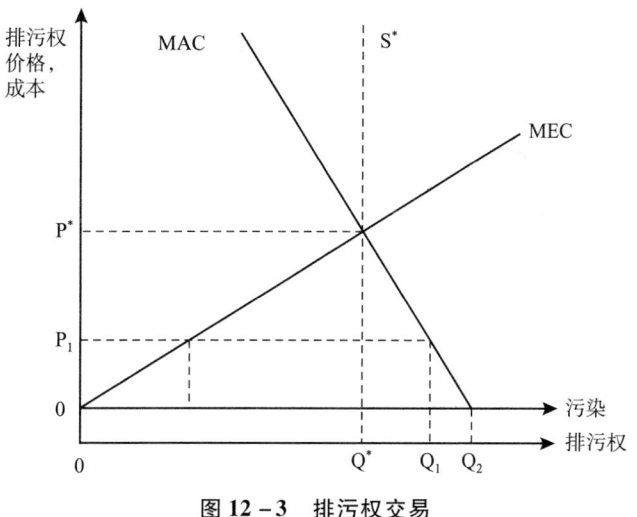

图 12-3 排污权交易

资料来源：张帆、夏凡：《环境与自然资源经济学（第三版）》，格致出版社2016年版。

## 一、排污权交易的优点

（1）由于各企业可以根据成本的不同作出选择，排污权交易的成本最小。
（2）管制当局可以通过发放或购买排污权创造市场，调控排污权价格。
（3）给非排污者表达意见的机会。
（4）和庇古税相比，排污权交易不需要事先一次性确定税额，也不需要对税额进行直接的调整。
（5）避免了管制部门对控制成本估计错误从而造成企业不愿投资的问题。

## 二、排污权交易的缺点

（1）排污许可证的初始分配如果采取拍卖的方式，就会产生与庇古税类似的双重付费的问题。
（2）企业对排污权市场可能进行垄断，控制排污权市场，实际上就控制了产品市场。

## 第三节　其余的经济激励手段

经济激励手段在各国采取了各种形式，除了排污收费和排污权交易以外，还包括以下几种方式：

（1）环境税收，以排污种类和浓度为征收对象的税收。包括二氧化硫税、碳税、燃料税和销售税。

（2）补贴。政府对排污者或潜在排污者提供资金、贷款或减免税等形式的资助。

（3）环境金融工具的使用。政府为环境保护目的而利用一些金融工具融资和投资。包括环境证券、环境基金和环境责任保险。

## 本 章 小 结

经济学家主张用政府引导的经济机制来达到最优。庇古税就是这样一种经济机制。最优庇古税可以用边际私人净效益和边际外部成本来确定，也可以用边际控制成本和边际外部成本来确定。和排污标准比较，达到同样排污量，庇古税的成本较低。庇古税实施过程中最大的问题是缺乏确定最优庇古税所必需的信息。到底由谁支付庇古税也是个重要问题。

排污权交易指管制当局制定总排污量上限，按此上限发放排污许可，排污许可可以在市场上买卖。排污权交易有很多优点：成本最小；管制当局可以通过发放或购买排污权来控制排污权价格；给非排污者表达意见的机会；和庇古税相比，不需要事先确定税额，也不需要对税额进行调整；避免了管制部门对控制成本估计错误从而造成企业不愿投资的问题。排污权交易也有种种缺点，排污许可证的初始分配如果采取拍卖的方式，就会产生与庇古税类似的双重付费的问题；企业对排污权的垄断问题。

经济激励手段在各国采取了各种形式，除了排污收费和排污权交易以外，还包括环境税收、补贴和环境金融工具的使用。

【思考题】

1. 最优庇古税如何确定？
2. 举例说明庇古税与排污标准加罚款的区别？
3. 由消费者分担庇古税是不是公平呢？
4. 为什么排污权交易的成本最小？
5. 排污许可证如何进行初始分配？
6. 现实中的排污控制手段有哪些？

## 【案例 12-1】

### 各国城市征收交通拥堵费[①]

国内拥堵指数近几年直线飙升，尽管国内几大城市已陆续加入了汽车限购、摇号上牌的行列，但仅仅是限购已然无法缓解交通拥堵问题。提及治堵，该话题已经相当的敏感，出于国情、社会发展与西方国家的大不相同，治堵似乎成了中国最大的难题！

有新闻爆料了一线城市未来或将征收拥堵费的相关信息，于是民众开始对于征收拥堵费这种效仿西方国家的做法持有了怀疑态度！很多人都在质疑"征收拥堵费是否合理？""拥堵费真的能够解决堵车问题？""如何征收、征收是否公平？"等。那么在新加坡、伦敦等征收类似拥堵费的城市，交通状况是否得到了改善呢？

**新加坡：ERP 系统按次收费**

新加坡是全世界第一个征收交通拥堵费的国家。1998 年，新加坡开始实行公路电子收费系统（ERP），按照道路实时拥堵程度对车辆进行收费。但早在 ERP 之前，新加坡已经通过发放许可证的方式来限制车辆每周进入市中心的时间。简单来说，ERP 系统就是在较为繁忙的道路和高速公路上设置收费闸门。每个闸门标明该时段进入该路段的收费标准，车辆只要在收费时段进入该道路，就要缴纳费用。不同类型的车辆实行不同的收费标准。

目前，ERP 是按次收费，即每进入一条收费道路就需要缴纳一次费用。不过，每条道路在不同时段的收费标准都是实时变化的。具体来说，系统会根据该区域的平均车速来计算收费标准。如果市区的平均车速低于 20 公里/每小时（时速 20 至 30 公里是陆交局认为保持交通顺畅的最佳车速范围），或者高速公路的平均时速低于 45 公里，拥堵费就开始调高。速度越低，价格就越高，繁忙时段每个闸门每半小时调整一次收费。

在早 8 时至 9 时，以及下午 5 时至晚 7 时之间，市区繁忙道路的 ERP 会高达每次 3 新元（1 新元约合 4.77 元人民币），最高达到 6 新元。一般来说，车辆通过繁忙道路不会只通过一个收费闸口，所以每天的拥堵费着实也是一笔不小的开支。

尽管利用高昂的拥车证严格限制车辆的数目，但随着车辆总数的增多，新加坡 ERP 的闸门数量也在不断增加。从 2004 年到 2014 年，新加坡全岛的 ERP 闸门从 45 个增加到 77 个。ERP 收费金额也不断上调。为了尽可能合理化收费，新加坡 ERP 的

---

[①] 《外国的城市怎样收交通拥堵费？伦敦：每天 11 英镑》，环球时报，http://world.huanqiu.com/exclusive/2016-05/8991349.html，2016 年 5 月 31 日。
《每日易说：各国拥堵费怎么收？》，网易，http://auto.163.com/15/0205/07/AHM1VPCI0008572R.html，2015 年 2 月 5 日。

计算公式每三个月会进行调整。例如，新加坡陆交局刚刚宣布，在6月学校假期期间，全岛13个路段的23个收费闸门将调低五角至一新元。而这个数额也将在8月再次进行调整。

尽管高额的收费令开车人士有所不满，但新加坡政府的数据显示，ERP确实改变了公众的出行习惯。据统计，ERP使新加坡市中心的车流量减少了13%，高峰时段的平均车速提高20%。2014年，新加坡高速公路的平均时速为64.1公里/每小时，CBD和主干道车速为28.9公里/每小时，均达到陆交局所制定的标准。此外，新加坡政府也在积极开发第二代ERP，将基于全球卫星定位系统，根据车辆在拥堵路段行驶的实际路程来进行收费，更加科学合理。

值得一提的是，新加坡的ERP系统之所以能够成功，是建立在其发达便捷的公交体系基础之上。据统计，新加坡公共交通乘客数量连续十年增长，而民众对公交系统服务的满意度也高达91.8%。可以说，正是公共交通的舒适便捷，才是ERP可以发挥治堵作用的前提保障。

**伦敦：“拥堵费”每年2.5亿英镑**

伦敦市民日常出行大多选择地铁、火车、轻轨、公交车等公共交通工具或者骑自行车，很少有人开车上班，这不仅因为市中心的停车位有限、停车费高昂，也与较高的拥堵费有关。

伦敦的交通拥堵费从2003年开始征收，每周一至周五的早7时至晚6时之间在涵盖整个伦敦金融区和商业娱乐区的"拥堵收费区"执行，周末和公众假期除外。伦敦交通闭路电视摄像机网络会捕捉进入"拥堵收费区"的车辆牌照，车主须在当天午夜之前支付费用，如未按时交费，就会面临按天累加的罚金。伦敦的拥堵费最初为每天5英镑（1英镑约合9.62元人民币），2005年7月上涨为每天8英镑，2014年6月再次上涨为每天11.5英镑。

当2003年时任伦敦市长利文斯顿打算征收交通拥堵费时，曾遭到机动车车主群体的强烈反对。然而十多年过去，征收交通拥堵费并没有引起交通瘫痪，反而带来立竿见影的效果，减少了英国首都心脏地带大约15%的车流量。

按规定，伦敦交通局必须将征收的交通拥堵费回馈到公共交通的再投资上，改善城市环境、增加道路安全以及发展公共交通。2003年到2013年这10个财年，交通拥堵费总收入达到26亿英镑，其中46%重新投入到交通系统建设；根据2014至2015财年伦敦交通局的年度报告，拥堵费收入为2.57亿英镑，相当于交通局年收入的8.5%。

**美国：管制和收费并用**

为改善纽约日益拥堵的交通状况，纽约市长布隆博格在2008年4月曾提出效仿英国伦敦，对工作日从早6时至晚6时，纽约市曼哈顿区60街以南到华尔街商圈路段将加征塞车费,收费标准为轿车每天 8 美元,卡车每天 21 美元,出租车多收 1 美元附加费。上述路段居民的车库免税优惠同时被取消。纽约拥有 86 台闭路电视对全市 5 个区的主干道交通状况进行监控,为工作人员处理事故和交通拥堵提供实时信息。

而在美国加州圣迭戈市尝试了管制和收费并用的方法,公路旁修建快速通道供公共汽车使用,但也允许小汽车付费进入。收费根据交通状况每 6 分钟就改变一次,大约在 50 美分到 8 美元之间。

**意大利:限行区缴费办通行证**

为限制如市中心旅游区等特定地点的机动车辆流量,意大利大部分城市均设有交通限行区,这些限行区一般在工作时间内禁止无通行许可车辆进入,如罗马市中心交通限行区每周一至周五早 6 时 30 分至晚 6 时保持关闭状态。居住在限行区内的居民车辆不受此限行影响,另外,公交车、出租车等公共交通工具也在限行对象以外。

意大利是世界上机动车保有率最高的国家之一,平均每百人拥有超过 60 辆机动车,罗马、米兰等大城市的保有率甚至接近或超过每人 1 辆。驾车是意大利人最喜欢的交通方式,但交通限行区的设立并未对普通居民的正常出行产生影响,由于单行线以及分支路线较多,通过绕行禁行区的方式仍可以抵达目的地。如果车主因特殊原因必须在限行时间内通行限行区,还可以通过缴纳每年约 2300 欧元(包含限行区内的停车费,1 欧元约合 7.33 元人民币)办理限行区通行证。而无证擅闯限行区每次则要缴纳约 100 欧元的罚款。

与伦敦和新加坡等城市有所不同,意大利城市设交通限行区的目的首先是限制车流量、保证游客安全。意大利是拥有世界遗产最多的国家,为保证游客的游览不受车辆过多通行的影响,绝大多数交通限行区设于城市中心的历史中心区。

其次,减少机动车行驶有助于限行区域内的污染维持在较低水平,减少对古迹造成损坏。以罗马市中心的古罗马斗兽场为例,由于此前几十年遭受汽车尾气侵袭,导致大理石结构的斗兽场外墙表面逐渐由蜜蜡色变为黑褐色,意大利文物保护部门在过去两年花费约 2000 万欧元,才完成表面清洗工作,让斗兽场重新焕发光彩。而由于地下未开掘遗迹同样众多,大量机动车碾压地面也会对这些遗迹造成永久性损坏,除限行区外,有些区域甚至会被设为禁行区,除公共交通外禁止一切机动车通行。

由此可见,拥堵费并不是空穴来潮,如今的国内交通已经处于高度危机的边缘,相应的一系列政策、法规定会在不久的将来相继出台。但是,难点在于征收费用如何制定、收取规则是否符合民意、先从哪些城市入手这有待于国内交通专家潜心策划了!

**案例提示与思考:**

1. "交通拥堵费"是基于什么原理设立的?
2. 你认为"交通拥堵费"在中国实行的前景如何?

【案例 12-2】

## 碳排放交易市场[①]

**全球碳交易市场的发展**

碳交易是为促进全球温室气体减排，减少全球二氧化碳（$CO_2$）排放所采用的市场机制。联合国政府间气候变化专门委员会（Intergovernmental Panel on Climate Change，IPCC）通过艰难谈判，于1992年5月9日通过《联合国气候变化框架公约》；1997年12月于日本京都通过了公约的第一个附加协议，即《京都议定书》。《京都议定书》把市场机制作为解决二氧化碳为代表的温室气体减排问题的新路径，即把二氧化碳排放权作为一种商品，从而形成了二氧化碳排放权的交易，简称碳交易。

碳交易的基本原理是，合同的一方通过支付另一方获得温室气体减排额，买方可以将购得的减排额用于减缓温室效应从而实现其减排的目标。在六种被要求排减的温室气体中，二氧化碳为最大宗，所以这种交易以每吨二氧化碳当量（$t\ CO_2e$）为计算单位，所以通称为碳交易，其交易市场称为碳市场（Carbon Market）。

2005年《京都议定书》正式生效后，全球碳交易市场出现了爆炸式的增长。2007年碳交易量从2006年的16亿吨跃升到27亿吨，上升68.75%。成交额的增长更为迅速。2007年全球碳交易市场价值达400亿欧元，比2006年的220亿欧元上升了81.8%，2008年上半年全球碳交易市场总值甚至与2007年全年持平。全球银行统计数据显示，2012年全球碳交易市场达到1500亿美元，超越石油交易成为全球第一大市场。英国新能源财务公司发布的预测报告显示，全球碳交易市场2020年将达到3.5万亿美元。

**碳交易机制**

碳交易机制就是规范国际碳交易市场的一种制度。按照《京都议定书》规定，到2010年，所有发达国家排放的包括二氧化碳、甲烷等在内的六种温室气体的数量，要比1990年减少5.2%。但由于发达国家的能源利用效率高，能源结构优化，新的能源技术被大量采用，因此进一步减排的成本高，难度较大。而发展中国家能源效率低，减排空间大，成本也低。这导致了同一减排量在不同国家之间存在着不同的成本，形成了价格差。发达国家有需求，发展中国家有供应能力，碳交易市场由此产生。

---

[①] 曲峰、孙庆南：《中国碳交易市场现状及未来发展趋势》，期货日报，http://www.qhdb.com.cn/Newspaper/Show.aspx?id=182381，2016年5月18日。

清洁发展机制（CDM）、排放交易（ET）和联合履约（JI）是《京都议定书》规定的三种碳交易机制。除此之外，全球的碳交易市场还有另外一个强制性的减排市场，也就是欧盟排放交易体系，这是帮助欧盟各国实现《京都议定书》所承诺减排目标的关键措施，并将在中长期持续发挥作用。

在这两个强制性的减排市场之外，还有一个自愿减排市场。与强制减排不同的是，自愿减排更多是出于一种责任。这主要是一些比较大的公司、机构，出于自己企业形象和社会责任宣传的考虑，购买一些自愿减排指标（VER）来抵消日常经营和活动中的碳排放。这个市场的参与方，主要是一些美国的大公司，也有一些个人会购买一些自愿减排指标。

**碳交易市场架构**

总体而言，碳交易市场可以简单地分为配额交易市场和自愿交易市场。配额交易市场为那些有温室气体排放上限的国家或企业提供碳交易平台，以满足其减排；自愿交易市场则是从其他目标出发（如企业社会责任、品牌建设、社会效益等），自愿进行碳交易以实现其目标。

配额碳交易可以分成两大类：一是基于配额的交易，买家在"总量管制与交易制度"体制下购买由管理者制定、分配（或拍卖）的减排配额，譬如《京都议定书》下的分配数量单位（AAUs）和欧盟排放交易体系下的欧盟配额（EUAs）；二是基于项目的交易，买主向可证实减低温室气体排放的项目购买减排额，最典型的此类交易为清洁发展机制以及联合履行机制下分别产生核证减排量和减排单位。

自愿减排交易市场早在强制性减排市场建立之前就已经存在，由于其不依赖法律进行强制性减排，因此其中的大部分交易也不需要对获得的减排量进行统一的认证与核查。虽然自愿减排市场缺乏统一管理，但是机制灵活，从申请、审核、交易到完成所需时间相对更短，价格也较低，主要被用于企业的市场营销、企业社会责任、品牌建设等。虽然目前该市场碳交易额所占的比例很小，不过潜力巨大。

**中国碳交易市场的发展状况**

随着中国经济总量的持续增长，能源消费量不断攀升。根据国际环保组织"全球碳计划"公布的2013年全球碳排放量数据，中国的人均碳排放量首次超越欧盟，引人关注。2014年，世界二氧化碳排放总量接近355亿吨，中国排放量高达97.6亿吨，位居世界第一。

如何应对与日俱增的减排压力，缓解日益严峻的减排形势，成为社会各界日益关注的问题。中国政府的碳约束目标是：二氧化碳排放在2030年左右达到峰值、单位国内生产总值二氧化碳排放比2005年下降60%~65%，非化石能源占一次能源消费比重达到20%左右，森林蓄积量比2005年增加45亿立方米。2016年4月22日，中国签署《巴黎协定》，承诺将积极做好国内的温室气体减排工作，加强应对气候变化的国际合作，展现了全球气候治理大国的巨大决心与责任担当。

为推动"绿色发展、低碳发展"，有效应对全球气候变化，中国政府采取多项措施控制温室气体排放。中国碳市场的建设，是由7个试点开始起步的。2011年年底，国务院印发了《"十二五"控制温室气体排放工作方案》，提出"探索建立碳排放交易市场"的要求。2011年10月，国家发改委为落实"十二五"规划关于逐步建立国内碳排放权交易市场的要求，同意北京市、天津市、上海市、重庆市、湖北省、广东省及深圳市开展碳排放权交易试点。2014年，7个试点已经全部启动上线交易，根据国家发改委提供的统计数据，共纳入排放企业和单位1900多家，分配的碳排放配额总量合计约12亿吨。国家发改委所选择的试点省市从东部沿海地区到中部地区，覆盖国土面积48万平方公里，人口总数2.62亿，GDP合计15.5万亿元，能源消费8.87亿吨标准煤，试点单位的选择具有较强的代表性。几年时间内，7个碳交易试点完成了数据摸底、规则制定、企业教育、交易启动、履约清缴、抵消机制使用等全过程，并各自尝试了不同的政策思路和分配方法。截至2015年年底，7个试点碳市场累计成交量近8000万吨，累计成交金额突破25亿元人民币。

2013年6月18日，深圳市碳排放权交易所正式开市，成为全国第一个开业的碳排放权交易所。

2015年的中国碳市，迎来湖北和重庆两个市场的首次交易履约，使得覆盖的试点企业比上年增加约400个。

2016年1月11日，国家发改委发布了《关于切实做好全国碳排放权交易市场启动重点工作的通知》（发改办气候〔2016〕57号，以下简称《通知》），旨在协同推进全国碳排放权交易市场建设，确保2017年启动全国碳排放权交易，实施碳排放权交易制度。

下一步更为重要的问题，则是试点市场如何与全国碳市场衔接。

**案例提示与思考：**

1. 你认为"碳排放市场"可以建立的原因是什么？
2. 你认为试点市场如何与全国碳市场衔接？

## 【案例12-3】

### 环保税将取代排污费[①]

作为我国加强环境保护的重要一步，环保税替代排污费已渐行渐近。2016年8

---

[①] 商西：《环保税将取代排污费》，南方都市报，http://epaper.oeeee.com/epaper/A/html/2016-08/30/content_71525.htm#article，2016年8月30日。
《环保税将取代排污费》，搜狐网，http://mt.sohu.com/20161019/n470652900.shtml，2016年10月19日。

月29日，环境保护税法草案提请十二届全国人大常委会第二十二次会议审议，草案提出在中国开征环境保护税。这是十八届三中全会提出落实税收法定原则要求、《立法法》对税收法定作出明确规定之后，提请全国人大常委会审议的首部单行税法。这标志着我国税制改革再次迈出一大步。

**根据税负平移原则进行费改税**

此前，国务院总理李克强明确提出，开征环境保护税，对于"清费立税"、促进企业强化环保具有重要作用。

此次提起审议的环境保护税法草案由财政部、税务总局、环境保护部三部门共同起草，全文共5章27条，明确环保税的纳税人、计税依据和应纳税额、税收优惠、征收管理等内容。

财政部部长楼继伟受国务院委托，向全国人大常委会作说明时表示，环境保护税法的立法考虑，是按照"税负平移"的原则，进行环境保护费改税。为实现"税负平移"，草案根据现行排污费项目设置税目，将排污费缴纳人作为环境保护税的缴纳人，将应税污染物排放量作为计税依据，将现行排污费收费标准作为环境保护税的税收下限。

**碳排放机动车排放等暂不收税**

根据草案，环保税的纳税人是直接向环境排放应税污染物的企事业单位和其他生产经营者，征税对象包括大气污染物、水污染物、固体废物、噪声4种。其中，大气污染物税额为每污染当量1.2元、水污染物税额为每污染当量1.4元、固体废物税额为每吨5~1000元、噪声税额为每月350~11200元。

值得关注的是，对机动车、船舶和航空器等流动污染源排放的应税污染物，草案规定免税政策。楼继伟说，这是考虑到现行税制中已有车船税、消费税、车辆购置税等税种，对机动车等生产和使用进行调解，在当前推进结构性减税的大环境下，不宜再进一步增加使用成本。

对于各方面争议较大的二氧化碳征收环保税问题，草案暂不纳入征收范围。

**首次立法赋权地方人大调税额**

当前，各地环境保护情况千差万别，排污费收费标准不尽相同，如北京收费标准是最低标准的8~9倍。不少意见提出，环保税征收标准不宜在全国"一刀切"。对此，草案作出授权规定：省级政府可统筹考虑本地环境承载能力、污染物排放现状和经济社会生态发展目标要求，在规定的税额标准基础上，上浮应税污染物的适用税额，报同级人大常委会决定，并上报全国人大常委会和国务院备案。

此前国务院法制办发布的草案征求意见稿中规定省级政府上浮税额，只需报国务院备案。中国政法大学财税法研究中心主任施正文表示，按照税收法定原则，调整税额的权力要由地方立法机关来行使，而不是地方政府，该规定如果通过,将第一次通过立法授权地方人大行使税收政策的立法权限,有助于税收体制的完善。

**环保税 VS 排污费**

纳税人:在中国领域和中国管辖的其他海域,直接向环境排放应税污染物的企业事业单位和其他生产经营者。

征税对象:大气污染物、水污染物、固体废物、噪声。

纳税期限:按月计算,按季申报缴纳,不能按固定期限计算缴纳的,可按次申报缴纳。

收税部门:由税务机关依法征收管理,环境保护主管部门负责对污染物监管。

税负:大气污染物税额为每污染当量1.2元;水污染物税额为每污染当量1.4元;固体废物按不同种类,税额为每吨5~1000元;噪声按照超标分贝数,税额为每月350~11200元。纳税人排放应税大气污染物和水污染物的浓度值低于国家或地方规定的污染物排放标准50%的,减半征收环境保护税。

税收优惠:对农业生产排放的应税污染物免税,规模化养殖除外;对机动车、船舶和航空器等流动污染源排放的应税污染物免税;对依法设立的城镇污水集中处理、生活垃圾集中处理场所向环境达标排放的应税污染物免税,对工业污水集中处理场所不予免税;对纳税人符合标准综合利用的固体废物免税;国务院批准免税的其他情形。

环保专家指出,从理论上说,排污费和环保税只是名称不同而已,作用机理相同。但在现实中,环保税的征收力度可能会比排污费更大。因此,对于遏制企业污染排放的作用会有所提高。此次环保税设计上充分地体现了"企业多排放多付税,少排少付税。对超标、超总量排放污染物的,加倍征收环保税。比如,工业噪声污染超标的分贝数越大,征收的金额越高。超标16分贝比超标15分贝每月多征收2400元"。

**哪些税费与环保有关?**

财政部提供的资料显示,中国现行税制共有18个税种,与环保有关的包括资源税、消费税等,与环保有关收费是排污费、倾倒费。

资源税。征收对象为原油、天然气、煤炭等矿产品和盐。

消费税。对成品油、小汽车、摩托车、游艇等能源产品、耗能产品,一次性木筷、实木地板等资源性产品以及电池、涂料等污染产品征税。

车辆购置税。对在中国境内购置规定车辆的单位、个人征税,性质上属于行为税,征税范围包括汽车、摩托车、电车、挂车、农用运输车,税率为10%。

车船税。现行车船税在车船保有环节征收,通过提高车辆、船舶保有成本,以及对不同排量车辆设置差别税率,一定程度上发挥调节能耗作用。

企业所得税。企业从事符合条件的环境保护、节能节水项目的所得等可享受"三免三减半"政策；对国家需要重点扶持的高新技术企业，减按15%的税率征收企业所得税。

增值税。鼓励、支持企业进行资源综合利用、节约资源能源等方面，免税、减税、即征即退。

进出口税收。对部分"两高一资"（高耗能、高污染、资源性）产品加征出口关税和取消出口退税政策，以限制资源开采，促进环保设备利用等。

排污费。征收范围包括四类：污水、废气、固体废物及危险废物、噪声。

倾倒费。向海洋倾倒废弃物必须按照国家规定缴纳倾倒费，征收范围为七类：疏浚物、城市阴沟淤泥、渔业加工肥料、惰性无机地质材料、天然有机物、岛上建筑物料和船舶、平台等海上人工构造物等。

**排污费征收标准如何制定？**

截至去年6月底，全国31个省、自治区、直辖市已将大气、水污染物排污费标准分别调整至不低于每污染当量1.2元、1.4元。其中，7个省、直辖市调整后的收费标准高于通知规定的最低标准，北京是最低标准的8～9倍；天津是最低标准的5～7倍；上海分三步调整至最低标准的3～6.5倍；江苏分两步调整至最低标准的3～4倍；河北分三步调整至最低标准的2～5倍；山东分两步将大气污染物收费标准调整至最低标准的2.5～5倍；湖北分两步调整至最低标准的1～2倍。

除国家规定的4项主要污染物外，浙江、河南、宁夏全面提高废水、废气所有污染物排污费征收标准；黑龙江提高烟尘、悬浮物收费标准；天津提高烟、粉尘收费标准；湖北提高总磷收费标准；广西提高烟尘收费标准。

天津、河北、上海、湖北制定比《通知》更详细的差别化排污收费政策，天津根据污染物排放浓度设定7个阶梯的差别化收费标准，上海设定4个阶梯的差别化收费标准。

可以说，我国环境保护税收制度长期以来既分散又比较落后，而环保税的推出，将改变这一现状。环保税征税目的，正是为保护和改善环境，促进社会节能减排，推进生态文明建设。中央财经大学财政学院教授白彦锋认为，环保税法对超标、超总量排放污染物的企业加倍征税，这是为了使"环境保护税"真正"长上牙齿"，而不再是吓唬人的"纸老虎"，真正使政府的环境保护这只手"硬起来"。

**案例提示与思考：**

1. 环保税和排污费之间有什么区别？
2. 你认为"环保税将取代排污费"这一措施对于污染控制有何成效？

## 【案例 12-4】

### 农业绿色补贴[①]

**什么是绿色补贴？**

绿色补贴又称环境补贴，是指为了保护环境和自然资源，各国政府采取干预政策将环境成本内在化，对本国企业在治理环境、改善产品加工工艺的投入进行补贴，以提高本国产品竞争力的一种产业政策。

发达国家利用发展中国家低的环境标准将严重污染环境的产业转移到发展中国家，以降低环境成本，而发展中国家的环境成本却因此提高。但是不幸的是，发展中国家绝大部分企业本身无力承担治理环境污染的费用，政府为此有时给予一定的环境补贴，以达到保护国内产业、协调发展与环境目标的关系。

**绿色补贴目的**

绿色补贴目的是鼓励削减污染，或者是为削减污染所采取的措施提供资助，包括赠款、软贷款、税收补贴。绿色补贴激励经济主体采纳某种环境友好型措施的支付，如对安装污染控制设备的支付。补贴能够通过帮助公司应付税务执行费用而被用做一种鼓励污染控制或减轻监管的经济冲击的激励。这种绿色补贴通常所采用的形式为拨款、贷款和税收贴息，其资金来源通常是环境费。绿色补贴被视为一项机会成本，污染者选择排放一单位污染物，实际等于放弃了减少这一单位排污量所能得到的补贴量。

综合分析来看，绿色补贴是政府给予企业以激励其进行环境保护或污染削减活动的某种形式的财政支付。

**美国农业绿色补贴**

美国农业补贴计划始于美国经济大萧条时期，然而，美国农业经过了几十年的发展，农业现代化已经基本实现，国家市场运行机制日益完善，以及农民抵抗自然灾害能力已有大大增强，今天再继续实施这项补贴计划，到底还有没有必要？到底还有多大的现实意义？前几年开始，这些问题就在美国参众两院及广大公众中引起了很大的争议。

争论的焦点是：（1）长期以来，人们一直认为农业补贴是一个国家粮食生产的重要保障，随着农业的工业化和集约化，农民旱涝保收的能力大大提高，加之一套完整的农业保险制度，使这项补贴已经逐步变成部分农民每年的基本收入。现在是坚持不变，还是改变补贴的方向，赋予此项计划以新的内容？（2）据报道，目前美国农业补贴的

---

[①] 张时霖：《美国农业绿色补贴计划》，载《世界农业》2000年第5期。
米冰、焦爱丽：《我国农业绿色补贴发展策略》，载《中国外资月刊》2013年第10期。

资金,其中至少有 2/3 流进了富裕农民的腰包,有悖于其原来的宗旨。(3)今后这笔钱究竟往哪里补为好?许多专家、环保工作者大声疾呼"工业污染由工业补贴,农业污染应该由农业来补贴"。将原来的农业补贴演变成农业污染补贴,这就是农业"绿色补贴"(Green Payment)的由来。

美国颁布的新农业法案大幅度提高了"保护"方面的补贴。美国"环境质量激励计划"规定,畜牧业生产者和农作物生产者均可以自愿参加、申请补贴。在农牧民采取环保措施后,政府通过事后的环境评估,提供两方面的补贴。一是农牧民分担环保工程措施实施成本的。二是激励补贴,主要是通过补贴,鼓励农牧民实施各种土地管理措施,如养分管理、粪肥管理、灌溉水管理、野生生物栖息地管理、害虫综合防治等,促使农牧民的生产生活达到政府的环境标准。

另外,美国还有针对环境保护的限产损失补贴,比如佛罗里达州政府为了防治畜禽污染,出钱补贴鼓励奶牛主停止奶牛养殖。美国农业绿色补贴的特点是,设置了一些带强制性的条件,要求受补贴农民必须检查他们自己的环保行为,定期对自己的农场所属区域的野生资源、森林、植被进行情况调查,同时还要对土壤、水质、空气进行检验和测试,限期向有关部门提交报告。政府再根据农民的环境保护实际核查情况,来决定对其是否给予补贴以及补贴多少。此外,对表现出色的农户,除提供绿色补贴外,还可暂时减免农业所得税,以资鼓励。

**中国农业绿色补贴**

绿色补贴制度是中国目前有效治理环境污染,建设资源节约型和环境友好型社会的需要,也是目前中国外贸中提高企业竞争力,应对绿色壁垒的有效措施,针对中国目前所实施的绿色补贴制度的现状,吸收国外补贴制度的经验,可以对中国目前绿色补贴制度提出以下政策建议。

第一,完善环境立法。借鉴国际上成功的控制污染的法规,由国务院制定法规。同时,建立国家清洁生产的技术规范,鼓励能够减少污染产品的生产和使用,建立中国有机废弃物排放的法规,有效控制环境污染。

第二,制定科学的补贴方案。在现有补贴项目的基础上,加大补贴力度,扩大受益对象范围,让更多的企业都能享受这种公共政策的"阳光"。同时提高补贴标准。改变固定补贴标准的做法,实行补贴量与治污水平相挂钩,使得排污效率更高的企业获得更多政府补贴。

第三,实施企业环境教育补贴项目,促进企业环境意识和环境行为的进步。

第四,从产权制度、管理体制、公共政策方面进行配套制度创新。

**案例提示与思考:**

1. 你认为农业绿色补贴在中国发展前景如何?
2. 你认为政府设立的环境补贴会不会对环境造成负面影响?

【案例12-5】

## 全球环境基金（GEF）[①]

全球环境基金（GEF）是一个由183个国家和地区组成的国际合作机构，其宗旨是与国际机构、社会团体及私营部门合作，协力解决环境问题。

自1991年以来，全球环境基金已为165个发展中国家的3690个项目提供了125亿美元的赠款并撬动了580亿美元的联合融资。23年来，发达国家和发展中国家利用这些资金支持相关项目和规划实施过程中与生物多样性、气候变化、国际水域、土地退化、化学品和废弃物有关的环境保护活动。

通过小额赠款计划（SGP），全球环境基金已经向民众社会和社区团体提供了2万多笔赠款，共计10亿美元。

全球环境基金投资的主要成果包括：在全世界建立了大体相当于巴西国土面积的保护区；减少了23亿吨碳排放；减少了中欧、东欧和中亚地区消耗臭氧层物质的使用；改善了33个大江大河流域和世界上1/3的大规模海洋生态系统的管理；通过改进农业耕作方式，减缓了非洲的荒漠化进程——所有这些都对改善数百万人的生活条件和食品安全做出了贡献。

全球环境基金作为下列公约的资金机制提供相关服务：

全球环境基金管理着《联合国气候变化框架公约》缔约方大会（COP）设立的最不发达国家基金（LDCF）和气候变化特别基金（SCCF）。全球环境基金还管理着《生物多样性公约》设立的名古屋议定书执行基（NPIF）。此外，全球环境基金秘书处还担任适应基金董事会秘书处的工作。

尽管没有与《关于消耗臭氧层物质的蒙特利尔议定书》正式挂钩，但全球环境基金也为该议定书在经济转型国家的实施提供支持。

**全球环境基金的历史**

在1989年的国际货币基金和世界银行发展委员会年会上，法国提出建立一种全球性的基金用以鼓励发展中国家开展对全球有益的环境保护活动。1990年11月，25个国家达成共识建立全球环境基金，由世行、UNDP（联合国开发计划署）和UNEP（联合国环境规划署）共同管理。1991年3月31日，21个国家捐款约1.4亿美元作为3年（1991~1994年）试运行期的运行资金。在之后的正式运行期中，基金捐款国（主要是发达国家）定期向基金捐款。中国也是捐款国之一。正式运行期的GEF第一期（1994年7月1日~1998年6月30日）总承诺捐资额为20.2337亿美元。中

---

[①] 《全球环境基金》，全球环境基金在中国，http://www.gefchina.org.cn/。

国捐款 560 万美元。GEF 第二期（1998 年 7 月 1 日～2002 年 6 月 30 日）的总承诺捐资额为 19.9128 亿美元，中国捐款 820 万美元。2002 年 8 月，GEF 第三期增资谈判结束，各国承诺新增捐款额约为 22.1 亿美元，中国承诺捐款 951 万美元。截止到 2002 年 7 月底，GEF 共有 173 个成员。

全球环境基金的任务是为弥补将一个具有国家效益的项目转变为具有全球环境效益的项目过程中产生的"增量"或附加成本提供新的和额外赠款和优惠资助。

联合国开发计划署、联合国环境规划署和世界银行是全球环境基金计划的最初执行机构。

在 1994 年里约峰会期间，全球环境基金进行了重组，与世界银行分离，成为一个独立的常设机构。将全球环境基金改为独立机构的决定提高了发展中国家参与决策和项目实施的力度。然而，自 1994 年以来，世界银行一直是全球环境基金信托基金的托管机构，并为其提供管理服务。

作为重组的一部分，全球环境基金受托成为《联合国生物多样性公约》和《联合国气候变化框架公约》的资金机制。全球环境基金与《关于消耗臭氧层物质的维也纳公约》的《蒙特利尔议定书》下的多边基金互为补充，为俄罗斯联邦及东欧和中亚的一些国家的项目提供资助，使其逐步淘汰对臭氧层损耗化学物质的使用。

随后，全球环境基金又被选定为另外三个国际公约的资金机制。它们分别是：《关于持久性有机污染物的斯德哥尔摩公约》（2001）、《联合国防治荒漠化公约》（2003）和《关于汞的水俣公约》（2013）。

**重点资助领域**

GEF 的四个重点资助领域是：生物多样性、气候变化、国际水域及臭氧层。相关的解决土地退化问题的活动也可获得 GEF 资助。

生物多样性：保持和可持续利用地球生物多样性的项目占了 GEF 所有项目的近一半。在资金使用的政策、战略、优先项目及标准方面，GEF 接受《生物多样性公约》成员国大会的指导。GEF 在生物多样性领域的业务规划（OP）包括：OP1：干旱和半干旱生态系统；OP2：海岸、海洋和淡水生态系统；OP3：森林生态系统；OP4：山地生态系统；OP13：保护和可持续利用对农业至关重要的生物多样性。

气候变化：GEF 资助的第二大类项目是针对气候变化的。作为《联合国气候变化框架公约》的资金机制，GEF 接受公约成员国大会对其在资金使用上的指导。气候变化项目旨在减少全球气候变化的危险，同时为可持续发展提供能源。GEF 关于气候变化的业务规划包括：OP5：消除提高能效和节能的障碍；OP6：通过消除障碍和降低实施成本促进使用可再生能源；OP7：降低低温室气体排放能源技术的长期成本；和 OP11：可持续交通。

国际水域：GEF 改变国际水域退化状况的项目受一系列区域和国际条约的指导并

帮助实现这些条约的目标。这些项目使各国更多地认识并了解它们共同面临的有关水域的挑战、寻找合作的方法、并进行重要的国内改革。GEF 关于国际水域的业务规划包括：OP8：基于水体的业务规划；OP9：陆地和水域跨重点领域业务规划；OP10：基于污染物的业务规划。臭氧层：逐步根除臭氧层损耗物质对当前和未来全球环境至关重要。作为《维也纳臭氧层损耗物质公约蒙特利尔议定书》多边基金的重要补充，GEF 主要向经济转型国家提供资助。经过十多年的国际合作，大气中一些损耗臭氧层化学品的浓度已经开始下降。

土地退化：由于土地退化与全球环境变化有着密切关系，GEF 也资助预防和控制土地退化的活动。森林的破坏和水资源的退化威胁到生物多样性、引发气候变化、扰乱水循环系统。考虑到《防治荒漠化公约》的目标，GEF 的许多项目结合以上四个领域来解决土地退化问题。GEF 将在 2002 年成员国大会上修改通则，将土地退化作为其新的重点资助领域。持久性有机污染物：GEF 被指定为新近签署的《斯德哥尔摩持久性有机污染物公约》的临时资金机制，并已开展了一些相关工作。GEF 将在 2002 年成员国大会上修改通则，将持久性有机污染物作为其新的重点资助领域。多重领域：GEF 于 2000 年通过了新的业务规划：OP12，支持综合生态系统管理。

**资助类型**

（1）全额项目（Full Size Projects）。GEF 的执行机构与各受援国的业务联络员一起，开发既符合国家规划及优先性，又符合 GEF 业务战略和规划的项目概念。区域和全球规划及项目可以在所有支持该规划或项目的国家中开展。全额项目通常的开发准备期为 12~18 个月，需要得到理事会的批准。项目的执行期不固定，但通常为 3~6 年。

（2）中型项目（Medium Size Projects）。赠款不超过 100 万美元的项目被定义为中型项目。鉴于各国政府和非政府组织越来越支持加快较小项目的实施，GEF 理事会在其 1996 年 10 月的会议上批准了受理和资助中型项目建议的简化程序，通过快速批准程序，加快中型项目处理和实施的过程。这些中型赠款项目增加了 GEF 在配置资源上的灵活性，并鼓励更广泛的团体和个人提交致力于 GEF 重点领域的较小项目。

（3）基础活动（Enabling Activities）。基础活动是 GEF 向各国提供援助的一个基本部分。它们可以为完成对公约必要的信息通报提供一种手段，或为政策和战略决策提供必要和基本的信息，也可为国家内部确定优先活动提供规划支持。经过能力加强的国家就能够制订和指导部门的和整个经济的计划，以便在国家可持续发展的努力范围内通过成本有效的方法来解决全球问题。基础活动如果直接与全球环境效益相关并符合公约的指导，一般可以获得全额资助。基础活动包括制订履行有关公约承诺的计划、战略或项目规划，以及准备各国递交有关公约的信息通报。

（4）短期对策（Short-Term Response Measures）。如果拟议中的活动不是业务规划中的组成部分，但仍具有成本效益，能够使 GEF 对一紧急需求做出反应，或能及时抓住一个很有希望的国家推动的机会,那么这些活动也因具有足够高的优先性,可以得到 GEF 资助。这些项目虽不能产生重大战略或规划性效益,但它们可以低成本获得近期效益。

(5)项目开发和准备金(Project Preparationand Development Facility)。对项目准备的资助分为三类。A 类赠款(最多 25000 美元)在项目或规划确定的最初阶段,在国家一级上为项目前期活动提供资金,由 GEF 执行机构批准。B 类赠款(最多 350000 美元)提供为完成项目建议书所需的信息和必要的支持性文件。这类赠款由 GEF 首席执行官(CEO)考虑 GEF 业务委员会的建议后批准。C 类赠款(最多 100 万美元)在大项目需要时,为完成技术设计和可行性研究提供额外资助。C 类赠款通常在 GEF 理事会批准项目建议书后才能拨付。

(6)小额赠款规划(Small Grant Program)。UNDP 管理这类资金,为符合标准的项目提供最多 50000 美元的赠款。赠款资助社区团体和非政府组织开展的与 GEF 重点领域有关的当地活动。SGP 开始于 1992 年,已经为非洲、北美和中东、亚太、欧洲、拉丁美洲和加勒比地区的 1300 多个项目提供了资助。目前 50 多个国家实施了小额赠款规划项目。中国目前暂未列入受援名单。

(7)中小型企业规划(Smalland Medium Enterprise Program)。与世界银行分支机构国际金融公司(IFC)合作,SME 规划为具有积极环境影响和基本经济可行性,从而可以促进发展中国家私营部门投资的项目提供资助。

**GEF 与中国合作**

GEF 主要关注以下领域:生物多样性、气候变化(适应和减缓)、化学品、国际水域、土地退化、可持续森林管理(减少毁林及森林退化带来的温室气体排放)、臭氧层损耗等方面。

GEF 通过多种项目类型来开展活动,如全额项目、中型项目、基础活动、规划型项目、气候变化适应项目以及小额赠款计划等。

截止到 2014 年,GEF 向 141 个中国项目提供了约 10.62 亿美元的赠款支持。此外,中国还参与了 41 个区域和全球项目。

**案例提示与思考:**
1. 你认为"全球环境基金"的任务是什么?
2. 你认为政府如何使用环境金融工具以实现污染控制?

# 第十三章

# 环境与贸易

**教学目标**

通过本章的学习，了解两个国际性环境问题，第一个问题是如果一国采取环境保护措施，对其在国际贸易中的竞争地位有何影响，第二个问题是向国外输出污染物或从国外进口污染物的问题。重点掌握外部性的国际传输，难点是污染控制手段在外部性国际传输中的运用。

**关键术语**

环保成本　国际竞争力　供给曲线　外汇　关税　排污费　排污权交易

## 第一节　国内环保成本对国际竞争力的影响

假设世界上只有两个国家，i 和 j。可以把 i 看作穷国，把 j 看作富国。

### 一、短期影响

如果一国采取环境保护措施，对其在国际贸易中的竞争地位的短期影响如下：

（1）有四点是确定的，即价格、需求、生产和污染。

当供给曲线斜率为正，或虽然斜率为负但比需求曲线平缓时，i 国使用产生污染的便宜技术将使世界市场价格降低。

i 国使用便宜技术通过降低世界市场价格，将使世界对该产品的需求以及每一个国家对该产品的需求提高。

用较便宜的技术而不是较贵的技术生产，i 国将增加产量。这是因为较低的价格使国内外的需求都增加了。

相应地,由于更多的需求产品由 i 国使用便宜技术生产,全世界的污染也增加了。如果污染的影响集中在工厂附近,那么 i 国将替世界承受大部分污染。

(2) 有两点不确定,即就业和外汇收入。

使用较便宜的技术,i 国外汇收入的增减取决于该国是净进口国还是净出口国。

穷国使用便宜生产方法的结果一方面,可能增加产品的生产和出口,降低世界市场价格,增加全世界特别是本国的污染。

在另一些方面结果并不是像人们想象得那样明确。如果不考虑有关弹性,采用无污染技术并不一定会导致国内失业或国际收支恶化。

## 二、长期影响

在其他各国都采取环境保护措施的情况下,一国如果不采取环保措施,将以损害其自身环境为代价提高其在国际贸易中的比较优势。

# 第二节 外部性的国际传输

## 一、关税

在国际贸易中,当进口品对进口国产生外部性时,关税原则上可以作为解决问题的次优经济手段。先决条件是受害国具有足够的市场力量通过关税影响外部性产生国的价格。

关税不能等价于世界范围的最优庇古税,原因是:

(1) 由于隔着一条边界,污染产生国的国内价格不受受害国关税的直接影响。

(2) 进口国关税只反映该国境内所受到的外部性的影响,因此,进口消费者所支付的也小于世界范围的全部社会成本。

## 二、排污费和排污权交易

一个主权国家没有动力为了别国的利益控制污染而增加本国的成本,不可能为了对别国的污染而向本国企业征收排污费。

在治理国家污染传输问题上各国间的合作可能使问题得到改善。问题在于需要找到一种激励机制和组织结构来实现合作。这种组织结构必须使所有各方的利益都得到改善，使各方都有动力。

# 本 章 小 结

引起关注的国际贸易与环境污染的关系主要包括两个问题。

第一个问题，一国采取环境保护措施对其在国际贸易中的竞争地位有何影响。在短期，穷国使用便宜生产方法的结果并不是像人们认为的那样明确。如果不考虑有关弹性，采用无污染技术并不一定会导致国内失业或国际收支恶化。在长期，在其他各国都采取环境保护措施的情况下，一国如果不采取环保措施，将以损害其自身环境为代价提高其在国际贸易中的比较优势。

第二个问题，外部性的国际传输。在国际贸易中，当进口品对进口国产生外部性时，关税原则上可以作为解决问题的次优经济手段。然而，对进口国来说最优的保护关税不一定对全世界是最优的。

**【思考题】**

1. 一个国家采取环境保护措施对其在国际贸易中的竞争地位的短期影响是什么？
2. 一个国家采取环境保护措施对其在国际贸易中的竞争地位的长期影响是什么？
3. 为什么关税不能等价于世界范围的最优庇古税？
4. 为什么排污收费和排污权交易的作用不适用于污染的国际传输？
5. "发展中国家在经济发展的某一阶段必须通过牺牲环境来出口廉价商品"。你对此有何评论？

**【案例 13-1】**

## 全球环境竞争力[①]

2016年2月25日上午，2016年《中国省域竞争力蓝皮书》、《全球环境竞争力

---

[①] 杨泽宇：《全球环境竞争力报告：日本第十为亚洲最佳》，网易财经，http://money.163.com/16/0225/11/BGLT4AND00252G50.html，2016年2月25日。

《全球环境竞争力报告：挪威居首中国列85位》，中国新闻网，http://www.chinanews.com/cj/2016/02-25/7772414.shtml，2016年2月25日。

《发展中国家面临环保和发展双重挑战》，新华网，http://news.xinhuanet.com/politics/2012-12/07/c_113951121.htm，2012年12月7日。

报告（2015）》联合发布暨"十三五"时期区域竞争战略研讨会在北京举行。会议对中国各省份的竞争力等情况做出了说明。福建省新闻出版广电局原党组书记、两部皮书主编之一李闽榕教授对《全球环境竞争力报告》做出了分析。

环境竞争力是一个涉及经济、社会、环境的庞杂的综合性系统。所谓全球环境竞争力，就是指一个国家或区域在全球范围内环境对经济社会发展所体现出的承载力、协调力、执行力、影响力和贡献力。环境竞争力有五个构成要素，即生态环境竞争力、资源环境竞争力、环境管理竞争力、环境影响竞争力和环境协调竞争力，这五个要素通过经济、行政等多种手段，综合反映和影响一国的环境竞争力。

**全球环境竞争力评价分析**

纳入本次评价的有133个国家，排在前3位的是挪威、瑞士和德国。亚洲国家列入前20名的只有日本，排在第10位。从六大洲分布情况看，亚洲共有3个国家纳入本次评价：日本（56.07）、菲律宾（53.44）和斯里兰卡（52.61）。

要更为准确地反映全球各国环境竞争力的实际差异及整体状况，还需要分析全球环境竞争力的得分及其分布情况，对环境竞争力得分的实际差距及其均衡性进行深入研究和分析。

全球环境竞争力的最高得分为57.7分，最低得分为22.6分，平均为49.1分。全球不同国家之间的环境竞争力分布不均衡，大部分国家的环境竞争力介于45~55分，占评分国家的70%，介于40~45分的国家占99.77%，高于55分国家约占15%，低于40分的国家比较少，约占5.3%。从总体上看，全球环境竞争力的评价分值分布不均匀，个别国家的环境竞争力得分差距悬殊，得分最低的马里只有22.6分，仅是第一名挪威得分的39.2%，两者的差距相差35.1分。需要指出的是，排名比较接近的国家之间的得分差距都很小，环境竞争力指数排名相对位置并不是很稳定。

从全球六大洲的二级指标得分情况来看，2014年大洋洲的资源环境竞争力、生态环境竞争力和环境管理竞争力都是六大洲中最高，其他2个二级指标的得分也比较高；非洲的资源环境竞争力、环境承载竞争力、环境管理竞争力和环境协调竞争力都是六大洲最低的，生态环境竞争力也排在倒数第2位。

从环境竞争力各梯队的国家分布来看，34个发达国家中就有7个处于第一梯队，占了第一梯队中70%的席位，而99个发展中国家只有3个处于第一梯队，差距较大。处于第二梯队的发达国家数量和发展中国家数量一样多；相当多的发展中国家处于第三和第五梯队，共有86个，占总数的86.87%。而34个发展中国家中，只有17个国家处于第三至第五梯队，占总数的50%；处于第五梯队的发达国家只有1个，而发展中国家高达32个，占第五梯队国家总数的96.97%。

新兴市场国家在全球含量竞争力的表现没能像他们在经济上的表现那么抢眼，只有一个国家处于第一梯队，其余国家均处于第三至第五梯队，其中处于第四梯队的国家有5个，占总数的50%。

**全球环境竞争力主要特征**

（1）环境竞争力得分的区域差异较小，但排位差异较大。

大洋洲、南美洲、北美洲、欧洲国家的排位比较靠前，而非洲、亚洲国家的排位比较靠后。

2014年，大洋洲环境竞争力得分最高，达到55.9分，南美洲、北美洲、欧洲的环境竞争力得分也比较高，分别为53.4、52.7、52.5分，亚洲和非洲国家得分最低，分别为47.6和44.9分。六大洲得分比差为1.06∶1.17∶1∶1.25∶1.17∶1.19，差距较小。虽然各个洲的得分差异很小，但是各个洲的国家间的排位差距却比较大。

（2）全球能源生产总量和消费总量、二氧化碳排放量均有所上升。

其中发展中国家上升较快，但从占比和人均量来看，发达国家消耗了大量能源，排放了大量的二氧化碳，给全球环境造成较大压力。

全球各国对自然资源的利用有进一步扩大的趋势，但可喜的是，总的来看，全球各国更加重视生态环境的保护，其中发达国家的表现尤为明显。在森林方面，2012年全球森林覆盖率为27.02%，比2011年降低了0.45%，发展中国家的森林覆盖率也远低于发达国家，而且还在快速下降，平均下降了0.61%，而发达国家增加了0.03%。水资源方面，2013年发展中国家人均可再生内陆淡水资源平均减少了845.35立方米，发达国家平均减少了627.57立方米。在耕地方面，2012年耕地占国有面积比重也有所上升，全球上升了0.13%，发展中国家上升了0.3%，而发达国家则降低了0.36%，人均耕地面积基本上保持不变。

在生态环境保护方面，2012年，全球陆地及海洋保护区面积占总领土面积比重为15.45%比2009年上升了4.03%，其中发达国家的比重远高于发展中国家，达到21.45%，比2009年上升了8.39%，而发展中国家仅上升了2.53%。

**与全球环境竞争力相关的热点研究**

全球气候变化与节能减排的分析。全球气候变化及环境的影响，为应对气候变暖、减少温室气体排放、降低气候变化对环境的影响刻不容缓，而减少二氧化碳排放、控制二氧化碳浓度的基本出发点就是减少石化能源的消耗。

在全球气候变化及其影响方面，全球化石能源消耗和碳排放迅速增长，对气候变化的影响日益突出。在国际能源消耗及碳排放方面，2012年化石能源消耗总量达到89.79亿吨油当量，超过了能源探明储量的增长速度。但总体上，能源消耗的结构得到优化，化石能源的消耗下降5.3个百分点，由86.6降低到81.5%。

国际碳减排合作机制及其取得的成效方面，特别是在推进可持续消费过程方面取得了相关经验和共识。从碳排放来看，中国从2006年开始成为全球碳排放量最多的国家，占全球碳排放总量的26%，德国的碳排放程度和人均碳排放水平存在着非常大的差距。

在国际碳减排合作机制和取得的成效方面，现有的碳排放权交易机制：欧盟碳排放权交易制度（EUETS）、澳大利亚碳排放交易制度（NSW）、美国芝加哥气候交易所（CCX）、英国碳排放交易制度（UKETS）、日本自愿交易体系（J-VETS）等都在建立和运行。

节能减排政策的国际经验比较分析。在发达国家完善的法律体系、高效的能源管理体制、充分的资金与技术支持、灵活的市场机制，这是比较突出的，发展中国家加强节能减排宣传、加大减能减排资金扶持、加大替代能源技术研发力量，这些方面是比较突出的。由于经济发展阶段不同和制度的差异，发达国家和发展中国家在节能减排的法律框架、政策目标、政策主体和管理方式等层面存在着一定的区别。

**全球环境竞争力提升的中国贡献与中国经验**

2014年中国环境竞争力得分为48.3分，在全球133国家当中排在第85位。2012年中国环境竞争力得分为48.0分，在全球133个国家当中排在第87位，提升了两位，这也是中国大力推进绿色发展取得的成效。亚洲的平均分值为47.6分，中国环境竞争力得分高出亚洲平均值0.4分。

中国提升环境竞争力的切实行动，大概经历了四个历史时期：一是从自然资源、要素保护到工业污染计划性治理的转变阶段，这是1949~1977年。二是从点源治理到集中控制的行政性环境治理制度形成阶段，这是1978~1990年。三是从环境控制到生态建设的可持续发展战略贯彻实施阶段，是1991~2000年。四是总量控制与节能减排相结合的多元化生态文明建设阶段，是2001~2010年。五是以健全制度和科学布局为核心的生态文明强化攻坚阶段，这是2011年到现在。

提升环境竞争力，是中国迈向生态文明社会的战略课题。近年来，中国环境保护事业虽然取得了积极进展，但由于经济增长方式和产业结构没有根本改变，生态环境保护面临的形势依然严峻，仍然存在着问题，主要表现在经济社会发展的资源环境压力过大、资源能源利用效率过低，主要污染物的排放太高，环境污染治理投资不足，环保保护体制机制不够完善，成为中国提升环境竞争力的重要难题。

**案例提示与思考：**

1. 你认为哪些因素影响了一个国家的环境竞争力？
2. 你认为发展中国家如何提升环境竞争力？

## 【案例 13-2】

### 污染避难所假说[①]

"污染避难所假说"也称"污染天堂假说"或"产业区位重置假说",主要指污染密集产业的企业倾向于建立在环境标准相对较低的国家或地区。

**"污染避难所假说"起源**

科普兰、泰勒利用南北贸易模型对国际贸易的环境效益进行了比较深入的理论分析,发现贸易自由化虽然减轻了发达国家的环境污染,但是加剧了发展中国家的环境污染。但是,贸易自由化使发达国家环境得以改善的程度远远小于使发展中国家环境污染加剧的程度,国家贸易总体上会对环境产生负面影响。他们进一步认为,在自由贸易情况下,商品价格和产地是独立的,虽然存在着贸易壁垒和运输成本,但是贸易自由化仍会使产品价格趋于一致,当产品价格一致时,工业区选址的决定因素是成本。如果各国除环境标准外,其他的条件都一样,那么那些环境标准低的国家和地区就成为污染避难所。这就是污染避难所效应或污染避难所假说。

污染避难所假说的理论基础是纳入环境要素的 H-O 理论(赫克歇尔-俄林理论)。该理论认为,如果将环境作为一种生产要素来考虑的话,那么,环境保护强度低的国家,环境要素较为富裕,而环境保护强度高的国家,环境要素则相应匮乏。这样,环境保护强度低的国家将充分利用本国充裕的环境要素、专业化生产污染密集型产品;由于发达国家制定的环境标准普遍高于发展中国家,那么高污染产业必然会向发展中国家转移,发展中国家将成为世界污染避难所,生态环境恶化、可持续性发展的目标难以实现。

这便是发展中国家可能成为污染避难所的理论根源,也是对外商在中国投资于污染密集产业的理论解释。所谓污染密集产业是指在生产过程中若不加以治理则会直接或间接产生大量污染物的那些产业。这些污染物对人类、动植物生命或健康有害,促使环境恶化,影响生态质量。而污染密集产业转移是指发达国家的企业或公民通过直接投资,将一些资源耗费大、工艺落后、污染严重的设备、技术或工程项目转移到发展中国家,从而总体上表现出污染密集产业从发达国家和地区向发展中国家单向转移的趋势。

**"污染避难所假说"的实证研究**

对"污染避难所假说"的检验,一般是利用环境政策的强度数据检验环境政策是

---

[①] 陈红蕾、陈秋锋:《"污染避难所"假说及其在中国的检验》,载《暨南学报哲学社会科学版》2006年第4期。
张志辉:《"污染避难所假说"的研究进展》,载《学海》2005年第2期。

否影响贸易流动、外国投资流动（产业区位选择）。这类研究可以 1997 年为界分为两次浪潮。所有早期的研究实际上都是依赖截面数据，把部门贸易或投资流动的变化与行业、国家或地区特定的环境管制成本与影响贸易及投资的其他变量相联系。这类研究得出的一般结论是各国或各地区之间的环境政策差异对贸易或投资没有影响或影响极小。近期的研究表明，环境政策的内生性与行业或国家的固定效应可能影响贸易或投资的流动。与早期的研究相反，这类研究往往指出环境政策差异的确会影响贸易与投资流动。

研究污染产业转移的文献表明，初期的研究不支持"污染避难所假说"，但后期的研究有接受污染产业转移的趋势：一方面，有较多的证据表明发展中国家的污染密集产业在相对增长；另一方面，初期研究结论的差异，可用相对于税收、要素价格、市场距离、政治稳定性等影响产业区位选择因素而言，污染成本较低来解释。如 1984 年，美国制造业的污染消除设备投资仅为固定资产投资的 2.8%，1993 年上升至 7.0%；1984 年，污染消除的运行成本仅占总成本的 0.63%，1993 年增至 0.79%。随着经济发展与环境管制标准的提高，环境管制标准的差异对贸易与投资流动的影响会加大。除非我们能假定这类投资以某种方式被波特所谓的技术创新所抵消，否则，污染消除成本的上升必然会影响贸易流动，甚至产品的国际价格。

该领域仍需要进行深入研究。首先，大多数投资与企业选址文献是利用美国数据，研究空气清洁法案所产生的影响，需要对其他国家，特别是发展中国家环境管制政策与外国投资的关系进行深入研究。其次，日益增多的文献表明，环境管制政策的确对贸易与投资有影响，然而很少有研究能清晰地说明环境政策的内生性。再次，在控制其他影响投资和贸易流动的因素后，较强的环境管制对污染密集型产品生产有阻碍作用，但这类研究没有指出这种限制效应是否大到足以成为影响贸易或投资流动的主要决定因素。最后，由于"污染避难所假说"的研究进展生产技术的变化，从污染产业产出的变化难以推出环境质量的变化，我们应对污染产业转移所造成的影响进行一些直接的评估。

**"污染避难所假说"在中国的实证检验**

中国环境政策强度对外商 FDI 的流向有影响但很小，决定 FDI 流向的主要因素仍然是经济增长速度、产业集聚效应、市场规模、服务水平、基础设施质量等。

虽然国家之间环境政策强度存在差异，但外商对中国的直接投资并未呈现出明显的污染产业转移倾向，中国并未成为世界污染避难所。这同样可理解为其他因素对产业转移的影响超过环境标准的影响。

产业转移是一种受多因素影响、具有规律性的行为。即便从成本-利润的角度出发，由于环境成本占企业总成本的比重较低（污染产业亦不例外），故只考虑环境成本因素的产业转移一般不会发生。而我们看到的通过 FDI 对中国转移的污染密集产业，基本上是那些在其国内已失去竞争优势的边际产业，但在中国却能利用廉价的劳动力并发挥自然资源等比较优势的产业。

环境政策的加强在给企业带来压力的同时，也带动了企业的环境投资和改造，刺激其技术创新和管理创新，进而获得先动优势并提高竞争力，在这种情况下，企业根本无须借助产业转移来逃避国内环境政策的压力。总之，外商对华直接投资是否具有污染转移倾向是一个颇受争议的话题。

**案例提示与思考：**

1. 你认为现在的经济形势下该如何解读"污染避难所假说"？
2. 你认为为避免中国成为发达国家的"污染避难所"应该采取哪些措施？

【案例13-3】

碳税与碳关税[①]

**碳税**

碳税（Carbon Tax）的全称是二氧化碳税，是针对化石燃料排放二氧化碳所征的税。它以环境保护为目的，希望通过削减二氧化碳排放来减缓全球变暖。由于碳税也是一种税，故它同一般税种一样，包含税收的一般要素。碳税的主要课税对象是化石燃料（如煤炭、天然气、汽油和柴油等）燃烧中释放的二氧化碳。这种税收通常是通过测量化石燃料中的二氧化碳含量来计算的，与它们燃烧过程中产生的二氧化碳量成正比。碳税可供选择的纳税环节比较多，理论上可以在能源使用链条的一个或多个环节征收。

从已经开征碳税的各个国家看，北欧四国是在能源的最终使用环节征税，而加拿大的魁北克省则是在生产环节征税。碳税的纳税人主要是由纳税环节决定的对能源最终使用环节征税，其纳税人一般是下游的经销商或消费者，如在北欧国家芬兰是被授权的仓库管理员和商家；而对生产环节征税，其纳税人则是石化加工的生产者，如在加拿大的魁北克省，它的纳税人是石化能源加工精炼企业等。碳税税率一般依据二氧化碳排放量或二氧化碳当量按比例征收。但也有采用累进税率的，如意大利。各国的税率差异较大，这是由于各国除碳税之外一般都有能源税和其他减排政策。以及不同的国家和地区的减排目标也不一样。现行征收碳税的国家的计税标准通常在10~70美元/吨碳之间。在征收碳税的同时，各国还往往实施税收优惠，目的是减少对能源

---

[①] 彭刚、宋利芳：《环境发展与国际商务》，中国人民大学出版社2012年版。
马嫒婧：《国际贸易中隐含碳与碳关税、碳税征收之探析》，载《山西省政法管理干部学院学报》2010年第3期。

密集型工业和面临较强国际竞争的企业的负面影响,或者是对低收入居民进行保护,也有一些是出于同其他减排政策综合使用的考虑。

从碳税的实践看,北欧是最早实施碳税的地区。

芬兰早在 1990 年就开始实施碳税,是世界上最早征收碳税的国家。当时的税率是 1.62 美元/吨碳。1993 年,税率上升一倍,柴油和汽油实行差异税率,同时用电也征碳税。1995 年,推出碳/能源混合税。2003 年,混合税中碳税为 26.15 美元/吨碳。

1991 年,瑞典实施碳税,平均税率为 21 美元/吨碳,汽油为 40.1 美元/吨碳。1996 年,税率调整,石油为 17 美元/吨碳,汽油为 55.6 美元/吨碳。2005 年,汽油为 41 欧元/吨碳,轻、重燃料油分别为 24 欧元/吨碳与 21 欧元/吨碳。此外,挪威、丹麦、荷兰等国也都开征了碳税。

虽然碳税是一个能有效减少碳排放的制度,但由于仅有部分国家开征了碳税,而更多的国家没有开征碳税,这就给开征碳税的国家造成了两方面的困扰。一方面,碳税的开征使得本国企业的生产成本上升,继而影响到相关行业和产品在国际市场上的竞争力;另一方面,碳税的开征会导致本国能源密集型产业迁移到未开征此类税种的国家,从而导致本国就业机会的流失,同时也减损了本国开征此类税种所要达到的减排效果。在这种背景之下,征收碳税的国家纷纷考虑对进口产品开征碳关税。

**碳关税**

所谓碳关税(Carbon Tariffs),也称碳边境调节税(Carbon Motivated Border Tax Adjustment),是一种由商品进口国对没有在国内征收碳税或存在实质性能源补贴国家的出口商品按照其二氧化碳排放量来征收的进口关税。

"碳关税"的提法最早源于欧盟。这一概念由法国前总统希拉克提出,希望欧盟国家针对未履行《京都议定书》的国家的进口产品征收特殊二氧化碳排放关税,以消除欧盟碳排放交易机制运行后欧盟国家的碳密集型产品可能遭受的不公平竞争。当时欧盟的初衷很大程度上是针对美国和澳大利亚等拒绝加入《京都议定书》的国家(澳大利亚于 2007 年 12 月签署《京都议定书》),但也包括中国、印度等未承担约束性温室气体减排目标的主要发展中国家的碳密集型产品。从本质上说,这类措施是碳排放权交易制度、征收碳税等国内碳减排措施的拓展和延伸,其目的是使进口产品承受与国内产品相当的碳排放成本,以抵消其由于没有承担相应减排负担而可能享有的竞争优势。但这一提议在欧盟内外引发了较大争议。欧盟对此采取了暂时搁置的态度,表示将在 2010 年后再予以考虑。

2009 年 6 月 26 日,美国国会众议院通过了《美国清洁能源安全法案》。该法案除了设定国内二氧化碳等温室气体的减排目标之外,还涉及"碳关税"条款。法案提出从 2020 年起开始实施"碳关税",对从包括中国在内的不实施碳减排限额的国家进口的碳排放密集型产品（高碳产品），如铝、钢铁、水泥和一些化工产品，征收特别的二氧化碳排放关税。这项法案成为迄今为止世界各国第一个将碳边境调节税付诸立法实践的法律文件。

2009年11月24日，法国政府在欧盟成员国环境部长非正式会议上提出从2010年1月1日开始对来自环保立法不及欧盟严格的发展中国家的进口产品征收碳关税，试图在哥本哈根联合国气候变化大会到来之前预先向发展中国家施加政治压力。

尽管美国的法案尚未最终通过，法国的提议也遭到欧盟其他成员国的一致反对，但是，哥本哈根联合国气候变化大会上欧美发达国家为迫使中国、印度等主要发展中国家承担约束性减排目标所表现的强硬姿态以及大会最终未能达成有法律约束力的一致协议的结果，预示着未来应对气候变化的国际争议将更趋激烈。欧美国家的"碳关税"提议更意味着气候谈判可能在未来引发更多的国际贸易摩擦。

欧、美等发达国家热衷于推行"碳关税"措施，主要基于以下三个原因：第一，承担碳减排义务的发达国家碳密集型产品的国际竞争力下降。当发达国家采取相关措施如承担强制碳减排义务、为二氧化碳定价等以应对气候变化时，发达国家的碳密集型产品生产成本显著提高，使得目前没有承担碳减排放义务的发展中国家在同类产品的生产中拥有了相对成本优势和相对价格优势，从而损害了发达国家在同类产品的际竞争力。第二，防止发生碳泄漏。所谓碳泄露，是指在只有部分国家承担约束性碳减排义务的情况下，承担义务的碳减排国家采取的碳减排可能导致不承担义务的非碳排放国家增加碳排放的现象。第三，碳关税还越来越多地被当做对外施压、推动其他国家尤其是主要的发展中大国承担高水平和强制性减排义务的手段。

**中国的对策**

（1）碳税征收建议。中国是碳密集能源消费大国，通过开征碳税使此类能源和产品价格上扬，促使消费者使用低碳产品或清洁能源，进而减少温室气体排放。结合中国目前的经济背景，应对环境税进行改革。因为，能源税和碳税是两个不同性质的税收，二者的计税标准和征收目的是完全不同的。碳税的征收依据是含碳产品的碳排放量而不是能源的数量，目的是减少温室气体的排放，而能源税则没有此设置初衷。

此外，如何对碳税收入再分配也是一个不可避免的问题，是专款专用还是与其他税收收入一起由国家财政机构统筹分配。

（2）发展低碳经济。确立产品"低碳标签"制度，建立"低碳产品认证"体系。鉴于产品标签的公开性和透明性，在每一产品的标签上标明各个产品的碳排量，一方面可以为发展"低碳消费"提供平台，另一方面也会对生产商开展"低碳生产"加以监督。另外，建立低碳产品认证体系也是必不可少的。

低碳绿色理念法律化。"态度决定一切"，低碳经济模式的顺利构建不仅需要制度的保障，政策的支撑，更加需要理念的指引。为此，一要在全国范围内大力宣传

"低碳消费""绿色消费"的环保积极作用,转变传统家庭消费观念;二要在政府采购层面、企事业运作层面真切的将"低碳""绿色""节能"作为指向标,发展低碳产业、低碳贸易、低碳技术、低碳消费成为社会考核指标;三要通过修宪或修改环保法,将"低碳"环保理念法律化,法律的权威性和执行性能更好的保障低碳经济的健康运行。

(3) 鼓励中国制造业走出国门,跨国投资。虽然互联网(Internet)使人与人的交流变的方便快捷,偌大的地球被世人亲切地称为"地球村",但是商品与消费者的距离并没有因为 Internet 的出现而缩小,距离依然如故,西方学者称之为"food miles"(食物里程)。

正是因为"food miles"的存在,就离不开运输,而货物在运输过程中就造成了大量的碳排放,因为绝大多数的交通工具的动力来源依然是高碳密集型的化石燃料。同时,国际贸易中中国在产品隐含碳这一问题上的弱势,也可以在中国制造业走出国门之后大大缓解,不会因为外国对中国征收碳关税而使该行业在国际竞争中淘汰。

**案例提示与思考:**

1. 碳税和碳关税设立的出发点有何不同?
2. 你认为中国应该如何应对碳关税政策?

## 【案例 13-4】

### 南北环境合作与协调[①]

由于南北国家经济发展阶段的差异,对环境问题的解决方案有着不同看法,南北国家在承担环境保护责任、国际环境立法等方面存在着对立和分歧,需要南北国家进行环境政策的协调与合作。环境政策必须协调好短期经济利益与长期环境保护之间的关系,创新制度激励机制,在促进经济发展的同时鼓励和加强全球范围的国际环境合作。一方面应该加强国际环境管理措施的协调,重点是环境管理制度和程序;另一方面加强环境标准的协调,减少由不同的环境标准造成的贸易摩擦。虽然环境政策的国际协调还面临着诸如各国在环境协调的概念理解上的差异、协调方式、协调范围和协调的优惠待遇等方面的问题,但是环境管理措施的国际协调已经开始,包括国际范围内的环境政策协调(如 ISO 14000)、区域内的环境政策协调(如欧盟生态管理及审计制度)等。国际社会的共同努力、人们环保意识的增强、环保技术的不断提升和广泛应用必将带来全球环境标准的协调统一,环境政策的国际协调将成为解决全球环境问题的重要途径。

---

① 吴汉嵩:《国际贸易中环境问题的南北冲突与协调》,载《韶关学院学报》2005 年第 8 期。

**环境污染转移的方式**

环境污染转移可以分为两类：一类是生产过程中的环境污染的转移，另一类是产品被消费或成为废弃物时发生的环境污染的转移。当前，环境污染从发达国家到发展中国家主要集中在以下三个方面。

(1) 对发展中国家自然资源掠夺性开发利用。由于缺乏资金和技术，初级产品尤其是资源性产品，在发展中国家出口中占有举足轻重的地位。发展中国家适合于出口的自然资源，主要包括矿产资源和森林资源。矿产资源的开发利用对环境的危害相当大。森林是人类的宝贵财富，它不仅为工业生产提供原料，同时对调节地球的气候有重要作用。但过度毁林使地球上的森林资源越来越少。

然而，发展中国家在出口资源性产品时，并未把部分或全部环境成本纳入生产成本中。由于资源性产品与制成品相比价格不断下降，发展中国家在国际市场中处于不利的地位，因此发达国家常常能以低于资源价值的市场价格购买这些资源性产品，过度开发利用发展中国家自然资源时所引起的发展中国家环境的破坏，却得不到应有的补偿。

(2) 污染产业从发达国家向发展中国家转移。由于发展中国家资金的缺乏和技术的相对落后，而且环境标准的执行也不甚严格，于是在利益的驱动下，工业化国家淘汰的技术和产业，或某些污染严重的产业，不符合发达国家的环境生产标准的产品和产业被引入发展中国家，造成这些引入国的环境严重破坏。这种污染成本从工业国向发展中国家的转移并不一定是强制性的，大多是自愿的市场行为，但造成的客观结果却是环境污染的转移。

(3) 国际废弃物贸易引起的环境污染的转移。20世纪80年代后期，有关废弃物的贸易问题日益引起人们的关注。废弃物贸易是指工业或生活消费废弃物从一个国家出口到另一个国家，进行最后的处置（堆放）或回收。有很多废弃物非常危险，不仅破坏接受国的环境，而且还严重危害接受国人民的身体健康。根据绿色和平组织的报导，最近几年各种废弃物的出口量高于1000万吨，其中一半以上出口到了东欧和其他发展中国家。

这类贸易增长的原因之一是许多国家的废弃物数量日益增加，环保法规日趋严格，从而造成了废弃物处置费用的上升。将废弃物出口到处置较廉价的地方是有利可图的。发展中国家出于生存的考虑，不得不与发达国家进行废弃物贸易来获得它们所需要的生活必需品。然而，废弃物对发展中国家的环境污染使发展中国家所付出的代价远远超过通过处置废弃物所获得的收益。而且，由于技术的原因，发展中国家废弃物处理对环境所造成的污染也远远高于发达国家。国际上触目惊心的危险废弃物越境转移事件已成为国际上最突出的环境问题之一。

## 南北国家环境问题

一定的环境影响来自于（人口、消费、技术）三个变量乘积性的相互作用：一定的消费水平和一定的技术水平下，人口的迅速增长势必给环境造成更大的压力；在一定的人口规模和一定的技术条件下，消费水平的提高意味着要消耗更多的资源和产生更多的污染；而在一定的人口规模和一定的消费水平下，技术的迅速变化也能给环境带来始料不及的影响。

南方国家的环境问题以低水平的消费（贫穷）与人口的迅速增长为典型特征，贫穷和人口的迅速增长相结合显然使许多南方国家陷入了贫穷——环境恶化——贫穷的恶性循环之中。因为贫穷，人们被迫掠夺自然资源。为了农业生产的目的，使得土壤肥力耗竭、沙漠化和森林滥伐；为了工业生产的目的，使得矿物、能源储备枯竭。过度的掠夺导致了未来一代维持生存的自然资源的逐渐消失，反过来，产生了进一步的贫困。这一过程因人口的迅速增长而加剧了。在一些国家（特别是新兴工业化国家）已经带来了经济的增长和额外的环境污染。没有外来财政、技术援助，许多南方国家将不能够把环境保护和经济发展统一起来。对于他们来说经济发展是其首要的、根本的目标，而环境保护则常常容易被忽视。

与南方国家低水平的消费和人口的膨胀所带来的环境问题相比，北方国家的环境问题以高水平的生产活动和消费活动为典型特征。北方国家的工业化过程已经消耗了大量的能源、资源，并排放出大量的工业废料、有害物质和温室气体，它们所造成的温室效应、臭氧层破坏严重地污染了全球环境。另外，虽然北方国家不像南方国家的环境面临着人口膨胀的巨大压力，但稳定的人口增长和高水平的消费活动的结合给环境造成了更大的压力。

北方工业化国家的人口占世界人口总数的20%却消耗了世界的大部分资源：80%的纸张和钢铁，75%的原木和能源，以及一半的渔业资源的粮食。与此同时，在北方工业化国家，一个人所排放的水、气候污染物大约是南方国家每个人的20倍，所以在20世纪90年代期间，北方国家5750万的人口增长将比预期的额外增加的91100万的人口增长更能污染地球。

## 南北合作共同而有区别的责任

环境问题就其原因和影响来说，在本质上都是全球性的。就原因而言，表面看起来是由人口、消费、技术直接引起的，但背后决定这三个变量的即是现存的国际经济、政治社会环境。南方国家的环境问题在很大程度上是不平等的国际经济秩序造成的积弱积贫的必然结果。北方发达国家的环境问题是由高消耗、高污染的生产、生活方式导致的，但这种生产、生活方式是建立在长年累月掠夺世界自然资源尤其是南方国家的自然资源的基础上的，不仅造成了南方国家的贫困和环境问题，而且污染了世界公用地，如大气、海洋、外层空间。环境问题的影响也具有全球性质。

原先局限于一小块区域或在许多情况下仍具有地方性来源的性质，现在已被证明在全世界都有影响，起先似乎只牵涉到现代一代人的福利已被证明对未来一代构成了威胁。在环境问题的全球影响下，国界已经变得如此能渗透，以至具有地区、国家、国际意义的事情之间的传统区域已经变得模糊不清，生态系统并不尊重国界。水污染能在公共的河流、湖泊和海洋中传输，气流能把空气污染带到很远的地方，大的事故，尤其像核反应堆或有毒物质的工厂、仓库发生事故，能造成广泛的区域性影响。正是因为今天的环境问题就其原因和影响来说具有全球性质，所以其解决的办法再也不能像过去那样以民族国家或地区为依托，而应通过全球性的努力和合作尤其是南北之间的合作才有可能加以解决。在这一点上，南北双方在解决全球环境问题上，其责任是共同的。

在南方许多国家，贫穷本身就是最大的污染源，它们以不同的方式制造环境压力。那些贫穷饥饿的人们为了生存，往往破坏他们附近的环境：他们破坏森林，他们在草原上过度放牧，他们过度使用贫瘠的土地，越来越多地拥进城市。这些变化的累积性影响是如此深远，以至于贫困成为一个全球性问题，因此，要解决全球环境问题就必须解决南方国家的贫困问题，而要解决南方国家的贫困问题，就必须努力缩小南北双方的日益扩大的差距使南北双方均衡地发展。

全球环境问题的解决还有来赖于北方国家能否建立与生态相适应的生产方式和生活方式。北方国家的工业化道路已经使用了地球上大部分的生态资本，已被证明是不可持续的，北方国家的高消费正吞噬着地球上的资源和污染着我们这颗脆弱的行星，也被证明是不可持续的。世界面临最大的问题之一是发展中国家想迅速发展以获得类似于工业化国家的生活水平，如果仍然以欧洲、北美曾经经历的增长为模式，其本身将会导致主要环境的恶化。因此，除非北方国家建立一种与生态相适应的生产方式、生活方式，否则，全球环境的解决是没有指望的。

**案例提示与思考：**

1. 南北国家的环境问题有何不同，原因是什么？
2. 为什么说环境问题需要全球合作才能有效解决？

# 第十四章

# 可持续发展

**教学目标**

通过本章的学习，了解全球变暖的原因及影响，重点掌握经济发展和环境保护的关系，可持续发展的基本概念，以及如何衡量可持续发展，难点是全球变暖的应对策略。

**关键术语**

全球变暖　清洁发展机制　环境库兹涅茨曲线　可持续发展　资源总量　环境资本总量　强可持续性　弱可持续性　国民生产总值　国内生产总值　国民经济核算体系　绿色国民经济账户

## 第一节　全球变暖

全球变暖（Global Warming）是指地球大气层平均温度的上升，是一个典型的国际性环境问题。

### 一、全球变暖的原因

二氧化碳（$CO_2$）和其他温室效应气体的排放是全球变暖的主要原因。这些气体的排放主要是矿物燃料（煤、石油）的燃烧和森林的燃烧引起的。对全球变暖的原因，科学家基本形成了共识。

### 二、全球变暖的影响

全球变暖对地球和人类的影响，还没有形成共识，存在着不同的估计。全球变暖的可能影响包括海平面上升、对农业生产的影响、臭氧层的减少、气候引起的自然灾害和疾病的流行。

### 三、全球变暖的全球对策

（1）技术层面。

从技术的角度看，对应全球变暖的策略包括：减少能源的消费；停止森林的砍伐或降低砍伐速度。

（2）社会层面。

各国对削减二氧化碳排放量的态度有很大不同。需要协调各国政府的政策。

（3）温室气体排放的控制手段。

减少温室气体排放的政策包括：指令性控制、排污税、排污权交易、建立清洁发展机制等。

## 第二节　经济发展和环境保护的关系

环境库兹涅茨曲线：环境污染和人均收入增长之间的倒 U 关系。在经济发展过程中，环境存在先恶化后改善的情况。

某一经济社会的自然资源和环境状况主要取决于以下因素：经济活动的水平和规模、经济结构、技术水平、环境保护政府管制的方式和效果、环保意识和环保支出。

环境库兹涅茨曲线带有一些宿命论的色彩。这种观点过于机械，不利于后发展的国家的政府在经济发展中注意环境保护。

后发展国家的任务，就是在考虑发展总效益的前提下，降低环境库兹涅茨曲线的弧度，或者说，在倒 U 型曲线上找到一条水平的通道。

## 第三节　可持续发展的基本概念

可持续发展是满足当代人的需要又不牺牲后代人满足其需要的能力的发展。

可持续发展的限制条件是资源总量。用货币单位表示的环境资源的总经济价值称为环境资本总量。

## 一、使消费可持续

佩泽（Pezzey）区分了三种不同的发展：
(1) 可持续的发展：$C_t \leq C_t^m$，$\forall t$；
(2) 可持续的发展：$C_{t+1} \geq C_t$，$\forall t$；
(3) 可生存的发展：$C_t \geq C_L$，$\forall t$。

式中，$C_t$ 为 t 时刻的消费，$C_t^m$ 为从 t 时刻开始可以永远保持下去的最高消费水平，$C_L$ 是可保持生存的消费水平。

## 二、用资本存量来定义可持续发展

强可持续性（Strong Sustainability）主张，交给下一代的每一种自然资源的存量都应当与从上一代接受下来的一样。在每一代中，每一种自然资源的存量都不应减少。

弱可持续性（Weak Sustainability）认为，只要交给后代的资本总量（包括自然资源和人造资源）与从前辈手中接受的一样，就保持了可持续性。可以用人造资本的增加来弥补自然资源的减少。

# 第四节 可持续发展的衡量

## 一、现存的衡量尺度

现存的衡量经济发展的尺度是产量尺度，即用产品和服务的数量来衡量经济发展。常用的指标是国民生产总值（GNP）或国内生产总值（GDP）。

现行国民经济核算体系的缺陷包括：
(1) 忽略了自然资源的稀缺性。
(2) 没有反映环境恶化的损失成本及其对经济的影响。
(3) 没有完全准确反映环境保护成本。

## 二、替代的衡量尺度

绿色国民经济账户应当反映生态系统的功能，反映生态系统直接和间接向人类社会提供的产品和服务。这种国民账户计算把自然资源作为生产资本来对待。

### 三、环境资源核算的具体方案

目前环境资源的核算包括三种方法：环境资源的实物核算、环境资源的价值核算、环境资源的福利核算。

改造现行的国民经济核算体系大体上有三种思路：

（1）对现行的国民经济核算体系进行根本性的调整，把自然资源和环境核算加入现行体系。

（2）建立独立的自然资源与环境账户，不与现行体系发生任何联系。

（3）建立一个相对完整的卫星账户，与现行体系连接起来，不破坏现行体系的基本结构。

## 本 章 小 结

全球变暖是指地球大气层平均温度的上升。二氧化碳和其他温室效应气体的排放是全球变暖的主要原因。对全球变暖对地球和人类的影响，存在着不同的估计。应对全球变暖有技术层面和社会层面的措施。减少温室气体排放的政策包括：指令性控制、排污税、排污权交易、建立清洁发展机制等。

可持续发展是人类社会的一种长期发展战略，是发展过程中人类和自然界关系的一种动态协调。可持续发展过程本身反过来又要求人类自身的协调。可持续发展是一种天人合一的境界，是代际兼顾的状态。

可持续发展和自然资源保护需要具体的指标来衡量。传统的国民收入核算不能反映环境和许多其他影响人类生活质量的因素。为了修正传统的国民收入核算，世界上许多研究机构和研究者正在创造各种衡量环境变化和其他因素对人类福利影响的指标。

【思考题】

1. 什么是全球变暖？全球变暖的原因包括什么？自然界的变动还是人类行为是全球变暖的主要原因？

2. 对于全球变暖，在哪些方面存在共识，在哪些方面不存在共识？

3. 设计一个治理温室气体排放的国际政策体系。这个体系必须足够能削减温室气体的排放，并且能够被世界主要国家的政府接受。

4. 为什么说环境库兹涅茨曲线带有一些宿命论的色彩？

5. 经济发展和环境保护的有什么关系？
6. 什么是可持续发展？什么是可持续发展的目标、控制变量和制约条件？
7. 现行的 GDP 核算有哪些问题？你认为应当如何纠正？

# 【案例 14–1】

## 全球变暖对格陵兰是福是祸？[①]

格陵兰岛的纳尔萨特是一个遥远的北极小镇。站在镇上放眼远眺，目光所及的是冰山正在加速融化，当地传统生活方式也在急剧消失。纳尔萨特海洋虾业公司曾是当地最大的雇主，几年前就已倒闭，因为鱼儿虾儿都逃往水温较低的北方区域了。当初镇上共有 8 艘捕鱼船，如今只剩下 1 艘。

纳尔萨特原是格陵兰岛的南部重镇，但是 10 年来人口减少了一半，只剩下 1500 人。镇上的自杀案例也有所上升。

不断升高的气温终结了格陵兰人传统的生活方式，却给这个人口仅为 57000 人的世界第一大岛提供了令人惊叹的新机遇。

当格陵兰逐渐揭去冰山白色的覆盖之后，丰富的矿产和宝石储备不断被发现，使得收益丰厚的矿产业崭露头角。其中，一个世界上最大的稀土矿藏在纳尔萨特附近被发现。

**力争经济自立**

格陵兰岛位于北美洲的东北部，在北冰洋和大西洋之间，全岛面积为 217.56 万平方公里，海岸线全长 35000 公里。格陵兰全岛 4/5 的面积在北极圈以内。1814 年，丹麦获得格陵兰岛的主权。1979 年丹麦政府允许格陵兰人自治，并通过了"格陵兰自治条例"。2008 年 11 月，格陵兰岛就自治问题举行全民公决，获得 3/4 民众的支持。

格陵兰岛的自治地位从 2009 年 6 月 21 日起生效。格陵兰岛实行自治后，政府接过了原本由丹麦王国拥有的天然气资源管理权、司法和警察权，并拥有部分外交事务权，丹麦王国在格陵兰的防务和外交事务上拥有最终决定权。格陵兰语成为官方语言。

格陵兰岛尽管实现了自治，但是经济上每年都接受丹麦政府提供的 5 亿美元补贴，用于当地居民的福利开销，格陵兰居民和丹麦人一样享受全民医疗保健服务。然而，由于欧洲各国的债务危机愈演愈烈，丹麦政府暂缓支付部分补贴，格陵兰方面也预计今后的补贴会日益缩水。

于是，格陵兰政府指望开发本地矿藏以获得各种收益，使自己在经济上得以自

---

[①] 《格陵兰岛"托福"全球变暖》，腾讯网，http://weather.news.qq.com/a/20121015/000034.htm，2012 年 10 月 15 日。

立。那么，也有可能在今后数年里，格陵兰岛将成为世界上第一个因全球温室效应加剧而产生的主权国家。

**开矿热潮风生水起**

格陵兰地下矿产丰富这一事实早就广为人知。早在1957年，丹麦的一位核物理学家就来到过纳尔萨特，考察这里的铀矿储藏量。丹麦政府几十年来一直在积累资料，完善并丰富格陵兰的矿藏分布图。其后一些私营公司进行的开矿活动却半途夭折，原因是气候恶劣，开采成本过高。

然而，全球变暖现象改变了一切。格陵兰政府主管部门石油和矿产局当前已经发放了150个矿藏勘探许可证。2011年，各家公司共投资了1亿美元用于勘探活动，其中有七八家公司正在申请矿井建设许可证，包括金矿、铁锌矿和稀土矿。此外，还有外国公司在勘探海洋石油储藏。

格陵兰最大的本土矿产公司首席行政官奥勒·克里斯蒂安松说，"对我来说，即使冰盖完全消失了，我也无动于衷。相反，我看到的是随着冰盖融化而出现的令人着迷的地质带。"

1990年倒闭的一家名为"黑天使"的铅锌矿公司，2012年申请重新开业，因为冰雪融化后，公司经营出现了转机。

在纳尔萨特的外国公司越来越多。两家外国公司正在向政府申请采矿许可证，其中一家名为"格陵兰矿产和能源"的澳大利亚控股公司特别起劲，该公司的地质专家埃里克·森诺高推测这里可能蕴藏着多达1000多万吨的稀土矿。

这意味着大批新的工作岗位由此诞生。"格陵兰矿产和能源"公司已经招募了一些年轻人进行钻井和英语培训。公司计划在这里建造一家炼矿厂、一个港口，还要铺设公路。与此同时，纳尔萨特原有的一个小小的机场，先前因为缺乏客源差一点儿关闭，如今却制定了扩建计划。当地一个房地产老板也在考虑把一处已经废弃的公寓楼改建成旅馆。

**要环保还是要发展**

但是从一个传统的个体渔业社会快速转型为以矿业公司为支撑的商业社会，还存在很多问题，例如，格陵兰的岛国社区能够容纳成千上万来自波兰或者中国的建筑工人吗？格陵兰的自然生物资源——鲸、海豹、北极熊，是格陵兰国民性格的象征，如果采矿业毁坏了环境，这些生物生存遭到威胁怎么办？渔民能够顺利转型成矿工吗？

格陵兰自治政府副总理、住房和建设部长延斯·弗雷德里克森承认，开发矿产是格陵兰的未来，但是并不是人人都希望如此发展，这涉及格陵兰岛的传统、居民扬帆航行的自由以及祖传职业等问题。

全球变暖现象在北极地区表现得尤为突出。在过去的15年里，格陵兰东北部的年平均气温升高了0.13摄氏度。如今，覆盖格陵兰众多峡湾的冰层不再稳定，在冬天不少地区已经不适宜狗拖雪橇和冰上交通。冰下捕鱼业也变得非常危险，甚至已经不复存在，而这正是传统上格陵兰家庭维持生计的主业。

针对目前的矿产开发潮，并不是所有人都信心满满。纳尔萨特一家客栈老板说，开发矿产可能对发展经济和国家富裕都有好处。可是我担心其结果可能是破坏了大自然。

工会方面则另有想法，提议在建设高潮中禁止使用国外廉价劳动力。因为如果外国廉价劳动力蜂拥而入，其后果要么是压低本地人工的工资，要么被外来工人夺走工作岗位。问题是，如果没有外来工人的帮助，本地根本没有足够的人力来建造矿井。

另外，格陵兰政府还面临一项严峻的政治抉择：它必须修改多年来执行的对开采含放射性物质矿产的"零容忍"政策，而稀土恰恰总是与一些放射性材料相伴而生。

**案例提示与思考：**
1. 你认为纳尔萨特开发矿业需要注意什么问题？
2. 你认为全球变暖对格陵兰是福是祸？

**【案例 14-2】**

## 《巴黎协定》①

### 什么是《巴黎协定》？

《巴黎协定》是 2015 年 12 月 12 日在巴黎气候变化大会上通过、2016 年 4 月 22 日在纽约签署的气候变化协定。《巴黎协定》是促进全球应对气候变化行动与合作的里程碑式的重要成果，也是 2020 年后全球气候治理体系的核心要素。

2016 年 4 月 22 日，人类历史上意义非凡的一个"世界地球日"，联合国秘书长在纽约联合国总部举办了《巴黎协定》签署仪式，175 个国家或地区派遣了高级别代表参与仪式并签署了协定，其中 15 个国家提交了批约文书，还有很多国家表达了尽快批约的意愿。

2016 年 9 月 3 日，十二届全国人大常委会第二十二次会议表决通过了关于批准《巴黎协定》的决定。随后，在杭州 G20 峰会期间，举行了中美《巴黎协定》批准文书交存仪式，成为 23 个完成了批准协定的缔约方。中美两国占全球排放量的 38%，

---

① 姜萍：《〈巴黎协定〉正式生效专家称效果从 2020 年开始显现》，央广网，http://china.cnr.cn/qqhyg-bw/20161105/t20161105_523245598.shtml，2016 年 11 月 5 日。
祁悦等：《评论：中国批准〈巴黎协定〉彰显大国担当》，21 世纪经济报道，http://www.p5w.net/news/xw-pl/201609/t20160906_1576079.htm，2016 年 9 月 6 日。
《巴黎协定今日生效中国呼吁各国兑现承诺》，新浪财经，http://finance.sina.com.cn/stock/usstock/c/2016-11-04/doc-ifxxneua4108383.shtml，2016 年 11 月 4 日。

在两国的积极推动下,《巴黎协定》提前生效的可能性进一步提高。

根据《巴黎协定》第二十一条,协定生效需满足两个条件:至少55个缔约方完成国内批约程序并向联合国交存批约文件,批约国家的排放量达到全球温室气体排放量的55%以上。在这两个条件得到满足后的第30天,《巴黎协定》将正式生效。

2016年11月4日,时任联合国秘书长潘基文通过其新闻发言人办公室发表声明称,《巴黎协定》于11月4日正式生效。

**《巴黎协定》的目标**

梳理一下《巴黎协定》就会发现,以下几个数字和目标最为关键:

2℃——《巴黎协定》确定的一个大的目标,那就是将全球平均升温控制在工业革命前的2摄氏度以内,争取控制在1.5摄氏度。

净零排放——《巴黎协定》提到了要尽快实现全球温室气体排放达到峰值,最重要就是要到21世纪下半叶,让全球来实现温室气体净零排放。

400亿吨——《巴黎协定》提到,2030年全球温室气体排放要降到400亿吨,这跟2010年全球温室气体500亿吨的量相比要下降100亿吨,要知道这可是个不小的挑战。

每五年盘点——2023年起,每五年对全球行动总体进行一次盘点,来激励各国加强各自行动,加强国际合作,实现全球应对气候变化的长期目标。同时《巴黎协定》也坚持了共同但有区别的责任,那就是发达国家应该承担更多责任来帮助发展中国家减缓和适应气候变化。

**中国批约的意义和影响**

作为第一排放大国和最大的发展中国家,中国率先批准《巴黎协定》并与美国一同提交批约文书对全球气候治理和国际气候合作有重要意义和影响。

第一,中国加入《巴黎协定》有力地推进其生效进程,也将促进其他缔约方尽快批约。中国排放占比约20.09%,是实现缔约方排放占比超过55%的生效条件的必要基础。同时,中国一直积极推动《巴黎协定》尽早生效,很早便明确了G20峰会期间批约的时间表,并与排放占比第二的美国一起提交批约文件,发挥了积极的领导力。

第二,中国批约向国际社会传递了明确了低碳转型信号,鼓励各国政府、私营部门和民间团体积极应对气候变化,落实《巴黎协定》及其各自的国家自主贡献。中国在减缓和适应气候变化领域都采取了有力的政策措施,在国家自主贡献中也进一步提出了有力的行动目标,还将在节能减排、发展可再生能源、推动低碳城镇化和低碳基础设施建设、增加森林碳汇等方面开展了大量的行动。中国率先批约,显示出应对气候变化和推动低碳转型的信心和决心,这一积极信号将进一步激励全球各国、私营部门以及民间团体转变经济增长和生活模式,促进低碳转型。

第三，中国带头批准《巴黎协定》迎合了国际社会对中国在应对气候变化领域发挥领导力的预期，彰显了中国作为负责任大国的担当。受到经济复苏乏力、地区冲突和战乱以及难民等问题的影响，应对气候变化问题在国际议程中优先性有所下降。过去几年内，在奥巴马政府的积极推动下，美国在应对气候变化领域发挥了关键的引领作用，但新总统选举给美国未来的气候政策增加了一定的不确定性。欧盟方面，难民危机和英国"脱欧"使其自顾不暇。中国在《巴黎协定》谈判进程中发挥了重要的建设性作用，国际社会对中国继续发挥领导力寄予厚望。尽管也面临着来自国内经济转型和周边外交局势等多重挑战，中国仍将应对气候变化作为重要的议程，通过带头批约积极推动多边进程，显示了作为负责任大国的积极建设性态度。

第四，中国批准《巴黎协定》并与美国共同提交批约文书，加快了中国积极有效参与全球治理的步伐。随着国力不断增强，中国在国际事务中的影响力不断提高，积极参与全球治理、促进国际秩序朝着平等公正、合作共赢的方向发展已成为中国新形势下开展对外工作的重点，应对气候变化领域是重要的抓手和突破口。多年来，中国积极建设性地开展多边和双边气候合作，为参与和推动全球气候治理奠定了坚实的基础。此次G20峰会期间中美联合递交批约文书是"主场外交"的重要体现，中国外交部长王毅将推动气候变化《巴黎协定》尽早生效作为峰会十大成果之一，各方对此积极评价。这无疑是中国进一步走向全球治理舞台中央的坚实一步。

**全球气候治理进入新阶段**

《巴黎协定》从开放签署到正式生效仅用了半年多的时间，远远超出了公众至少一年甚至更长时间的预期。国家气候战略中心（NCSC）副主任邹骥认为，它的生效为全球低碳转型、应对气候变化提供了广泛的意识、政治、经济、法律等治理基础，势必促进全球应对气候变化的合作，也为全球低碳转型提供了国际法方面的共识和推动力量，标志着全球气候治理进程进入了一个新阶段。

邹骥称，其主要特征是继续在《联合国气候变化框架公约》（UNFCCC）的框架下，坚持公平、共同但有区别的责任和各自能力的原则，建立一种机制，即包括自下而上制定国家自主贡献目标，自上而下盘点全球落实目标充分性，并促进加强力度。还要求发达国家向发展中国家提供资金、技术和能力建设援助，全面考虑减缓、适应、资金、技术、透明度、能力建设各要素。

不过，目前仍有一些国家没有参与协定，例如全球温室气体排放量最大的五个国家和地区中，俄罗斯和日本还未批准。

据科学家估计，《巴黎协定》框架下各国现在自下而上确定的自主贡献目标只能够将21世纪末对工业革命前的温升限值在2.7~3.5摄氏度，与限值在2摄氏度以内的目标相比，还有缺口。

邹骥称，这可以通过两个过程来解决：一是缔约方启动履约后，经过全球盘点的机制提高减排力度以不断弥合差距;二是各国在实际实施自助贡献目标时,自我加大力度,超额完成目标。

他表示,在技术变动、市场变动、政策变动的情况下,加之缔约方谈判留有的余地,根据以往一些主要缔约方实际履约的情况看,这个可能性是存在的。

**案例提示与思考:**
1. 为什么说《巴黎协定》的生效意味着全球气候治理进入新阶段?
2. 你认为《巴黎协定》是否能缓解全球变暖现象?

## 【案例 14-3】

### 瑙鲁:极端的弱可持续性①

虽然可持续发展思想最早是从生态和环保思潮中孕育出来的,但制定政策时,以经济为中心的定义居于垄断地位,而且经济学家与生态学家的观点有较大的分歧。生态学家认为应该将可持续发展与生态系统的保护联系起来;而经济学家则认为可持续发展的重点应在于维持和改善人们的生活水平。生态学家认为自然资源有着生产之外的用途,从而不能以其他形式的资本(比如人造资本、人力资本、社会资本)予以替代;经济学家则认为只要当代人确保留给下一代的资本存量不少于当代的拥有量,自然资源就可以由其他形式的资本予以替代,从而用于消费。这两种观点归纳起来形成了可持续发展的两种范式:即强可持续发展范式和弱可持续发展范式。生态学家所持的观点通常被认为是强可持续性的,它强调的是生态的可持续;经济学家则是弱可持续性的提倡者,它强调经济的可持续。

**弱可持续发展政策的实践者**

瑙鲁是太平洋西南部的一个小国,曾一度是世界上最富有的国家之一。由于磷酸盐矿丰富,瑙鲁奉行弱可持续发展的经济政策,大肆开采境内的磷酸盐矿并对环境造成难以恢复的破坏。

瑙鲁位于距澳大利亚东北部 3000 千米、赤道以南 40 千米的地方,面积只有 22 平方公里。由于瑙鲁是海鸟跨赤道迁徙的主要歇脚点,日积月累,占岛面 80% 的中央高地堆积起全世界品位最高的矿化海鸟粪,即磷酸盐矿石。磷酸盐矿之上长起森林,但是岛民很少涉足其中。

瑙鲁人的居住地普遍种植着椰树,岛民的传统食品是椰肉干和海鱼。和许多热带原住民一样,他们生活中的大部分内容是休闲娱乐。直到 1907 年开始磷酸盐矿的开

---
① 毛琴:《瑙鲁弱可持续发展的生态后果及其启示》,载《财经政法资讯》2009 年第 4 期。
程燕京:《从瑙鲁发展史看资源环境对经济的影响》,载《中国外资月刊》2012 年第 13 期。

采，这里原始的生活和自然环境才被打破。

从1907年至"一战"后德国被迫放弃瑙鲁，有大约63万吨的磷酸盐被开采出来。"一战"后，瑙鲁由澳大利亚、新西兰、英国这三个国家"委任统治"，它们就磷酸盐的开发问题达成协议：磷酸盐公司直接承担瑙鲁统治当局的开销，继续向瑙鲁人支付补偿金；三国各派一名代表组成管理委员会；三国按配额以成本价购买磷酸盐。这样从1919年到1968年瑙鲁独立，总共近3400万吨的磷酸盐被开采。"直到1968年，2/3的顶层地区的自然条件仍处于采矿以前水平。90%的当地物种仍然存在，而这些生物本来可能恢复1/3被破坏了的地区。运走矿石的船可以带回等量的土壤。"但瑙鲁为了尽快独立以接管磷酸盐公司这棵"摇钱树"，舍弃了恢复环境的最佳时机。

独立后的瑙鲁领导人奉行弱可持续的发展政策，在这一理论下，瑙鲁开始掠夺性地开采磷酸盐。在收回磷酸盐产业的第一年，开采量就超过了德国殖民时期产量的总和。独立初就成立的所谓"瑙鲁环境恢复基金"，在20世纪70年代已累积到2.14亿美元，却几乎没有一分钱投入环境恢复。

早在1950年，联合国托管理事会就已经发现，磷酸盐在不到70年的时间里将会采完，届时瑙鲁人何以为生？理事会建议瑙鲁人在未来可以重新生产椰肉干、发展商业捕鱼、学习农耕，但是瑙鲁人对农业生产态度冷淡。相反，瑙鲁却在澳大利亚、夏威夷大量投资修建豪华宾馆和高尔夫球场。磷酸盐的开采沿袭旧法，每一点产出都伴随着一连串的环境破坏。因为"开采程序包括移出植被、表层土壤以及被污染了的磷的植物废弃物被运到一个堆存处，然后焚毁，表层土壤与被污染的磷酸盐由矿业公司贮存，便于未来使用。可在采矿结束后，表层土壤与被污染的磷酸盐并没有被回填。"所以仅仅20多年后，而不是独立前所设想的70年后，磷酸盐就几乎被采空，中央高地的环境也被破坏殆尽。如今的瑙鲁仅存20%的地区尚能住人，因为占陆地面积80%的磷酸盐矿区已经没有土壤覆盖。矿区凹面镜般的地表导致岛屿上空太阳能聚集不散，妨碍积雨云的形成，造成当地气候异常干燥。如果想让森林在自然状态下恢复，那么即便只恢复到中等规模，也需要好几个世纪。

然而对于当代的瑙鲁人来说，开采磷酸盐矿给环境造成破坏的负面影响在很大程度上被开采磷酸盐矿所带来的高额收入抵消了。尽管瑙鲁人的平均寿命不高，随着营养教育的普及和医疗技术的提高，他们的健康状况也在改善。瑙鲁没有非自愿性失业，而且收入差距也被缩到了最小，因为所有居民的收入都来自环境恢复基金的利息。由于不用工作，他们拥有更多的闲暇时间，因此有更多的自由去追求他们传统的生活方式。这似乎说明，瑙鲁人现在比没有开采或者有计划地开采磷酸盐矿生活得更好。

## 弱可持续发展理论简介

弱可持续发展的思想是建立在新福利经济学理论基础之上的。新福利经济学强调利用要素及产品之间的替代性来重新配置生产要素及产出组合，以寻求潜在的帕累托改进。索洛（Solow）和哈特威克（Hartwick）通过优化有限资源在不同期间的配置提出了弱可持续性的概念，其基本思路是：确保社会福利（定义为个人效用的加总）不随时间而下降。福利等同于消费，因此跨代可持续性通过维持生产商品的资本存量得以实现。换句话说，弱可持续性指的是，如果一个经济体为后代提供产出的能力（这种能力取决于资本存量的多少）能够维持，那么该经济体就是可持续的。这一定义又被称为Hartiwick-Solow可持续性。如果把自然资本转化成人造资本后的现值大于保持自然资本原状的现值，那么这个转换就应该进行，否则就降低了后代的福利。以弱可持续性为标准制定的发展政策又被称为弱可持续发展政策。

弱可持续性成立的一个至关重要的假设是不同资本之间可相互替代。在新古典经济学理论中，自然资本（包括不可再生资源和自然资源的生态服务功能）和人造资本被认为是可以相互替代的，因此只关注总的资本存量在其理论框架中是行得通的。如果一个经济体的储蓄大于各类资本的折旧之和，即使自然资源的存量下降，弱可持续性也能形成。

根据皮尔斯（Pearce）和阿特金森（Atkinson）的计算，世界上最具可持续性的经济体依次是日本、哥斯达黎加、荷兰，它们的可持续性指数分别是17，15和14，这些国家都拥有很高的储蓄率和很低的自然资本损耗率。美国勉强能够可持续，但只是因为美国的储蓄率低于日本和荷兰，正如瑙鲁一样，它们原始的自然环境大多被毁坏了，很少有继续供折旧的自然资本。

据报道，瑙鲁环境恢复基金已经累积了大概10亿美金，按8%的年利率计算，瑙鲁每年将有8000万美金的利息收入。一个比较保守的经济政策将1/3的利息收入用来再投资（储蓄率为33%），剩余的用于消费。当磷酸盐被开采殆尽，自然资本的折旧率将变成零。由于磷酸盐采掘是瑙鲁唯一重要的资本密集型经济活动，当磷酸盐开采完毕，瑙鲁的人造资本折旧可忽略不计。假设瑙鲁唯一主要的收入来自环境恢复基金的利息，则瑙鲁的可持续性指数为33，即使不是世界上唯一最具有可持续性的国家，瑙鲁也算得上是其中之一。

## 瑙鲁的出路

瑙鲁的经济发展历程向我们展示了掠夺性开发资源导致灭顶之灾的过程。显然，如果想要维持经济的长久增长，可持续发展政策是唯一的出路。在计算经济增长时，对环境的负面影响也必须计算在内。

一般地区经济的发展，由农业带动第二产业，进而带动第三产业。瑙鲁在发现磷酸盐以后基本荒废了第一产业，使得经济根基不稳。而且，瑙鲁并没有认识到渔业重要性，对于渔业的发展毫不关心，使得丰富的海洋资源白白浪费，本国的食用鱼依靠进口便是很明显的例子。

可持续发展政策强调，我们必须通过改善或创造其他资源来弥补对某些资源的消耗。掠夺性地开采无疑是盲目不考虑后果的行为。多种经济产业综合发展，倡导可持续的发展政策，才是瑙鲁政府的当务之急。

**案例提示与思考：**

1. 为什么瑙鲁坚持弱可持续发展模式？
2. 你认为弱可持续发展是一个长期合理的政策吗？

【案例 14-4】

## 绿色 GDP 2.0 核算[①]

环保部发布消息称，重新启动绿色 GDP 研究工作，生态破坏成本以及污染治理成本将从 GDP 总值中予以扣除，以全面客观反映经济活动的"环境代价"，重启后这项工程被称之为绿色 GDP2.0 核算体系。此消息一出，激起千层浪，社会公众期待绿色 GDP2.0 成为遏制日益严峻的环境污染形势的利器，一些地方政府则担忧此举可能削弱其漂亮的政绩，而专家们则对如何科学合理地核算给予了更多的关注。追捧与争议，期待和担忧，绿色 GDP 再度成为关注的焦点。

**污染使 GDP 数据失色**

早在 2004 年，国家环保总局就与国家统计局联合启动了绿色 GDP 研究项目，并在 2006 年发布了中国首份也是唯一一份绿色 GDP 核算报告——《中国绿色国民经济核算研究报告 2004》。北京大学教授、时任绿色 GDP 核算课题组专家雷明看来，"2004 年开启的绿色 GDP 研究，对中国环保工作是一个巨大的推动"。雷明介绍，2003 年，联合国公布了一个比较完整的环境经济核算版本（简称 SEEA2003），详细说明了将资源耗减、环境保护和环境退化等问题纳入国民核算体系的概念、方法、分类和基本准则，构建了经济环境一体化基本框架。"当时，欧美发达国家也提出了一些绿色 GDP 核算办法，但都还停留在研究层面，从政府层面推进绿色 GDP 核算研究，中国是首例。"

绿色 GDP 研究开启，特别是首份绿色 GDP 研究报告的发布，在社会上引起了强烈反响。据了解，此后多年里，一批民间环保组织、社会公益组织、环保学生社团等

---

① 刘松柏：《中国重新启动绿色 GDP 研究努力冲破制度瓶颈》，经济日报，http://www.ce.cn/xwzx/gnsz/gdxw/201504/22/t20150422_5177470.shtml，2015 年 4 月 22 日。
《绿色 GDP2.0 核算：全面反映经济活动的环境代价》，新华网，http://news.xinhuanet.com/talking/2015-04/14/c_1114945779.htm，2015 年 4 月 14 日。

纷纷组建起来，形成了"百团大战"、"万人共赴"的公众参与环保热情。广东更是计划用5年时间在全省培育扶持300个环保社会组织。

在公众环保意识提高的同时，日益严峻的环境形势更加凸显出来，频繁发生的大面积雾霾成了社会关注的焦点。2015年两会期间，环保部部长陈吉宁表示，全国300多个地级以上城市中80%未达到国家空气质量二级标准。严重的污染给靓丽的GDP数据蒙上一层阴影。环境保护部环境规划院2013年发布的2010年度绿色国民经济核算的部分结果显示，2010年，全国生态环境退化成本达到15389.5亿元，占GDP的比例为3.5%左右。和2004年相比，环境退化成本增长了200.7%。

**日益严峻的现实加快了绿色GDP复出的脚步**

党的十八大提出，把生态文明建设纳入"五位一体"的总体布局；已审议通过的《关于加快推进生态文明建设的意见》首次将"绿色化"与新型工业化、城镇化、信息化、农业现代化并列，生态文明建设被提高到前所未有的高度。

与此同时，各地绿色GDP评价实践也在争议中积极前行。2011年，湖南省正式启动绿色GDP评价体系建设。2013年，在长沙、株洲、湘潭三市全面试行绿色GDP评价体系。2012年底，安徽省发布《生态强省建设实施纲要》，将16个市的生态竞争力综合指数与市长政绩直接挂钩。

"天时、地利、人和的有利条件，环保部此次绿色GDP2.0研究项目正是在这一背景下重新启动。"雷明说。

**努力冲破制度"瓶颈"**

绿色GDP一度遭到地方政府的抵制，如今随着政绩观的改变，绿色GDP实施的障碍正逐步破解。

2004年开始的研究，被课题组专家称为绿色GDP1.0，现在重启的研究则称为绿色GDP2.0。

绿色GDP2.0的启动，无疑吊足了公众的胃口，但专题会上的宣示又"闪"了公众的腰。环保部称，由于这是一项前沿性、创新性的研究项目，国际上尚无成功经验可借鉴，需要较长时间的探索。因此，研究结果以何种形式、在何时公布，将视研究进程而定。

公众期待的不仅是研究成果，更期待绿色GDP能成为地方政府考核的约束性指标。绿色GDP2.0是否会像绿色GDP1.0一样，成为半拉子工程？绿色GDP核算体系，面临着政绩观、技术关以及制度"瓶颈"的考验。

一方面，绿色GDP主要是做减法，把经济活动过程中的资源环境因素反映在国民经济核算体系中，将资源耗减成本、环境退化成本、生态破坏成本以及污染治理成本从GDP总值中予以扣除。一旦实施绿色GDP，会让一些地区的经济增长数据大大缩水，巨大的反差可能让很多地方政府"面上无光"。

一个最为典型的例子就是，2007年，本已承诺发布的《2005年度中国绿色GDP核算研究报告》，在承诺发布期过后仍无声息。不少试点省、市纷纷退出，个别省市甚至公开发函给环保总局和国家统计局，要求不要公布。雷明说："在地方政府考核仍以GDP论英雄的前提下，绿色GDP遭到一些地方政府的抵制就不足为怪了。"

另一方面，客观核算的技术难度也不容回避。从各国开展绿色核算的情况来看，目前还没有一个国家拥有真实全面的环境账户。其中，最根本的自然资源要素、环境破坏成本与治理成本的市场化定价问题仍无定论，包括资源和环境的物理存量如何转化为经济现值问题；环境污染对人体健康损害的经济评价问题；污染损失的评估问题。由于环境要素大部分没有进入市场买卖，如何衡量环境要素的价值始终是争论的焦点。比如，砍伐一片森林，卖掉原木，原木的售价即可表达原木的价格，但是，砍伐森林造成水土流失和物种减少，这个损失又如何定价？

此外，绿色GDP1.0主要做减法，资源循环利用、废弃物资源化没有体现在GDP增加值中。

除了核算技术与方法复杂、政绩观偏颇外，相关的法规制度安排基本还处于空白状态，主要包括有关资源环境与统计法规、政策和评价标准、资源环境信息共享等，都制约了绿色GDP核算工作的开展。

可喜的是，经过十余年的沉淀、积累，这些障碍正在逐步破解：2013年，习近平总书记指出，要把资源消耗、环境损害、生态效益等体现生态文明建设状况的指标纳入经济社会发展评价体系。同年12月，中组部出台规定，强调不能仅仅把GDP作为考核政绩的主要指标。

**创新科学核算体系**

科学的绿色GDP核算，需要科学、完整的环境统计指标体系，更需要数据与标准的对接变化的不仅仅是政绩观，核算技术与方法也在不断完善。

过去，由于基础数据的缺失和技术水平的限制，中国现在的环境统计指标只限于部分环境污染物，并没有纳入自然资源、生态服务功能等指标。比如，绿色GDP1.0中的自然资源耗减成本还无法纳入进来，只能计算生态环境退化成本。《中国绿色国民经济核算研究报告2004》只计算了生态环境退化成本中的环境污染成本，2008年之后的核算增加了生态破坏成本，统计范围更全面了。

"建立绿色GDP核算体系，应建立一套科学、完整的环境统计指标体系。"雷明说。2014年3月，首个环境经济核算体系的国际统计标准——《2012年环境经济核算体系：中心框架》（SEEA2012），其英文版终稿在联合国统计司网站发布，这对中国的资源环境核算工作具有十分重要的指导意义。

雷明认为，构建绿色GDP2.0框架体系，应"尊重标准，结合实际，有所创新，体现特色"。这个标准就是SEEA2012国际统计标准，同时结合中国的实际情况，形成具有中国特色、兼具国际可比性的绿色GDP2.0核算体系和绿色GDP核算与数据发布制度。

绿色GDP2.0研究将在绿色GDP1.0的基础上寻求创新。环保部政策法规司司长李庆瑞说："在内容上，增加以环境容量核算为基础的环境承载能力研究，圈定资源消耗高强度区、环境污染和生态破坏重灾区，摸清'环境家底'。"

除了指标体系，还需要有坚实的数据作支撑。据了解，为了克服前期数据薄弱问题，夯实核算的数据和技术基础，绿色GDP2.0研究将充分利用卫星遥感、污染源普查等多来源数据，构建支撑绿色GDP核算的大数据平台。

然而，雷明认为，这远远不够，"由于历史原因，中国的环境资源数据分散在农林、水利、矿产、土地、环保等部门，统计方法和标准各不同，构建数据库，既要补充完善数据，又要实现数据与标准的对接。"

尽管绿色GDP至今仍是一个正在研究、有待成熟的项目，但是公众期望，这种制度建设与政策设计，会唤醒全社会对走可持续发展道路的认识，以此转变经济增长方式，再现蓝天碧水。

**案例提示与思考：**

1. 为什么要重新启动绿色GDP研究？
2. 你认为绿色GDP2.0核算是否能全面反映经济活动的环境代价？

# 参 考 文 献

［1］查尔斯·D·科尔斯塔德（Charles D. Kolstad）著，彭超、王秀芳译：《环境经济学（第二版）》，中国人民大学出版社 2016 年版。

［2］汤姆·蒂坦伯格（Tom Tietenberg）、琳恩·刘易斯（Lynne Lewis）著，王晓霞等译：《环境与自然资源经济学（第八版）》，中国人民大学出版社 2011 年版。

［3］毕宝德：《土地经济学（第七版）》，中国人民大学出版社 2016 年版。

［4］金腊华：《环境影响评价》，化学工业出版社 2015 年版。

［5］孔祥智：《农业经济学》，中国人民大学出版社 2014 年版。

［6］李德华：《城市规划原理（第三版）》，中国建筑工业出版社 2001 年版。

［7］彭刚、宋利芳：《环境发展与国际商务》，中国人民大学出版社 2012 版。

［8］谢高地：《自然资源总论》，高等教育出版社 2009 年版。

［9］张帆、夏凡：《环境与自然资源经济学（第三版）》，格致出版社 2016 年版。

［10］张洪：《区域经济学》，中国人民大学出版社 2014 年版。